"十四五"高等职业教育劳动教育系列教材

大学生劳动教育

徐爱新◎主　编
赵存河　徐　峰◎副主编

中国铁道出版社有限公司
CHINA RAILWAY PUBLISHING HOUSE CO., LTD.

内 容 简 介

本书依据中共中央、国务院《关于全面加强新时代大中小学劳动教育的意见》要求，基于劳动教育的基本特征，以有目的、有计划地组织学生参加日常生活劳动、生产劳动、服务性劳动，让学生动手实践、出力流汗、接受锻炼、磨炼意志为重点，开发了初识劳动、家务劳动、校园劳动、职业劳动、农耕劳动、手工劳动、志愿服务劳动共7个模块27个学习情境，让学生在真实劳动中接受劳动教育。

本书适合作为高职院校劳动教育课程的教学用书。

图书在版编目(CIP)数据

大学生劳动教育/徐爱新主编．—北京：中国铁道出版社有限公司，2022.8（2025.1重印）
“十四五”高等职业教育劳动教育系列教材
ISBN 978-7-113-29352-9

Ⅰ.①大… Ⅱ.①徐… Ⅲ.①劳动教育－高等职业教育－教材 Ⅳ.①G40-015

中国版本图书馆CIP数据核字(2022)第110121号

书　　名：大学生劳动教育
作　　者：徐爱新

策　　划：潘星泉　　**编辑部电话：**(010)51873090
责任编辑：潘星泉
封面设计：刘　颖
责任校对：苗　丹
责任印制：赵星辰

出版发行：中国铁道出版社有限公司(100054，北京市西城区右安门西街8号)
网　　址：https://www.tdpress.com/51eds
印　　刷：河北燕山印务有限公司
版　　次：2022年8月第1版　2025年1月第5次印刷
开　　本：787 mm×1 092 mm 1/16　**印张：**15.75　**字数：**389千
书　　号：ISBN 978-7-113-29352-9
定　　价：45.00元

前言

2020 年 3 月 20 日，中共中央、国务院印发了《关于全面加强新时代大中小学劳动教育的意见》，2020 年 7 月 7 日，教育部印发了《大中小学劳动教育指导纲要（试行）》，对各级各类学校加强劳动教育提出了明确要求。

本书是面向高职院校劳动教育课程开发的教学用书。本书采用理论教学与劳动实践一体化方式进行编写，倡导教师在授课时采用任务驱动、案例教学、现场教学相结合的教学方法，突出学生的主体地位和中心地位，让学生在真实的劳动任务情境中，实现真情境、真任务、真劳动、真感悟，增强劳动体验和核心经验积累。

本书围绕劳动观念、劳动能力、劳动精神、劳动习惯和品质 4 个维度的教学目标，设置了学习情境设计、任务布置、任务实施、任务评价、任务延伸 5 个教与学的环节。课前，学生根据教师发放的学习任务书学习与本任务相关的劳动知识，与现实生活、本专业、社会服务有机结合，准备生产工具和劳动资料，预设自身劳动成果；课中，实施劳动产生真实的劳动成果，师生展示研讨，反思感悟；课后，教师督促学生通过劳动生活化产生真实的劳动价值。本书每一个学习情境都是一个完整的劳动过程，以劳动知识和技能为载体，传递正确的劳动观念，培养良好的劳动习惯和品质，根植劳动精神、工匠精神、创新精神。

本书配备了丰富的数字资源，形成了纸媒与数媒的有机融合，学生通过扫描书中的二维码，即可获得可观、可听、可感的学习体验；本书在编排中设置了引导问题和任务书，便于学生把所学、所思、所做记录下来，既方便知识和技术的更新，又使其成为一本工具书，便于学生随时查阅。

本书由徐爱新任主编，由赵存河、徐峰任副主编。其中，引言、模块一由徐爱新编写；模块二由赵存河、赵素华、杨慧丽、张艳艳编写；模块三由翟春娇编写；模块四由徐峰、邓丽君、黄艳娜编写；模块五由高华、王臣编写；模块六由田维、张博、陈荃、李怡村编写；模块七由张萌编写。全书由徐爱新统稿。

由于时间仓促，加之编者水平有限，书中不足之处在所难免，欢迎读者不吝赐教。

编　者

2022 年 3 月

目 录

引　　言

一、课程性质描述

本课程是本、专科院校各专业的公共基础课，是贯彻中共中央、国务院《关于全面加强新时代大中小学劳动教育的意见》以及教育部《大中小学劳动教育指导纲要（试行）》精神开设的公共必修课。本课程的任务是针对学生中存在的不想劳动、不会劳动、不珍惜劳动成果等突出问题，有目的、有计划地组织学生参加日常生活劳动、生产劳动、社会服务性劳动，让学生在真实劳动中动手实践、出力流汗，在劳动实践中实现知行合一。本课程的作用是使学生丰富劳动知识，掌握生存发展必备的劳动技能，帮助学生树立劳动最光荣、劳动最崇高、劳动最伟大、劳动最美丽的观念，形成积极的劳动态度和正确的劳动价值观，养成良好的劳动习惯和劳动品质，培养勤俭、奋斗、创新、奉献的劳动精神，成长为德、智、体、美、劳全面发展的社会主义建设者和接班人。

适用专业：本、专科所有专业。

开设时间：第一学年。

建议学时：32 学时。

二、学习目标

2020 年 7 月 7 日，教育部印发的《大中小学劳动教育指导纲要（试行）》从四个方面明确提出了劳动教育的总目标：树立正确的劳动观念；具备必备的劳动能力；培育积极的劳动精神；养成良好的劳动习惯和品质。具体可分解为三个方面。

（一）知识目标

日常生活劳动：正确认识家务劳动、校园劳动的意义，掌握打扫卫生、制作家常饮食、洗涤整理衣物等个人衣食住行必备的劳动知识，掌握个人生活自理的必备知识以及各生活用具的使用方法。

生产劳动：正确认识生产劳动的价值，了解农耕、工业、商业、手工业等基本生产劳动的分类，掌握获取生产资料和创造物质财富的方法和流程，了解各行各业劳动工具的使用方法和生产流程，理解社会分工和职业劳动的意义和作用，掌握本专业所对应职业岗位的职业规范、工作流程、工作标准。

社会服务性劳动：正确认识社会服务性劳动的价值，正确认识社会组织机构和社会关系，了解公共管理基本知识以及志愿服务的工作方法。

（二）能力目标

日常生活劳动：能够独立完成打扫卫生、制作家常饮食、洗涤整理衣物等日常劳动，实现个人生活处理、自然生活环境整洁、人文环境文明和谐，提高时间和事务统筹规划能力，正确处理好日常生活劳动与学习、工作的关系。

生产劳动:能够亲身参与生产劳动,能够保质保量地完成劳动任务;掌握本专业劳动技能,能够规范、完整地完成本专业所对应的职业岗位工作任务。能够运用体力、智力和创造力,有设计、高质量地完成劳动任务。能够与他人团结合作。

社会服务性劳动:能够参加志愿服务劳动,完成志愿者服务任务。

(三)素质目标

劳动观念:树立自己的事情自己干、不依赖他人的基本生活理念;建立主动为家人服务、为他人服务的思想意识;培养热爱劳动、尊重劳动的积极劳动态度。尊重各行各业的劳动规范和生产规律,形成劳动不分贵贱、人人平等的思想观念;培养尊重劳动、热爱劳动、崇尚劳动的劳动情感,树立劳动最光荣、劳动最崇高、劳动最伟大、劳动最美丽的观念,形成正确的世界观、人生观、价值观、劳动观。

劳动精神:培养奋斗、奉献、进取的劳动精神,养成追求工作高质量、生活高品质的劳动习惯;继承中华民族勤劳、拼搏、自强不息的优良传统,增强社会责任感和使命感。

劳动习惯和品质:克服懒惰的不良作风,能够自觉自愿、坚持不懈地参加劳动;立足个人生活事务处理和周边环境维护,养成良好的生活习惯和卫生习惯;正确对待劳动的艰辛,培养不怕脏、不怕累、不怕苦、不怕难的劳动品质;养成辛勤劳动、诚实劳动、创造性劳动的劳动品质。珍惜劳动成果,养成勤俭节约、不浪费的生活习惯和品质。

三、学习内容

按照职业院校开设劳动教育必修课不少于16学时、本科院校不少于32学时的要求,本课程设12个必修项目、15个选修项目,学生必须完成16个学习项目,每个项目折合2学时,共计32学时。

表0-1　课程教学内容安排

学习领域	学习情境	学习安排
模块一　初识劳动	认识劳动和劳动教育	必修
模块二　家务劳动	学习情境2-1　家常饮食制作	必修
	学习情境2-2　家庭保洁	必修
	学习情境2-3　衣物洗涤、保养、收纳	必修
	学习情境2-4　家居美化	必修
	学习情境2-5　垃圾分类	必修
模块三　校园劳动	学习情境3-1　宿舍内务整理	必修
	学习情境3-2　教室环境维护	必修
	学习情境3-3　校园环境维护	必修
	学习情境3-4　校园劳动实践周	必修
	学习情境3-5　勤工助学	选修
模块四　职业劳动	学习情境4-1　岗位实习	根据学校安排
	学习情境4-2　撰写顶岗实习日志(周志)和顶岗实习报告	根据学校安排
	学习情境4-3　创新创业	必修

续上表

学习领域	学习情境	学习安排
模块五　农耕劳动	学习情境 5-1　土地基础整理	必修
	学习情境 5-2　主要农作物种植	选修(模块五必选一项)
	学习情境 5-3　蔬菜种植	选修(模块五必选一项)
	学习情境 5-4　水果种植	选修(模块五必选一项)
	学习情境 5-5　花卉种植	选修(模块五必选一项)
模块六　手工劳动	学习情境 6-1　编织	选修(模块六必选一项)
	学习情境 6-2　剪纸	选修(模块六必选一项)
	学习情境 6-3　木工	选修(模块六必选一项)
	学习情境 6-4　布艺	选修(模块六必选一项)
	学习情境 6-5　泥塑	选修(模块六必选一项)
模块七　志愿服务劳动	学习情境 7-1　志愿引导服务	选修(模块七必选两项)
	学习情境 7-2　志愿敬老服务	选修(模块七必选两项)
	学习情境 7-3　志愿文艺服务	选修(模块七必选两项)

四、学习组织

(一)学习组织形式

学生第一次参加劳动必须在教师、家长的指导下操作。集体活动建议采用小组学习方式,每4~6人结为一个学习小组,由教师(或家长)、学生、实践指导教师组成学习共同体,一方面便于学生互相帮助以及教师进行实践指导,另一方面让学生体验社会分工合作的劳动形式,形成平等、和谐的社会人际关系。

(二)学习环境建设

只有在真实的劳动环境中完成真正的劳动任务,劳动教育才能取得良好的教育效果,学校、家庭、社会需要构建协同育人共同体,为学生创建真环境、真任务,让学生在真实践中形成真成果。为便于组织,建议以学校为主体,加强公共劳动实践基地建设,为家务劳动、校园劳动、农耕劳动、手工劳动提供基本支持,另一方面争取家庭、社区、企业的支持,帮助学生完成家务劳动、职业劳动、社会服务劳动的学习任务。

在学习环境建设中要特别注意加强安全意识,在场所设施建设、设备配置、工具配备、材料选用中严格把关,制定详细的操作说明和使用流程,制定劳动实践风险防控预案、事故应急处置预案等,消除学生劳动实践中的安全隐患。

(三)劳动培训

在劳动实践前,需要对学生进行劳动培训,包括三个方面:一是劳动安全培训,制定安全操作管理制度,教育学生必须按照劳动规程操作,在使用劳动工具时掌握正确操作方法,注意用火、用电、用水安全,避免造成人身伤害或设备损坏;二是进行劳动纪律、劳动安全、劳动法规等培训,制定学生学习制度,禁止打闹、嬉戏,教育学生认真对待劳动任务,能够自觉劳动、诚实劳动,按时保质保量地完成劳动任务；三是对学生的着装、仪容仪表、人际沟通交流等方面进行培训，增强团队合作、人际沟通和语言表达能力，在职业劳动、社会服务劳动中展现当代大学生的责任和担当。

（四）教与学的模式

本课程倡导以行动为导向的教学模式，充分彰显劳动树德、增智、强体、育美的育人价值，让学生在动手实践、出力流汗中接受锻炼、磨炼意志、培养精神、形成习惯，在劳动实践中实现劳动知识、劳动技能、劳动观念、劳动精神、劳动品质的整体提升。每个学习情境为一个劳动实践项目，按照资讯、计划、实施、评价、延伸五个环节实现教学做一体化，形成劳动成果或输出劳动价值。

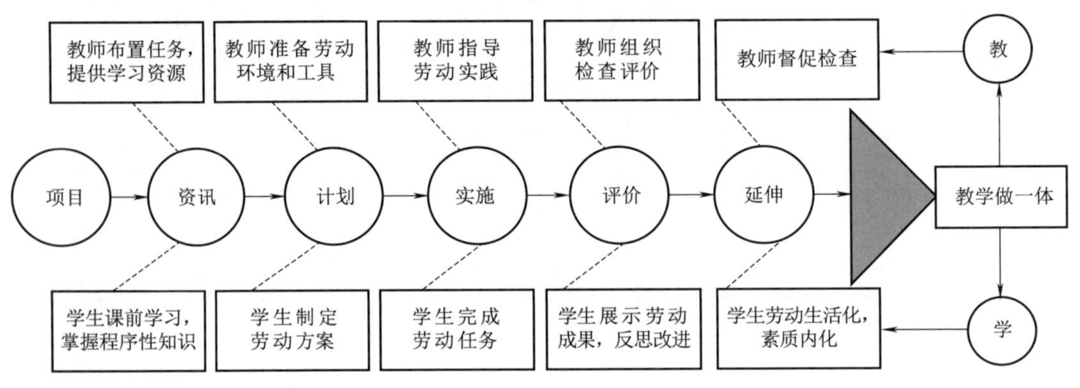

图0－1　教学流程

五、学业评价

本课程采用百分制，学业评价分平时成绩、项目成绩两部分。

平时成绩权重20%，由任课教师或实践指导教师评价、学生互评、学生自评共同组成。平时成绩主要考查学生在劳动实践中的实际表现，从语言表述、行为表现中测评学生劳动观念、劳动技能、劳动品质的形成情况。

项目成绩权重80%，学生必须完成16个劳动实践项目，每个项目按等级评价：优秀（5分）、良好（4分）、合格（3分）、不合格（1分）、未参加（0分）。主要考查学生在劳动过程中知识、技能、素质的成长情况，特别注重强化学生自觉劳动、诚信劳动、安全劳动、规范劳动、协作劳动、有质量劳动等劳动品质和习惯的养成情况。

表0－2　教学评价表

学习领域	学习情境	项目成绩
模块一　初识劳动	认识劳动和劳动教育	
模块二　家务劳动	学习情境2－1　家常饮食制作	
	学习情境2－2　家庭保洁	
	学习情境2－3　衣物的洗涤、保养、收纳	
	学习情境2－4　家居美化	
	学习情境2－5　垃圾分类	

续上表

学习领域	学习情境	项目成绩
模块三　校园劳动	学习情境3-1　宿舍内务整理	
	学习情境3-2　教室环境维护	
	学习情境3-3　校园环境维护	
	学习情境3-4　校园劳动实践周	
	学习情境3-5　勤工助学	
模块四　职业劳动	学习情境4-1　岗位实习	
	学习情境4-2　撰写顶岗实习日志(周志)和顶岗实习报告	
	学习情境4-3　创新创业	
模块五　农耕劳动	学习情境5-1　土地基础整理	
	学习情境5-2　主要农作物种植	
	学习情境5-3　蔬菜种植	
	学习情境5-4　水果种植	
	学习情境5-5　花卉种植	
模块六　手工劳动	学习情境6-1　编织	
	学习情境6-2　剪纸	
	学习情境6-3　木工	
	学习情境6-4　布艺	
	学习情境6-5　泥塑	
模块七　志愿服务劳动	学习情境7-1　志愿引导服务	
	学习情境7-2　志愿敬老服务	
	学习情境7-3　志愿文艺服务	
平时成绩		
总　计		

模块一

初识劳动

劳动任务描述

认知是行动的基础,只有形成正确的认知才能做出正确的选择和积极的行动。在思想认识层面,学生需要正确理解劳动是人类发展和社会进步的根本力量,正确认识劳动创造人、创造价值、创造财富、创造美好生活的道理,运用马克思主义劳动价值观和社会主义核心价值观,构建自己的世界观、人生观、价值观、劳动观。树立劳动最光荣、劳动最崇高、劳动最伟大、劳动最美丽的思想观念,建立热爱劳动、尊重劳动、尊重劳动者的态度和情感,反对不劳而获、贪图安逸享乐的错误观念和行为,自觉自愿地参加劳动实践,使自己成长为德、智、体、美、劳全面发展的社会主义建设者和接班人。

学习情境　认识劳动和劳动教育

一、学习情境设计

在认知层面,依据教育部《大中小学劳动教育指导纲要(试行)》,要求学生正确认识劳动对人类的价值,正确认识自身接受劳动教育的重要意义,树立正确的劳动观念。

表1-1-1　“认识劳动和劳动教育”学习情境设计

学习情境	认识劳动和劳动教育		学时建议:2学时
学习情境描述	学生根据教师下发的任务书,通过自主学习教学资源、聆听教师讲解、与同学讨论等方式,深化对劳动和劳动教育意义的认识,形成正确的劳动观念。诊断自身劳动状态,制定个人劳动素养成长计划		
学习环境要求	总体环境:多媒体教室		
学习目标	知识目标	1. 正确认识劳动的价值。 2. 正确认识劳动的形态。 3. 正确认识劳动教育的意义	
	能力目标	1. 能够判断劳动的存在形态。 2. 能够诊断自身的劳动状态。 3. 能够制定个人劳动素养成长计划	
	素质目标	1. 树立劳动最光荣、劳动最崇高、劳动最伟大、劳动最美丽的劳动观念。 2. 建立热爱劳动、尊重劳动、尊重劳动者的劳动情感。 3. 形成自觉自愿接受劳动教育的劳动态度	

续上表

<table>
<tr><td>学习内容</td><td colspan="3">1. 劳动的意义。
2. 劳动的存在形态。
3. 劳动教育的意义</td></tr>
<tr><td>学习方式方法与组织形式</td><td colspan="3">1. 学习方式方法：翻转课堂教学法、讲授法、小组教学法。
2. 学习组织形式：学生自主学习数字教学资源，跟随教师完成理论学习和观念辨析，与同学研讨、制定个人成长计划</td></tr>
<tr><td>学习要求</td><td colspan="3">1. 学生积极参加讨论，澄清模糊认识。
2. 学生能够根据自身劳动状态制定个性化劳动素养成长计划。
3. 学生能够认真聆听并准确理解他人的思想，积极发言并准确表达自己的想法</td></tr>
<tr><td>学习过程设计</td><td colspan="3"> 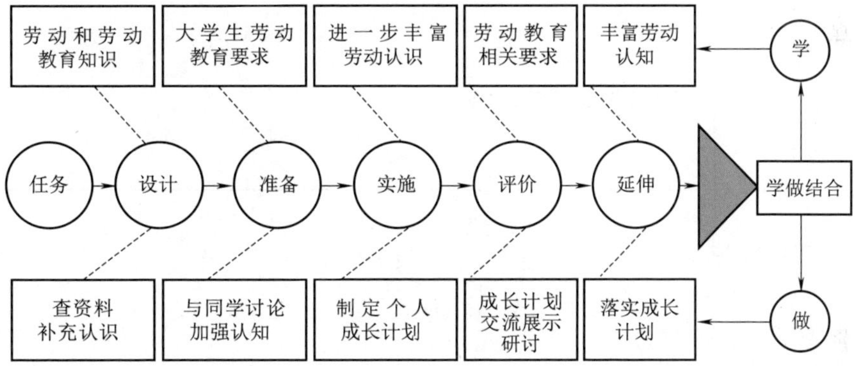劳动和劳动教育知识　大学生劳动教育要求　进一步丰富劳动认识　劳动教育相关要求　丰富劳动认知 ← 学
任务 → 设计 → 准备 → 实施 → 评价 → 延伸 → 学做结合
查资料补充认识　与同学讨论加强认知　制定个人成长计划　成长计划交流展示研讨　落实成长计划 ← 做</td></tr>
<tr><td>学习流程</td><td>活动内容</td><td>教师活动</td><td>学生活动</td></tr>
<tr><td>劳动任务</td><td>布置劳动任务</td><td>发放学习任务书，提供数字教学资源</td><td>根据任务书的要求自主学习数字教学资源，上网查阅资料，丰富认知</td></tr>
<tr><td rowspan="2">劳动设计</td><td>任务1：认识劳动</td><td>组织学生学习有关文件及学习材料</td><td>积极学习研讨，完成任务1</td></tr>
<tr><td>任务2：认识劳动教育</td><td>组织学生学习有关文件及学习材料</td><td>积极学习研讨，完成任务2</td></tr>
<tr><td>劳动准备</td><td>学习研讨</td><td>组织学生讨论，进一步丰富认识，澄清模糊认识</td><td>积极讨论，进一步丰富认知</td></tr>
<tr><td>劳动实施</td><td>任务3：制定个人成长计划</td><td>指导学生自我诊断，制定自我成长计划</td><td>自我诊断劳动状态，制定个人劳动素养成长计划</td></tr>
<tr><td>劳动评价</td><td>展示与评价</td><td>组织学生交流个人成长计划，评定学生成绩</td><td>展示自己的成长计划，根据自己评、同学评、教师评，评定学习成绩，填写评价表</td></tr>
<tr><td>劳动延伸</td><td>计划落实</td><td>监督学生的计划落实情况</td><td>完善并落实成长计划</td></tr>
</table>

二、任务布置

表1-1-2 “认识劳动和劳动教育”任务书

学习情境	认识劳动和劳动教育		
具体任务	知识点	技能点	教学案例
任务1:认识劳动	1.劳动的意义。 2.劳动的存在形态	正确判断劳动的存在形态	
任务2:认识劳动教育	1.劳动教育的意义。 2.劳动教育的目标		
任务3:制定个人成长计划		1.能够客观诊断自我劳动状态。 2.能够制定自我成长计划	
任务要求	查阅相关资料,补充微课中的知识点: 1.对劳动意义的补充: 2.对劳动教育意义的补充:		

三、任务实施

任务1:认识劳动

引导问题1:劳动对人类生存发展有什么意义?

认识劳动的意义[①]

引导问题2:劳动区别于其他人类活动的特征是什么?

引导问题3:当今社会,劳动以哪些形态存在?

认识劳动的存在形态

① 本书所附二维码链接为推荐链接,来源于“智慧职教”平台,以下同。

【操作提示】

操作步骤1:认识劳动的概念

辞海中把劳动定义为“人类创造物质或精神财富的活动。”按照传统的劳动分类理论,一般分为脑力劳动和体力劳动两大类。

认识劳动的概念要把握三个特征:一是劳动是人类特有的基本社会实践活动,二是劳动产生输出劳动量,三是劳动产生劳动价值,把握好这三个特征,我们就可以分辨哪些是劳动哪些不是劳动。

概念辨析:体育锻炼是不是劳动?编写策划文案是不是劳动?

体育锻炼虽然是一种人类运动,但不能创造财富或价值,所以不是劳动。编写方案虽然没有出力流汗,但其符合劳动的三个特征,是以输出脑力劳动为特征的、能够产生劳动价值和精神财富的人类劳动,因此,编写策划文案也是劳动。

操作步骤2:认识劳动的作用

1. 从劳动与人的关系视角分析

根据马斯洛五层次需求理论,人有生理、安全、社交、尊重、自我实现的需要,劳动是人满足五层次需要的唯一途径。劳动的作用可以分为递进的四个层次:首先,劳动是人生存的手段,我们吃穿住行所必备的物质资料,都只能通过劳动获得,“不劳动不得食”是人类最基本的生存法则;其次,劳动是人的社会化需求,人类是群居动物,劳动是建立人与人之间关系的一种途径,是人融入社会生活的渠道,是人从自然人成长为社会人的唯一途径,一个勤劳善良的人,会获得更多家人的爱和他人的尊重;再次,劳动是人自身发展的阶梯,追求生存价值和自我实现是人区别于动物的根本特征,劳动是实现自我价值和自身发展,追求美好生活的唯一途径;最后,劳动是人的精神需求,会思考、能劳动是一个正常人的本能,如果不让其思考,不让其劳动,人的精神就会颓废甚至崩溃,从这个意义上讲,劳动是人的权利。当生产力水平发展到一定阶段,人民的生活实现富足之后,经济会成为人劳动的次要动力,兴趣和自我实现将成为人劳动的第一动力。人为了兴趣而劳动,通过劳动实现自身价值,享受创造生活的乐趣,在劳动中获得成就感和满足感,将成为年轻人新的职业取向和择业标准。

2. 从马克思主义劳动观的高度分析

马克思主义从三个递进的角度论述了劳动的价值:

第一,劳动是人类生存的基础。劳动能够创造物质财富和精神财富,满足人的生存需求。马克思说过:“任何一个民族,如果停止劳动,不用说一年,就是几个星期,也要灭亡,这是每一个小孩都知道的”。

第二,劳动推动了社会发展。劳动是人类发展和社会进步的根本推动力量,人在劳动的过程中不断改变自然,创造和改进生产工具,提高生产力,变革生产关系,促进了社会的繁荣进步。

第三,劳动促进了人的发展。劳动推进了人猿到人的进化,人在改造世界的过程中使自身得到发展。从这个意义上讲,“劳动创造了人本身”。

通过上面的分析可以看出,人类的生存繁衍、自身发展、个人价值都只能通过劳动来实现,劳动是人保障生存、追求美好生活的唯一手段。新时代,劳动被赋予了新的使命,2014年4月30日,习近平总书记在接见劳动模范和先进工作者、先进人物时强调:劳动是一切成功的必经之路。当前,全国各族人民正满怀信心为实现‘两个一百年’奋斗目标而努力。实现我们确立的奋斗目标,归根到底要靠辛勤劳动、诚实劳动、科学劳动。

操作步骤3:认识劳动的存在形态

传统的劳动分类理论将劳动分为体力劳动和脑力劳动,但通常劳动是体力和脑力的结合,根据劳动的目的，我们还可以将劳动分为生产性劳动和非生产性劳动。

1. 生产性劳动

生产性劳动是以获得物质财富为主的劳动，包括劳动者、劳动工具、劳动资料三要素。在人类发展的不同阶段，随着生产力的发展产生了各种各样的劳动形态：

1）手工劳动

原始社会，采摘和渔猎是人类最初的生产劳动形态，随着人类对劳动工具的不断创造和改进，出现了农业和畜牧业。原始社会末期，三次社会大分工推动了社会的重大变革，也产生了更多的生产劳动形态：第一次社会大分工，农业部落和游牧部落从狩猎、采摘中分离出来；第二次社会大分工，手工业从农业中分离出来；第三次社会大分工，商人阶层产生，出现了商业劳动。在上述各种劳动形态中，劳动者是生产力系统的主体，对人的体力付出有较高的要求。

2）机器劳动

18 世纪 60 年代和 19 世纪 60 年代，人类发起了两次工业革命，先后进入蒸汽时代和电气时代，以劳动者为主体的劳动被以机器为主的劳动逐步取代。以机器劳动为特征的工业劳动成为主要劳动形态。机器劳动降低了对人的体力付出的要求，提高了对人的团队合作能力和机器操作技能的要求。

3）智能劳动

20 世纪四五十年代第三次科技革命兴起，电子计算机的产生将人类带入了信息时代，人工智能的产生促进了劳动者的进一步解放，人与智能机器合作产生了新的劳动形态——智能劳动。智能劳动对人的设计能力和创新能力提出了更高要求。

2. 非生产性劳动

非生产性劳动泛指人类社会生活中因服务自我和他人而产生的劳动，如家务劳动、校园劳动、志愿服务劳动等。

家务劳动和校园劳动是我们日常生活中保障自身健康、环境美好、生活舒适等产生的劳动，劳动力的输出能够产生使用价值，是我们维持自身正常生活、学习必不可少的劳动，生活自理、饮食可口、环境整洁也是舒适生活的必备要件。

社会服务性劳动是在人类社会生活自助和互助过程中产生的劳动。其中，志愿服务劳动是指自愿贡献个人的时间及精力，在不发生任何物质报酬的情况下，为改善社会服务，促进社会进步而提供服务的一种劳动。志愿服务劳动具有志愿性、无偿性、公益性、组织性四大特征。志愿服务劳动既是“助人”也是“自助”，既是“乐人”也是“乐己”。在帮助他人、服务社会的过程中传递爱心、传播文明，有效地拉近人与人之间的心灵距离，减少疏远感，对缓解社会矛盾，促进社会稳定有积极作用。

任务2：认识劳动教育

引导问题 4：劳动教育对学生成长有什么意义？

____

____

____

____

认识劳动教育的意义

【操作提示】

操作步骤1:认识劳动与教育的关系

新中国成立以来,劳动与教育经历了教育为生产服务、教育与生产劳动相结合、构建德智体美劳五育并举的人才培养体系三个阶段。

在第一个阶段,培养合格劳动者是新中国的教育目标。1957年,毛泽东在《关于正确处理人民内部矛盾的问题》一文中明确提出:“我们的教育方针,应该使受教育者在德育、智育、体育几方面都得到发展,成为有社会主义觉悟的有文化的劳动者。”教育是培养人的社会活动,在“培养什么样的人”这一问题上,新中国的教育目标始终定位于培养具有坚定的社会主义立场,掌握专业知识技能的劳动者上。

在第二阶段,劳动是教育的途径,教育与生产劳动相结合是新中国长期坚持的教育方针。马克思指出:“生产劳动同智育和体育相结合,它不仅是提高社会生产的一种方法,而且是造就全面发展的人的唯一方法。”劳动能够树德、增智、强体、育美、创新,是教育促进学生全面发展,达成教育目标的有效途径。

在第三阶段,新时代赋予了劳动教育新的使命。2018年,习近平总书记在全国教育大会上明确提出,要培养德智体美劳全面发展的社会主义建设者和接班人。劳动从教育的手段和途径,正式成为独立的教育内容,与德、智、体、美共同构成五育并举的教育格局。

操作步骤2:认识劳动教育的作用

劳动教育是培养青少年运用知识与技能获得精神财富和物质财富的教育实践,是以劳动为内容和途径,让学生在劳动中领悟劳动的意义价值,成长为合格的社会主义建设者的教育活动。认识劳动教育要澄清两个误区:

首先,参加劳动不等于接受劳动教育。如果没有赋予劳动以教育意义,没有加入教育元素,即使出力流汗也不是劳动教育。苏联教育家苏霍姆林斯基说过:“劳动以外的教育和没有劳动的教育是不存在,也不可能存在的”,要摒弃“有劳动无教育,有教育无劳动”这两种倾向。

其次,劳动不是惩罚的手段,孩子犯了错误,家长或学校罚孩子打扫卫生,这并不是劳动教育,因为这会让孩子产生“劳动是对犯了错、不好好学习的惩罚”的错误认识,从而厌恶劳动。劳动对人类生存发展具有极其重要的意义,是光荣、崇高、伟大的人类运动,劳动者是最美丽的人,一切劳动和劳动者都应该得到鼓励和尊重,要让每一位劳动者在劳动中获得成就感和幸福感。

操作步骤3:认识劳动教育的目标

新时代,劳动教育之所以提到了前所未有的高度,一是因为社会主义现代化建设急需高素质的劳动者,另一方面是因为当今社会出现了一些年轻人不想劳动、不会劳动、不珍惜劳动成果的新问题。针对这些问题,在《关于全面加强新时代大中小学劳动教育的意见》中明确提出了加强劳动教育的总体思路:纳入人才培养全过程,与德智体美相结合,贯穿大中小学各学段;贯穿家庭学校社会各方面;构建德智体美劳全面培养的教育体系。

关于劳动教育的总体目标,教育部颁发的《大中小学劳动教育指导纲要(试行)》提出了四个维度：一是树立正确的劳动观念。正确理解劳动是人类发展和社会进步的根本力量，认识劳动创造人，劳动创造价值、创造财富、创造美好生活的道理，尊重劳动，尊重普通劳动者，牢固树立劳动最光荣、劳动最崇高、劳动最伟大、劳动最美丽的思想观念。二是具有必备的劳动能力。掌握基本的劳动知识和技能，正确使用常见劳动工具，增强体力、智力和创造力，具备完成一定劳动任务所需要的设计、操作能力及团队合作能力。三是培育积极的劳动精神。领会“幸福是奋斗出来的”内涵与意义，继承中华民族勤俭节约、敬业奉献的优良传统，弘扬开拓创新、砥砺奋进的时代精神。四是养成良好的劳动习惯和品质。能够自觉自愿、认真负责、安全规范、坚持不懈地参与劳动，形成诚实守信、吃苦耐劳的品质。珍惜劳动成果，养成良好的消费习惯，杜绝浪费。

关于劳动教育的形式，教育部颁布的《大中小学劳动教育指导纲要（试行）》提出：实施劳动教育的重点是在系统的文化知识学习之外，有目的、有计划地组织学生参加日常生活劳动、生产劳动和服务性劳动，让学生动手实践、出力流汗，接受锻炼、磨炼意志，培养学生正确的劳动价值观和良好的劳动品质。

任务3：制定个人成长计划

引导问题5：你希望通过劳动教育获得哪些成长？

____

____

____

【操作提示】

操作步骤1：自我诊断劳动状态

能劳动、会劳动，通过劳动创造美好生活是人生存发展的必备能力，请对照表1－1－3诊断自我劳动状态：

表1－1－3　劳动状态自评表

序号	劳动内容	经常做	偶尔做	很少做	不会做
1	做饭				
2	餐后洗碗、清洁厨房				
3	清扫家庭居室				
4	清洁家庭卫生间				
5	清洗并整理、收纳衣服				
6	在居室种植花卉、打理盆栽				
7	倒垃圾				
8	打扫宿舍卫生				
9	做教室值日生				

续上表

序号	劳动内容	经常做	偶尔做	很少做	不会做
10	清扫校园				
11	做学校各处室助理或学管助理等				
12	参加农业劳动,如种植农作物、蔬菜、水果等				
13	制作手工作品,如编织、布艺、剪纸等				
14	清扫社区				
15	看望孤寡老人				
16	做城市(社区、乡村)志愿者				
17	到社区、乡村做文化帮扶				
18	到企业实习或假期打工				

操作步骤 2:制定劳动素养成长计划

通过自我劳动状态诊断,判断自己在劳动知识、技能、素养方面的优势和劣势,制定自我劳动素养成长计划,填写表 1－1－4。

表 1－1－4　个人劳动素养成长计划

姓名			专业班级	
自我诊断	优势			
	劣势			
成长计划	家务劳动			
	校园劳动			
	职业劳动			
	农耕劳动			
	手工劳动			
	社会服务劳动			

四、任务评价

教师组织学生交流成长计划,请教师或家长、同学帮助完善,通过自评、互评、教师与家长评价相结合的方式完成评价,将评价结果填入表 1－1－5。

表 1-1-5 “认识劳动和劳动教育”考核评价表

学生姓名：　　　　　　　　　　　　小组名称：　　　　　　　　　　班级：

类别	标准	等级(优、良、中、差)
知识	1. 能够准确阐述劳动和劳动教育的概念内涵。 2. 能够准确判断劳动的具体形态。 3. 能够理解并掌握劳动教育的目标及内容要求	
能力	1. 能够正确辨析、正确认识劳动和劳动教育。 2. 能够客观评价自身状态,制定的成长计划切实可行	
素质	1. 正确理解劳动的意义,能够树立正确的劳动观念,自觉自愿参加劳动。 2. 对学习和劳动有积极的态度,认真制定个人成长计划并落实。 3. 积极参与小组学习讨论,与同学建立和谐的人际关系	
总体评价		
学习存在哪些问题？哪些技能需要进一步夯实： 考核评价人： 年　　月　　日		

五、任务延伸

学生反思和完善个人成长计划,并在实际生活中落实个人成长计划,完成一次劳动,将劳动过程拍摄为图片或视频上传到平台,并填写生活化任务书。

表 1-1-6 “认识劳动和劳动教育”生活化任务书

活动名称	我的一次劳动
活动时间	______年______月______日
劳动内容	
劳动过程	

续上表

活动感悟	收获	
	不足	
	改进措施	
自我评价	A. 优秀　B. 良好　C. 合格　D. 不合格	

模块二 家务劳动

劳动任务描述

家务劳动是家庭成员每天衣食住而产生的劳动,具有重复繁琐、随时随地产生、无报酬等特点,包括洗衣做饭、清洁卫生、照看孩子、购买日用品、照顾老人或病人、家居美化等。自觉从事家务劳动是每个家庭成员在日常家庭生活中应尽的义务。家务劳动教育的目的是立足个人生活事务处理,结合新时代爱国卫生运动的要求,让学生掌握日常生活技能,树立自立自强意识,养成良好的饮食习惯和卫生习惯,传承中华民族勤劳节俭、仁爱孝悌的优秀传统美德,做到个人生活事务自理,不推诿、依赖他人,能够关爱家人,履行家庭义务,用劳动为自己和家人营造温馨环境、创造美好生活。

学习情境 2-1 家常饮食制作

俗话说"人是铁饭是钢",饮食是人体摄入能量以维持生存的主要方式,也是人类建构幸福生活的基本要素。做饭是人日常生活的必备技能,为自己和家人精心制作一份营养美味的家常餐,是保障自身和家人身体健康的必要方式,也是营造和谐温暖的家庭生活重要途径。

一、学习情境设计

家常饮食主要包括主食、菜品、汤粥、甜品等四类。学生需要完成设计一日菜谱,制作主食、家常菜、汤粥、甜点的完整过程,达到个人生活自理、主动为家人服务、用劳动创造美好生活的劳动教育目标。

表 2-1-1 "家常饮食制作"学习情境设计

学习情境	家常饮食制作	学时建议:2 学时
学习情境描述	学生根据教师下发的劳动任务书,以一家四口为基本单元,与家人、老师、同学或他人合作完成一日菜谱的制订,并选取中餐或晚餐,独立完成制作过程	
学习环境要求	总体环境:家庭厨房或学校实训室。 工具准备:灶具、锅具、刀具等厨房必备设备。 材料准备:食材、调味品	

续上表

<table>
<tr><td rowspan="3">学习目标</td><td>知识目标</td><td colspan="2">1. 掌握灶具、常见锅具使用方法。
2. 了解“中国居民平衡膳食宝塔(2016)”及食品营养基本常识。
3. 掌握谷物、肉类、蔬菜等各类食材的清洗及处理方法。
4. 掌握家常主食、菜肴、汤粥、甜品的制作方法和流程</td></tr>
<tr><td>能力目标</td><td colspan="2">1. 能够安全使用家用厨房灶具、锅具及电器。
2. 能够正确清洗和处理各类食材。
3. 能够独立完成主食、菜肴、汤粥、甜品的加工过程</td></tr>
<tr><td>素质目标</td><td colspan="2">1. 树立为家人服务,营造和谐幸福家庭的意识。
2. 养成积极健康的饮食习惯、卫生习惯和劳动习惯。
3. 培养价值工程和统筹的理念及意识,提高正确处理家庭事务与工作、学习之间的关系的能力。
4. 树立环保和健康意识,培养勤俭、不随意浪费的良好品质</td></tr>
<tr><td>学习内容</td><td colspan="3">1. 中国居民平衡膳食宝塔(2016)和健康饮食常识。
2. 家常灶具、锅具、厨房小电器使用方法。
3. 谷物、肉类、蔬菜等各类食材的清洗及处理。
4. 家常主食、菜肴、汤粥、甜品的制作方法和流程</td></tr>
<tr><td>学习方式方法与组织形式</td><td colspan="3">1. 学习方式方法:演示教学法、任务驱动法、小组教学法。
2. 学习组织形式:与他人研讨制订一日菜谱方案,第一次使用厨房用具需要在老师和家人的协助下完成,掌握使用方法后可以独立操作</td></tr>
<tr><td>学习要求</td><td colspan="3">1. 注意厨房用火、用电、用气安全。
2. 能够鉴别各种食材卫生状况,保证食材的新鲜和健康。
3. 养成及时清洗的劳动习惯和卫生习惯,维护厨房或实训室的干净整洁</td></tr>
<tr><td>学习过程设计</td><td colspan="3"> 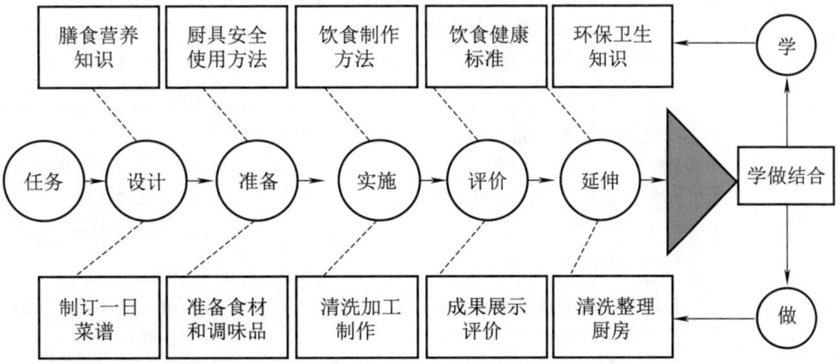膳食营养知识　厨具安全使用方法　饮食制作方法　饮食健康标准　环保卫生知识　学
任务 → 设计 → 准备 → 实施 → 评价 → 延伸 → 学做结合
制订一日菜谱　准备食材和调味品　清洗加工制作　成果展示评价　清洗整理厨房　做</td></tr>
<tr><td>学习流程</td><td>活动内容</td><td>教师活动</td><td>学生活动</td></tr>
<tr><td>劳动任务</td><td>布置劳动任务</td><td>发放劳动任务书,明确劳动任务:为一家四口准备一日三餐</td><td>学习数字教学资源,了解需要学习的知识和技能</td></tr>
<tr><td>劳动设计</td><td>任务1:制订一日菜谱</td><td>讲授中国家庭膳食营养知识,组织学生制订一日菜谱</td><td>学习膳食营养知识,独立或与他人研讨制订完成一日菜谱</td></tr>
<tr><td>劳动准备</td><td>准备劳动用品</td><td>事前准备好厨具、食材,做好环境准备、物品准备、经验准备</td><td>协助教师或独立做好准备用品。学习厨具保养常识和卫生环保知识</td></tr>
</table>

续上表

学习流程	活动内容	教师活动	学生活动
劳动实施	任务2:家常主食制作	教授主食制作,指导学生完成主食制作	了解主食种类,学习食材的营养知识,掌握主食制作方法和相关厨具使用保养方法,完成任务2
	任务3:家常菜品制作	教授菜品制作,指导学生完成菜品制作	学习肉类、蔬菜清洗处理方法,掌握菜品制作方法和相关厨具使用保养方法,完成任务3
	任务4:家常汤粥制作	教授汤粥制作,指导学生完成汤粥制作	了解汤粥种类,学习食材的营养知识,掌握汤粥制作方法和相关厨具使用保养方法,完成任务4
	任务5:家常甜品制作	教授甜品制作,指导学生完成甜品制作	了解甜品种类,学习食材的营养知识,掌握甜品制作方法和相关厨具使用保养方法,完成任务5
劳动评价	成品展示与评价	组织学生展示作品,评定学生成绩	展示自己的作品,根据自己评、同学评、教师评,评定学习成绩,填写评价表
劳动延伸	生活化劳动任务	鼓励学生将劳动技能生活化	在日常生活中经常性地为家人做饭

二、任务布置

表2-1-2 “家常饮食制作”劳动任务书

学习情境	家常饮食制作		
具体任务	知识点	技能点	教学案例
任务1:制订一日食谱	1. 中国家庭营养膳食宝塔。 2. 食材热量计算方法	编制一日菜谱	
任务2:家常主食制作	1. 家常主食的种类和营养价值。 2. 制作主食所需厨具的使用方法。 3. 主食制作流程、方法、技巧	1. 正确安全地使用厨具。 2. 清洗处理食材。 3. 加工制作主食	米饭、水饺
任务3:家常菜品制作	1. 肉类、蔬菜的营养价值和新鲜状况鉴定方法。 2. 制作菜品所需厨具的使用方法。 3. 家常菜肴的烹饪方法。 4. 菜品制作流程、方法、技巧	1. 正确安全地使用厨具。 2. 清洗处理食材。 3. 加工制作菜品	木须肉、蒜蓉粉丝开背虾
任务4:家常汤粥制作	1. 家常汤粥的种类和营养价值。 2. 制作汤粥所需厨具使用方法。 3. 汤粥制作流程、方法、技巧	1. 正确安全地使用厨具。 2. 清洗处理食材。 3. 加工制作汤粥	山药玉米莲藕排骨汤
任务5:家常甜品制作	1. 家常甜品的种类和营养价值。 2. 制作甜品所需厨具的使用方法。 3. 甜品制作流程、方法、技巧	1. 正确安全地使用厨具。 2. 获取或自制甜品配方。 3. 加工制作甜品	蛋糕、饼干
任务要求	1. 劳动要求:学生需经历主食、菜品、汤粥、甜品的完整制作过程,达到能够独立制作的水平,提高生活自理能力,培养正常家庭生活能力和健康饮食习惯。 2. 安全要求:学生第一次使用厨具需由老师和家长协助指导,保证用刀、用电、用火、用气安全,严禁受伤。 3. 操作要求:学生需掌握厨具的正确使用和清洗保养方法,避免造成厨具损坏。学生需培养良好的劳动卫生习惯,保持厨房整洁		

三、任务实施

任务1：制订一日食谱

引导问题1：根据中国居民平衡膳食宝塔(2016)，一个成人每天的食品结构应是什么？

____

____

____

____

引导问题2：一个成年男性和女性一天需要的热量分别是多少？一日三餐的搭配比例是多少？

____

____

____

引导问题3：请以你的家庭为背景，制订一份一日食谱，填入表2-1-3。

表2-1-3　我的家庭一日食谱

家庭成员人数		家庭成员结构	
早餐			
午餐			
晚餐			
设计思路			

【操作提示】

一般家庭的成员结构都比较复杂，既有成年人，也有老年人和小孩，我们在日常膳食中不可能照顾到每个人的情况，也不可能在每顿饭中都针对不同人群做出不同的饭菜，通常是在考虑绝大多数成员特点的基础上，做出让一家人都能够基本适用的膳食，然后针对老人、孩子或病人增加几种特色饭菜。在搭配膳食时既要考虑美味也要考虑营养健康要求，一般情况下，很少有人能够做到身体的绝对健康，使自己的各项身体指标完全控制在标准范围内，我们日常所说的健康是一个模糊概念，只要主要身体指标不超出标准范围，其他各项指标不偏离太多，即可认定为身体基本健康。人体营养指标有些是"基础指标"，是维持人体新陈代谢和日常活动必须具备的，有些是"优质指标"，是追求高品质营养与健康的指标，"基础指标"是人体营养与健康的底线，是必须得到满足的,“优质指标”是我们追求营养的方向,即使不能完全满足,也不能偏离太远。

操作步骤1:选择食物的种类

为了保证吃得营养健康,在选择食物种类时一定要用心,尽量不要家里有什么就做什么,没有就不做。虽然普通家庭不可能每天为每位成员量身定制个性化饭菜,但至少要考虑共性和基础营养,保证谷类食物、优质蛋白食物、蔬菜、水果齐全。根据成人的营养需求特点,成人配餐必须保证以下食物种类及相应的摄入量:

1. 谷类

普通人群每天最好食用2种以上谷类食物,摄入量在300~500 g,其中全麸谷类要占1/3左右,以此增加B族维生素和其他营养素的供给。市场上常见的全麸谷类食物有全麦、全燕麦、全黑麦、小米、玉米、荞麦、糙米、高粱、大麦、黑小麦等。

2. 动物性食物

普通人群膳食中应有适当比例的动物性食物,动物蛋白与大豆蛋白的供给量应占蛋白质总供给量的1/3~1/2,其中动物蛋白要占优质蛋白的1/2以上,但动物性食物的比例也不能太高,否则会摄入过多的动物脂肪和胆固醇。每人每天需摄入肉类(包括畜肉和禽肉)、鱼虾类、蛋类各200 g。此外,建议每天食用至少240 mL脱脂或低脂牛奶。

3. 大豆及其制品

大豆是优质蛋白质,应适当多吃大豆及其制品,建议每人每天摄入50 g大豆或相当量的豆制品。

4. 蔬菜和水果类

普通人群要食用足够量的蔬菜和水果,基本上每人每天需要500 g左右的蔬菜、200 g左右的水果,品种要多样化,至少5种以上,特别是深绿色蔬菜、橘黄色蔬菜,如甘蓝、菠菜、番茄、南瓜、土豆等,叶菜类蔬菜至少占1/2。由于蔬菜的维生素C在烹饪过程中损失比较严重,所以每天要食用一定量生的蔬菜、水果加以补充,如芒果、香瓜、杏、柑橘、草莓、木瓜、猕猴桃等。

操作步骤2:合理设计每种食物的需求量

在设计食物的量时不要只考虑每个人的食量,应该运用“中国居民平衡膳食宝塔”(以下简称“膳食宝塔”)大致计算出家庭成员的营养需求量,以此转换为食物需求量,并按照一家人的食量准备一日三餐,帮助家人建立定量饮食的习惯。

1. 食品要多样化

一个人每天最好能够食用20种以上的食物,其中,要保证优质蛋白质的摄入,在选择优质蛋白时,最好选择动物性蛋白,建议每周摄入50 g左右肝脏,以保证维生素A的供给。

2. 保证足够的蔬菜、水果

蔬菜品种要多样,深色蔬菜、叶菜类蔬菜占50%以上,保证充足的维生素C、胡萝卜素和相当量的钙、铁矿物质。保证充足的水果供应。每周食用50 g以上菌藻类和200 g以上坚果类食物。

3. 减少油脂、盐的摄入量

要建立清淡、少油、少盐的饮食习惯,油脂的摄入量控制在每天25~30 g左右,应以优质植物油为主,畜禽肉类尽量选择低脂肪部位,以保证所必需的脂肪酸的供给。盐用量尽量少,每人每日在6 g以内。

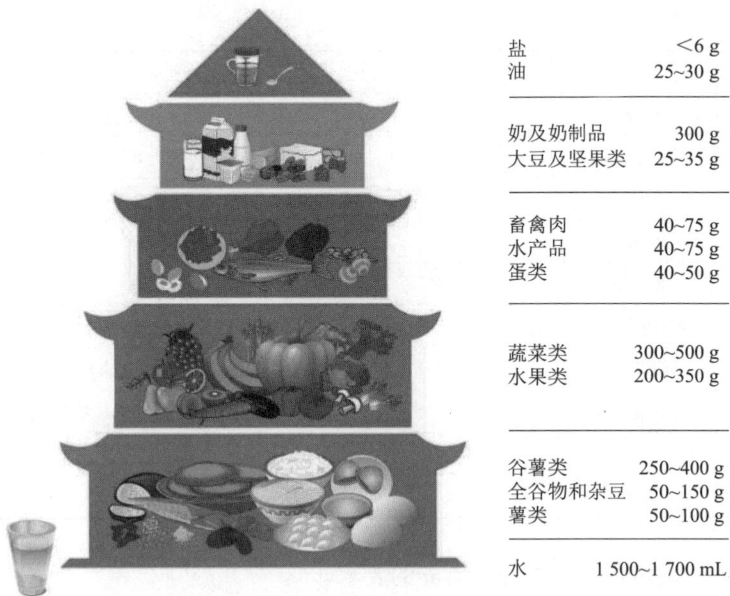

图 2-1-1　中国居民平衡膳食宝塔

资料来源：中国营养学会. 中国居民膳食指南 2016[M]. 北京：人民卫生出版社，2016.

4. 提高食物摄入的质量

要减少低营养食物、纯能量食物、高盐或高糖食物的摄入量，每天从饱和脂肪摄取的能量不超过总能量的 10%，每天胆固醇的摄入量不超过 300 mg，反式脂肪酸的摄入量越少越好，提倡多摄入不饱和脂肪酸。每天从脂肪中摄取的能量控制在 20% ~30%，要多摄入多不饱和脂肪酸或单不饱和脂肪酸，如鱼类、坚果类及各种植物油。

操作步骤 3：设计食物搭配顺序

在设计食物搭配顺序时，要考虑一日三餐的能量比例，一般早餐提供的能量应占全天总能量的 25% ~30%，午餐应占 30% ~40%，晚餐应占 30% ~40%，在营养的基础上还要考虑到口味、喜好等因素。

操作步骤 4：设计成年女性一日食谱

案例：青年女性，25 岁，身高 160 cm，体重 55 kg，从事轻体力劳动，一日三餐基础食谱见表 2-1-4。

表 2-1-4　成年女性一日食谱案例

餐次	食物名称	原料及质量
早餐	馒头	标准粉 100 g
	小米粥	小米 25 g
	煮鸡蛋	鸡蛋 56 g
	拌黄瓜	黄瓜 100 g、香油 1.3 g

续上表

餐次	食物名称	原料及质量
中餐	米饭	稻米 165 g
	蒜薹炒肉	蒜薹 100 g、猪肉 67 g、豆油 5 g
	拌腐竹	芹菜 50 g、胡萝卜 50 g、腐竹 30 g、香油 2.4 g
	西瓜	200 g
晚餐	大米粥	稻米 30 g
	花卷	标准粉 100 g
	炒西芹	西芹 100 g、豆油 6 g
	白菜炖豆腐	大白菜 100 g、豆腐 50 g、植物油 5 g
	牛奶	200 g
	香蕉	75 g(1 根)

下面我们来评价这份食谱是否符合营养的要求。

1. 对全天的食物归类合并

按中国居民平衡膳食宝塔要求我们把食物分为谷物类、水果、蔬菜、蛋类、畜禽肉、鱼类、豆制品、奶及奶制品、油脂类等九大类。在进行食物归类时要注意,有些食物要进行折算才能相加,尤其是奶类和豆类。奶类制品要按蛋白质含量将奶粉量折算成鲜奶量才能相加。各种豆制品也同样要折算成黄豆的量然后才能相加。

奶类食物摄入量按照每 100 g 各种奶类中蛋白质的含量与每 100 g 鲜奶中蛋白质的含量(3 g)的比为系数进行折算,折算公式:鲜奶量 = 奶制品摄入量 × 蛋白质含量 ÷ 3。

如:每 100 g 某品牌奶粉的蛋白质含量为 22 g,则 50 g 该奶粉折合成鲜奶的量是: 50 × 22 ÷ 3 = 366.7(g),也就是说 50 g 奶粉的量相当于 366.7 g 鲜奶的量。

豆类及其制品以与每 100 g 黄豆中蛋白质的含量(35.1 g)的比作为系数,折算成黄豆的量。产品蛋白质含量 = 摄入量 × 蛋白质含量 ÷ 35.1。

如:在食谱中有 30 g 腐竹和 50 g 豆腐,对照食物成分表得到每 100 g 腐竹和豆腐的蛋白质含量分别是 44.6 g 和 8.1 g,折算成黄豆的量为:

30 × 44.6 ÷ 35.1 = 38.2(g) ,即 30 g 腐竹相当于 38.1 g 大豆的量。

50 × 8.1 ÷ 35.1 = 11.5(g),即 50 g 豆腐相当于 11.5 g 大豆的量。

因此,本食谱全天中豆类的摄入量为 49.6 g。

统计各类食物的实际摄入量,填入表 2 - 1 - 5 中:

表 2 - 1 - 5　成年女性食物摄入量一览表

摄入食物种类	实际摄入量(g)	膳食宝塔参考摄入量(g)
油脂类	19.7	25 ~ 30
奶类	200	300
豆制品	49.6	30 ~ 50
畜禽肉类	67	50 ~ 75

续上表

摄入食物种类	实际摄入量(g)	膳食宝塔参考摄入量(g)
鱼虾类	0	75 ~ 100
蛋类	56	25 ~ 50
蔬菜	500	400 ~ 500
水果	275	200 ~ 400
谷类	420	300 ~ 500

2. 计算人的营养需求量

根据该女性的身高和体重,计算其身体质量指数(体质指数)和标准体重。

标准体重为 $160 - 105 = 55$(kg)

体质指数为 $55 \div 1.6^2 = 21.48$

3. 对食谱进行评价

将食谱各类食物的实际摄入量与中国居民平衡膳食宝塔提出的理想膳食模式进行比较,一方面评价食物的种类是否齐全,是否做到了食物种类多样化,另一方面需要评价各类食物的消费量是否充足。

评价印象:从表 2－1－5 中可以看出该女性的体重在标准范围内,坚持正常饮食即可。本食谱中谷物类食物、蔬菜、水果、蛋类、奶类和肉类数量都能达到膳食宝塔的要求,油脂类的摄入量稍低于膳食宝塔建议的量,唯一不足的是没有鱼虾类食物,因此建议本食谱中应加入一些鱼虾类食品,蔬菜、水果种类可以再多一些。

操作步骤 5:设计成年男性一日食谱

案例:中年男性,45 岁,身高 173 cm,体重 80 kg,主要从事重体力劳动,一日三餐基础食谱见表 2－1－6。

表 2－1－6　成年男性一日食谱案例

餐次	食物名称	原料及质量
早餐	馒头	标准粉 150 g
	小米粥	小米 50 g
	煮鸡蛋	鸡蛋 50 g
	腌菜	少量
中餐	烙饼	面粉 200 g、植物油 5 g
	豆角炒肉	豆角 100 g、猪肉 67 g、豆油 5 g
	黄瓜拌腐竹	黄瓜 50 g、腐竹 30 g、香油 3 g
	西红柿炒鸡蛋	西红柿 100 g、鸡蛋 50 g、豆油 5 g
	西瓜	200 g
晚餐	大米粥	稻米 30 g
	花卷	标准粉 150 g
	素炒油麦菜	油麦菜 100 g、豆油 6 g
	白菜炖豆腐	大白菜 100 g、豆腐 50 g、植物油 5 g

下面我们来评价这份食谱是否符合营养的要求。

(1)根据操作步骤4的方法,将各类食物的实际摄入量进行统计,填入表2-1-7中。

表2-1-7　成年男性食物摄入量一览表

摄入食物种类	实际摄入量(g)	膳食宝塔参考摄入量(g)
油脂类	29	25~30
奶类	0	300
豆制品	49.3	30~50
畜禽肉类	67	50~75
鱼虾类	0	75~100
蛋类	100	25~50
蔬菜	450	400~500
水果	200	200~400
谷类	580	300~500

(2)计算人的营养需求量。根据该男性的身高和体重,计算其体质指数和标准体重。

标准体重为173-105=68(kg)

体质指数为$75 \div 1.6^2 = 29.29$

(3)对食谱进行评价。该男子超重,由于是重体力劳动者,评价将按重体力劳动者水平评价。

评价印象:从表2-1-7可以看出,蔬菜、蛋类、豆类、植物油和肉类数量都能达到膳食宝塔的要求,但是谷物类食物摄入较多,超过500 g的推荐标准,奶类食品、鱼虾类和水果类摄入量较少,尤其是奶类根本没有。此外,谷物类食物摄取比较单一,粗粮类摄入较少,蔬菜类种类也比较少,因此给本食谱的建议是:

①增加奶类食品的摄入量,每天加一袋牛奶或其他奶制品。

②适量吃点水果,如每天早晨增加一个苹果、桃子等时令水果。

③由于该男子体重超重,应适当减少谷物类食品摄入量,比如晚餐可以少吃点,增加粗粮种类,可用薯类代替一部分谷物类食物。

④早餐应吃些蔬菜,少吃盐。

⑤肉类食品应增加种类,可适当增加鱼肉类食物。

【知识链接】

一、认识成年男性的营养需求特点

成年男性日常饮食中除了满足每日摄取足够的碳水化合物、蛋白质、脂肪等基础营养元素外,还应特别注意摄入以下营养元素:

1.维生素C

维生素C可以提高免疫力,也可预防心脏病、中风。维生素C含量最高的食物有花菜、青辣椒、橙子、葡萄汁、西红柿。青年人每天维生素C的最佳摄入量应为100~200 mg,最低不能少于60 vg。

2. 锌

锌能促进性激素的生成，建议每天摄入锌 11 mg 左右。含锌较多的食物还有牡蛎、粗粮、大豆、蛋、海产品等。

3. 胆固醇

胆固醇中有 10% 左右是肾上腺皮质激素和性激素，动物内脏中含有较多胆固醇。

4. 精氨酸

富含精氨酸的食品有豆皮等豆制品、花生、核桃、芝麻、紫菜，以及鳝鱼、章鱼、海参、鳗鱼等海产品。

5. 水分

人体任何一个细胞都不能缺乏水分，成年人身体 60% ~ 65% 是水分，如果男士们想要保持健美的肌肉，就必须饮用足够量的水，因为肌肉中的水要比脂肪中的水多 3 倍。中等身材的男士每人须饮用 8 杯水（每杯 200 mL 左右），运动量大的男士对水的需求量则更大。

二、认识成年女性的营养需求特点

成年女性比青少年女性的食欲和食量都有所减少，活动量变低。根据其生理特点，需要遵循以下营养供给原则：

1. 全面而充分的营养素

青年女性应多吃各种富含蛋白质、脂肪、碳水化合物、维生素、矿物质的食物。应特别注意蛋白质的供给，供应不足可能出现发育障碍或体弱多病。

2. 务必保证食物中钙、磷、铁的供应

青年女性饮食中的钙和磷应供应充分，以保障身体的均衡发展。此外，为补足月经丢失和造血所需要的铁元素，尤应注意摄取含铁丰富的食物，如动物肝脏、奶类、蛋类和虾皮、豆腐、芝麻等。

3. 保证各种维生素

维生素不能缺少，应做到不偏食，还应多吃些清淡食物。干性皮肤的女性青年，可以适当增加胡萝卜、植物油、豆制品、动物肝脏等食品的摄入量。

4. 日常饮食宜清淡

饮食油腻会加重胃肠负担引起便秘，还会引起脂肪肝、胆囊炎等肝胆疾病；食用盐分太多会加重肾脏负担，长期口味偏咸会对胃粘膜形成损伤，引发胃炎、胃溃疡等；食物过辣会增加胃液的分泌，引发胆囊炎、胰腺炎等；食用过多甜食会造成眼部视觉疲劳甚至损伤，加速衰老，引发高血压、肥胖、糖尿病等；大量地摄入酸性食物会造成血液的酸性化，孕妇如果吃大量的酸性食物，会影响胎儿健康，甚至导致胎儿畸形。

任务2：家常主食制作

引导问题 4：主食对人体有哪些作用？

引导问题5:制作主食的常用家电有哪些?使用、清洗、保养这些家电有哪些注意事项?

子任务1:用电饭煲蒸米饭

中国自古以来确信“五谷为养”的原则,现代营养科学也证实,只有吃足够多的复杂碳水化合物,才能维持长期的健康。米饭是我们日常生活中比较常见的主食,米饭中富含大量的优质蛋白质、脂肪以及多种维生素和矿物质,可以帮助我们提高免疫力,促进生长发育。

引导问题6:观看微课“家常米饭制作”,了解制作米饭一般分几个步骤?米和水的比例应该如何掌握?

家常饮食制作——家常米饭制作

食材准备

根据食用者的饭量准备适量大米。可以添加多种食材做出多种多样的米饭,如制作二米饭(大米小米)、紫薯米饭、南瓜米饭等。

【操作提示】

操作步骤1:选择电饭煲

蒸米饭可以使用高压锅、电饭煲,电饭煲是比较常用的工具,选购电饭煲需考虑功能、容量等因素,容量可以根据人口数量按需选择。1~3人适宜3 L容量,3~6人适宜4 L容量,4~8人可选用5 L容量。

操作步骤2:淘米

一般的大米在生产过程中会存在土、沙石等杂质,需要淘洗,随着农产品加工逐步精细化,目前市场上也出现了许多免淘洗米。

将大米倒入电饭煲内胆。一般一碗生米会蒸出来2碗熟米饭。放入适当清水,用舀米饭的木勺,把米搅一搅,洗干净,然后把水倒掉。淘洗米时,次数最好不要超过2次,过度淘洗不仅使米里的营养成分大量流失,而且蒸出来的米饭香味也会减少。

操作步骤3:加水

加入淘洗干净的米后,往电饭煲内胆内加入适当的热水。蒸米饭时,最好用热水,这样不仅有益于保存米中的维生素和矿物质,而且蒸出来的米饭香软可口。米水比例要恰当,米和水的比例是1∶1.2,一般水高出米2~4 cm比较合适。有一个特别简单的测量水量的方法:将食指放入米水里,只要水超出米有食指的第一个关节即可。加水太多,米饭过于烂软,没有口感;加水太少,蒸出的米饭会太硬,还有可能夹生。

操作步骤 4:蒸饭

把电饭煲内胆四周的水擦干净,不然可能会有触电的危险。把内胆放入电饭煲,转动一下,保证内胆放置平稳,盖上盖子。插上电饭煲的电源,按下电源键,选择蒸饭功能键,如果电源接入正常,电饭煲的指示灯就会亮起。蒸饭大约需要 30 ~ 40 min。米饭蒸熟以后电饭煲会自动跳转到保温状态。蒸熟后再焖几分钟,蒸好的米饭会粒粒分明,如图 2 - 1 - 2 所示。

图 2 - 1 - 2　蒸饭图示

操作步骤 5:清洗电饭煲

电饭煲的内胆涂有不沾涂层,清洗时切不可用钢丝球等尖利工具,可以用清洁布、海绵蘸水擦拭,若内胆上有不易擦拭的米饭残留,可以先用水浸泡,待残留变软后清洗。内胆清洗干净后把外部的水擦干,放入电饭煲,盖上盖子。电饭煲的表面用半干的软布擦拭干净,收纳到固定位置。

【操作技巧】蒸米饭的窍门

(1)做米饭时,在大米中加少量食盐、少许猪油,会使米饭又软又松。

(2)往水里滴几滴醋,煮出的米饭会更加洁白、味香。

(3)米饭做夹生了,可往饭锅里倒点米酒,再煮一小会儿。

(4)剩饭重新蒸煮,可在新添的水中放少许食盐,吃时口感会像新米饭一样。

子任务 2:制作水饺

水饺是我国的传统美食,是中国北方民间的主食和地方小吃,也是年节食品,有一句民谚叫“大寒小寒,吃饺子过年。”饺子源于中国古代的角子,原名“娇耳”,距今已有一千八百多年的历史,由东汉南阳涅阳(今河南南阳邓州)人张仲景发明 ,最初作为药用。饺子多用面皮包馅水煮而成。大家一起热热闹闹包水饺,不但可以品尝美食,还可以享受团聚的快乐。

引导问题 7:观看微课“家常饺子制作”,了解包水饺一般分几个步骤?煮水饺有哪些小窍门?

家常饮食制作——家常饺子制作

____

____

食材准备

以猪肉小葱馅水饺为例:准备面粉 200 g、猪肉 500 g、鸡蛋 1 只、小葱 250 g、调味料适量。

【操作提示】

操作步骤1:和面

将面粉倒入容器中,将鸡蛋的蛋清加入面粉中,并加入少量盐和水,将面粉搅拌均匀,成面疙瘩状,如图2-1-3所示。如果将水换成蔬菜汁,则可以制作出不同颜色的面团。

图2-1-3 将鸡蛋清加入面粉中

揉面是比较关键的一步,将面疙瘩揉成团,然后在面盆中反复来回地揉十分钟,稍停一会,然后再揉十分钟。在揉的过程中,用水将手打湿,一直揉到面团光滑、有劲道、不易断丝为止。用干净的纱布盖上,将面团醒发一小时左右,如图2-1-4所示。

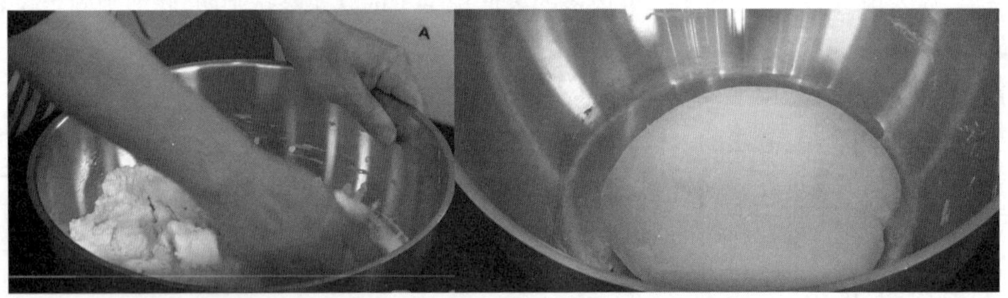

图2-1-4 将面揉成面团

操作步骤2:制作馅料

将猪肉和小葱洗干净,将猪肉剁成馅,小葱切成沫待用。将小葱倒入肉馅中,并加入少量酱油、精盐和少许糖(糖可根据个人喜好添加),拌均匀后待用,如图2-1-5所示。

图2-1-5 制作馅料

猪肉可以与许多蔬菜搭配成不同馅料，如白菜猪肉馅、豆角猪肉馅、芹菜猪肉馅等，也可以用鸡蛋与蔬菜调配出素馅料，如韭菜鸡蛋馅、白菜胡萝卜鸡蛋馅、木耳韭菜鸡蛋馅、茴香鸡蛋馅、西葫芦虾仁鸡蛋馅等，大家可以根据需要和个人喜好制作。

操作步骤3：包饺子

在面板上散上面粉，将醒发好的面团拉揉成圆柱形，用刀切下小段（面段的大小可以根据自己所需要做水饺的大小灵活掌握），用擀面杖将面段压成薄片，注意饺子皮原则上四周要比中间稍薄。将饺子馅放入面皮中间，将四周捏合起来，半成品的水饺就完成了，如图2－1－6所示。如果要存放，先平摊在冰箱冷冻柜中冻20 min左右，再用保鲜袋装好进行冷冻，这样就不会黏合在一起了。

图2－1－6　包饺子

操作步骤4：煮饺子

在锅中加入清水，将水煮至八成开，放入水饺，将水饺煮7 min左右至水饺浮至清水表面，中间可加三次凉水反复煮沸，然后捞出。煮饺子时，可以在水里加入少许食盐，这样饺子不容易破皮。

操作步骤5：清洗用具

要养成用具随时清洗的习惯，用过的面盆、擀面杖留有面渍，可以用水浸泡，待面渍变软后清洗。盛馅的用具由于有油渍，需要用洗洁精清洗。用过的菜板表面一般都有切痕，切过肉后要及时清洗，否则容易滋生细菌，可以在菜板表面洒上食盐或苏打，用流动的水冲洗。

【操作技巧】

将小葱、干椒切成末，放到小碗中，在小碗中放入少量盐、鸡精、香油，拌均匀后静置2 min入味。2 min后，加入适量酱油，少量醋拌匀，饺子蘸汁即调配完成。

任务3：家常菜品制作

引导问题8：了解做家常菜有哪些烹饪方式？

____

____

引导问题9：制作菜品常用厨具有哪些？使用、清洗、保养这些厨具有哪些注意事项？

____

____

子任务 1:制作家常木须肉

木须肉原名木樨肉,是一道常见的传统特色名菜,属于八大菜系之一的鲁菜中的孔府菜,以猪肉片与鸡蛋、木耳等混炒而成,因炒鸡蛋色黄而碎,类似木樨而得名。木须肉含有丰富的优质蛋白,脂肪、胆固醇较少,口味鲜美、营养丰富、老少皆宜。这道菜食材常见,制作简单,是家庭常见菜肴。

引导问题 10:制作菜品一般分为几个步骤?食材清洗有哪些注意事项?

食材准备

猪里脊肉 100 g、鸡蛋 2 个、水发木耳 50 g、胡萝卜 50 g、黄瓜 50 g、洋葱 15 g、油适量、盐适量、五香粉适量、料酒 1 小勺、淀粉 1/2 勺、鸡精 1/4 勺。

【操作提示】

操作步骤 1:清洗食材

制作家常木须肉用到的蔬菜主要是木耳、胡萝卜、黄瓜和洋葱,这些都比较好清洗,此处我们主要介绍其他蔬菜的清洗方法,以备制作其他家常菜品使用。

1. 准备工作

准备菜筐、砧板、刀具、防水围裙、笊篱、洗洁精等。

2. 蔬菜的挑摘

清洗叶菜、青菜应一片片掰开,摘除黄叶、菜梗、虫子、异物及腐烂部分。包菜、大白菜应先摘除黄叶、异物、保鲜纸和腐烂部分,然后切剁,切剁时把菜品的根茎部分完整地切除。择菜时尽量保留老叶,因为老叶的生长期长,接受光照时间长,积累了更多的养分。此外,蔬菜的叶部比茎部维生素 C 含量高,外层菜叶比内层菜叶维生素 C 含量高。

3. 蔬菜浸泡/清洗

清洗蔬菜时可以先在水中加入食盐浸泡,食盐有杀菌功能,水与盐的比例约为 100:1,浸泡的时间为 20 min 左右。包心类蔬菜可先切开,放入清水中浸泡 2 h,再用流动的清水冲洗,以清除残留农药。需要去皮的蔬菜可以不用浸泡,用水把表面冲洗干净即可。

4. 肉类解冻/清洗

从冰箱取出来的冻肉可以自然解冻,也可以用微波炉解冻,如果用水解冻可以在水中加入食盐或白醋,会加速解冻过程。

5. 装筐/保洁

食材清洗后要分别盛放,防止交叉污染。洗菜后要及时清理,把废弃物放入垃圾桶。围裙、笊篱及板凳等用品用具放到指定位置。将清洗池、地面、墙面等清洗干净。

【操作技巧】蔬菜清洗控制点

1. 卫生控制

挑摘时应注意保持地面的卫生。

2. 成本控制

根茎和黄叶等仅以恰好去除不可用部分为准。青菜清先后隔天会腐烂,应避免清洗过多。剩余的青菜及时放进冰箱冷藏。

3. 质量控制

拆包装及挑摘时应避免包装袋(绳)或塑料片、保鲜纸片混入菜中。切剁包菜、大白菜时应认真观察有无虫子及腐烂等异常状况,并及时处理。清洗时应及时清理夹杂在蔬菜中的虫子和异物等,清洗后应及时排除清洗池内的脏水,最后把清洗池清理干净。

操作步骤2:处理食材

将木耳用水浸泡,泡发好后洗净,去蒂,撕成小朵。猪里脊肉洗净,里脊肉切薄片,放入盐适量、五香粉适量、料酒、淀粉,抓拌均匀后腌制 10 min 入味,如图 2-1-7 所示。

图2-1-7 处理木耳和猪肉

黄瓜洗净,切成象眼片;胡萝卜洗净,切成象眼片,如图 2-1-8 所示。

图2-1-8 处理黄瓜和胡萝卜

将鸡蛋打入碗中,放入盐适量,搅匀成蛋液。洋葱洗净切成小丁,如图 2-1-9 所示。

操作步骤3:烹饪制作

锅中倒入少许油,待油温略高后倒入蛋液,炒熟后盛入小碗。锅中倒入少许油,待油温略高后放入肉片,炒至肉色发白无血色后盛出,如图 2-1-10 所示。

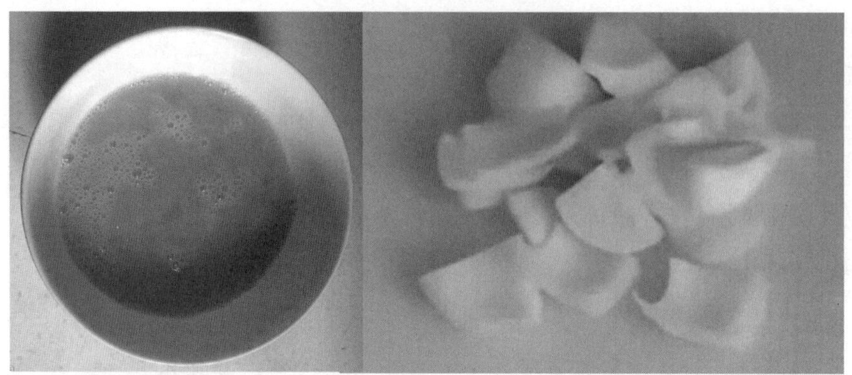

图 2-1-9　处理蛋液和洋葱

图 2-1-10　炒制鸡蛋和肉片

锅中倒入少许油，待油温略高后放入五香粉适量，放入洋葱丁，炒出香味后放入胡萝卜片，翻炒半分钟左右放入黄瓜片、木耳、盐适量，翻炒均匀。放入肉片、鸡蛋、鸡精，翻炒均匀后盛出装盘即可，如图 2-1-11 所示。

图 2-1-11　炒制成品

【知识链接】烹饪方式

中餐常见的烹饪方式有煎、炒、炸、蒸、氽、涮、煮、炖、煨、卤、酱、熏、烤、炝、腌、拌、拔丝等，相比于其他烹饪方法，是最健康的烹调方式，能最大限度地保护食物中的营养成分。炒是我国烹饪蔬菜较常用的方法之一，一般采用“急火快炒”，因为这种烹饪方式对蔬菜营养素的破坏较少。许多实验结果表明，炒菜时，抗坏血酸保存率为 60% ~70%，而胡萝卜素损失则小得多。普通蔬菜炒熟后,胡萝卜素可保留76% ~94% 。

子任务2:制作花开富贵虾(蒜蓉粉丝开背虾)

花开富贵虾是一般家庭宴客必备菜式,也非常适合作为过年过节、家庭聚会的压轴吉祥菜。名字很有寓意——花开富贵,即虾蒸熟摆盘后,像花一样盛开。白虾含有丰富的蛋白质,营养价值很高,其肉质和鱼一样松软,易于消化,同时含有丰富的矿物质,例如,钙、磷、铁等。用蒸的方法,可以减少对白虾营养的破坏,并让蒜蓉的香味渗透在虾中,出锅之前,再浇上滚油,随之而来的香气让人欲罢不能。

引导问题11:观看微课"花开富贵虾",了解制作花开富贵虾一般分几个步骤?处理食材时有哪些注意事项?

____

____

____

家常饮食制作——花开富贵虾

食材准备

鲜虾10只、粉丝1把、蒜2头、小葱3根、小米椒3个、蒸鱼豉油2汤匙、糖1汤匙、醋1汤匙、芝麻油1汤匙、盐适量、食用油适量。

【操作提示】

操作步骤1:清洗食材

虾解冻后,将鲜虾清洗干净,剪去虾枪虾须。

操作步骤2:处理食材

用剪刀插入虾头与虾身的连接处,把虾的背部从头至尾全部剪开,用牙签挑去虾线。虾背上的虾线,是虾未排泄完的废物,有的很黑,有的颜色则很淡,可能几乎看不出来,不管颜色深浅都要去除,如图2-1-12所示。

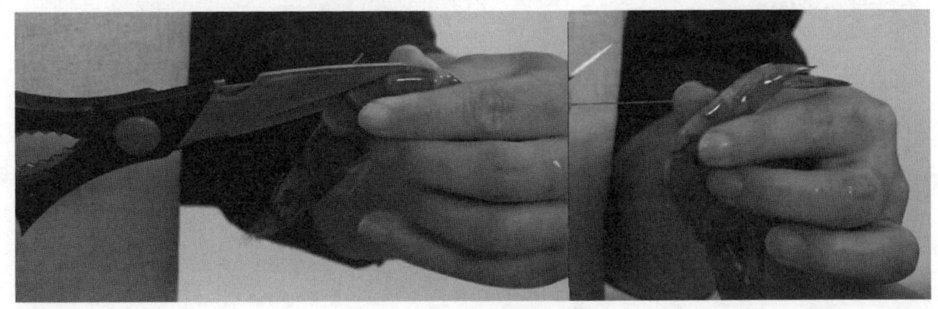

图2-1-12　去除虾线

接着用剪刀继续开背,共剪开虾身厚度的三分之二,开背才算完成。之所以要分两次剪虾身,是因为一次剪那么深不容易操作,而且容易把虾身剪烂。

用刀背把虾身来回拍几下,敲断虾筋。如果虾筋未敲断,蒸熟之后虾身会扭曲,所以一定要把整个虾身来回多敲几下,确保虾筋全部敲断,尤其是虾身和尾巴的连接处。这一步是关键,直接决定成品是否好看,如图 2-1-13 所示。

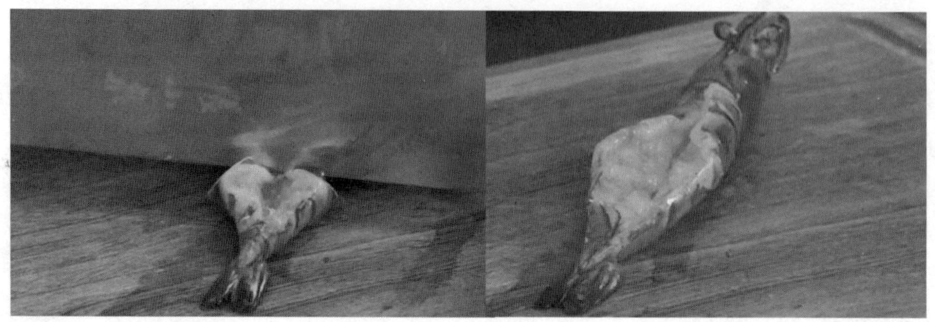

图 2-1-13　虾身开背

取适量粉丝放入碗中,倒入开水,泡发 15 min。

剥蒜,用刀拍烂,再剁成蒜蓉放入小碗中,加入蒸鱼豉油 2 汤匙、糖 1 汤匙、醋 1 汤匙、芝麻油 1 汤匙、盐适量,拌匀,如图 2-1-14 所示。

图 2-1-14　制作蒜蓉

小米椒洗净切圈(可以替换为红椒),小葱洗净切葱花备用,如图 2-1-15 所示。

图 2-1-15　准备小料

操作步骤 3:烹饪制作

取一半粉丝平铺在盘子上,另一半团成一个球摆在中间。可以取一点刚才调好的蒜蓉料和粉丝拌一下,这样蒸熟后粉丝更入味。把虾依次摆入盘子中,虾头靠在粉丝团上面,让虾头稍微竖起来一点,如图 2-1-16 所示。

图 2－1－16　装盘

将拌好的蒜泥舀到虾身上，剩余的浇到粉丝上。蒸锅加入适量水烧开，将虾放入蒸锅中蒸 6 min左右。虾开背后很容易熟，蒸的时间一定不能长，不然虾肉就不嫩了，如图 2－1－17 所示。

图 2－1－17　蒸制

把小米椒和葱花放在虾上。炒锅中倒入适量食用油烧至九成热，绕圈淋在虾身上，色香味美的花开富贵虾即告完成，如图 2－1－18 所示。类似做法可以用于制作蒜蓉粉丝蒸扇贝、蒜蓉粉丝娃娃菜、蒜蓉粉丝金针菇等菜肴。

图 2－1－18　制作成品

操作步骤 5:清洗用具

要养成用具随时清洗的习惯,用过的炒锅、菜板、菜刀及时清洗,收纳到固定位置。

【操作技巧】

(1)不同的粉丝浸泡时间不同,要泡到用手指可以轻松掐断的程度,这样才容易挂汁入味。

(2)蒸虾的时间不宜过长,虾肉开背后,肉已经很薄了,时间太长,肉质会发紧发硬。

(3)调料汁可根据个人口味自行调制,下面提供三种方法仅供参考:

①料酒 1 汤匙、醋 1 汤匙 、蚝油 1 汤匙、香油 1 汤匙、盐 1/2 汤匙、糖 1 汤匙。

②盐适量、蒸鱼豉油 1.5 汤匙、糖 2 汤匙、料酒 1 汤匙。

③蒸鱼豉油 2 汤匙、糖 1 汤匙、醋 1 汤匙、芝麻油 1 汤匙、盐适量。

(4)木耳泡发好后要摘去根蒂部分,这样吃起来口感更好,木耳要随吃随泡,一般不超过 8 h,长时期泡发的木耳对人体有害。

(5)切菜要随切随炒,切忌切好后久置。空气中含氧量高,蔬菜久置,特别是在高温、阳光直射状态下,维生素 A、维生素 C 会很快分解。

任务4: 家常汤粥制作

引导问题 12:请思考汤粥对人体有什么作用?

____

____

____

粥是用谷物与大量的水熬制而成的饮品。粥软烂可口,特别适合脾胃虚弱的老人和小孩,北方人常做的粥有大米粥、小米粥、玉米面粥等。汤是用食材、大量的水、适量的盐和油等调料共同制作而成的一种饮品,汤里面含有很多种食材,营养价值丰富,含有大量的水,既可以补充营养又可以补充水分。山药玉米莲藕排骨汤是日常餐桌上常见的一道汤,既美味又具备极好的保健功效。猪排骨除含蛋白质、脂肪、维生素外,还含有大量磷酸钙、骨胶原、骨粘连蛋白等,能为人体提供充足的钙质。藕中含有大量的淀粉、维生素和矿物质,营养丰富,清淡爽口,是祛淤生新的佳蔬良药,能够健脾益胃,润躁养阴,行血化淤。山药具有滋养强壮、助消化、敛虚汗、止泻等功效,主治脾虚腹泻、肺虚咳嗽、糖尿病消渴。

食材准备

排骨 1 根、藕 250 g、山药 250 g、玉米 1 个、姜 2 片、肉桂 5 g、料酒适量、八角 3 g、盐 3 g、水 8 碗。

【操作提示】

操作步骤 1:清洗处理食材

山药刨皮后切滚刀块备用。将排骨斩断,放水里煮开,去掉浮沫及血水后用清水冲洗备用,如图 2 - 1 - 19 所示。

甜玉米切块。莲藕去皮切段,冲洗干净藕孔里的泥土,如图 2 - 1 - 20 所示。

图 2-1-19　清洗处理山药和排骨

图 2-1-20　清洗处理玉米和莲藕

操作步骤 2:煲制

将排骨、姜、肉桂、八角和清水一起倒入汤锅里,倒入适量料酒,大火煮开。将山药,莲藕和玉米放入煮开的汤锅里,烧开后转小火煲 2 h,加盐调味,盛出即可,如图 2-1-21 所示。

图 2-1-21　煲制成品

操作步骤 3:清洗用具

煲汤常用的厨具是砂锅、汤锅等,汤锅表面一般有涂层,砂锅表面有瓷釉,切不可用钢丝球等用具清洗,可以用清洗软布、海绵等清洗干净,收纳到固定位置。

【操作技巧】

汤出锅前可以加入少许胡椒粉,胡椒粉具有消痰解毒、醒脾开胃的功效,可以增加汤的营养和口感。

任务5：家常甜品制作

引导问题13:请思考蛋糕和饼干在制作上有哪些区别?

子任务1:制作蛋糕

蛋糕是以面粉、鸡蛋、糖类、油脂等为主要原料,以疏松剂、调味剂等为辅料,经过搅打充气及烘烤或蒸汽加热而成的一种组织松软、适口性好的方便食品。蛋糕具有浓郁的蛋香味,质地柔软,富有弹性,组织细腻多孔,易消化,营养丰富。蛋糕的种类有很多,归纳起来可分为三种基本类型,即戚风蛋糕、清蛋糕(又叫乳沫类蛋糕)和油蛋糕。我们以戚风蛋糕为例,戚风蛋糕是英文 Chiffon Cake 的音译,属海绵蛋糕这一基本类型,制作时蛋白和蛋黄需分开,分别打发,最后再混匀,其特点是组织膨松,水分含量高,味道清淡不腻,口感滋润嫩爽。

引导问题14:制作蛋糕一般分几个步骤?

食材准备

表2-1-8　戚风蛋糕参考配方

蛋白部分配料(g)		蛋黄部分配料(g)	
蛋白	400	蛋黄	200
白砂糖	156	水	44
塔塔粉	4.5	色拉油	64
食盐	4	低筋面粉	200
		白砂糖	84

【操作提示】

操作步骤1:配料

1. 面粉

制作戚风蛋糕应选用新鲜度良好的低筋面粉。

2. 砂糖

制作戚风蛋糕应选用细砂糖或糖粉。

3. 鸡蛋

选用新鲜鸡蛋是制作戚风蛋糕的主要条件。蛋白内不宜有蛋黄或油脂及其他杂质的存在,否则会影响蛋白的起泡性。新鲜蛋白温度在17~22 ℃时,胶体性能最佳,发泡性和持气能力较强。温度过高或过低都会影响蛋白泡沫的形成,如温度过高,在搅拌前应将蛋白放入冰箱冷藏。用于面糊的蛋黄,温度不宜太低,保存在室温即可。

4. 油脂

制作戚风蛋糕适合使用液态油,以便于将面糊搅拌均匀。较理想的油脂为色拉油或已溶化好的黄油。

5. 牛奶、果汁

牛奶和果汁可以替代或部分替代配方中的水。牛奶与果汁不可同时使用,否则牛奶和果汁会因化学反应凝结而无法溶解。

6. 塔塔粉

可中和蛋白中的碱性物质,降低其 pH 值,并可增加泡沫韧性,从而有助于提高蛋糕的起泡性和泡沫的稳定性。

操作步骤 2:搅拌面糊

将蛋白与蛋黄分离,分别置于两个搅拌盆内,分别搅拌打发,待打发后,再混合为一体,如图 2－1－22所示。

图 2－1－22　分离蛋清和蛋黄

调制蛋黄糊。蛋黄、细砂糖搅打至糖溶解,再加入水,继续搅打,加入植物油拌至乳化,筛入低筋面粉,慢慢搅拌至没有颗粒,如图 2－1－23 所示。

图 2－1－23　蛋黄糊调制

调制蛋白糊。蛋白加入白砂糖,慢速搅打至粗泡,加入塔塔粉高速搅打蛋白成鸡尾状(挑起时呈小尖角的干性发泡状态),如图 2－1－24 所示。

图 2－1－24 蛋白糊调制

把 1/3 的蛋白糊加入到蛋黄糊中搅拌均匀，然后全部倒入余下的蛋白糊中，以切拌的手法轻轻拌匀，不要打圈拌以免起筋，如图 2－1－25 所示。

图 2－1－25 两种蛋糊混匀

操作步骤 3：注模成型

把按照上述步骤搅拌好的蛋糕糊倒入模具中，在案子上振两下排除气泡，如图 2－1－26 所示。

图 2－1－26 注模

操作步骤 4：烘烤成熟

把蛋糕糊放入预热好的烤箱内，上火 180 ℃，下火 160 ℃，烘烤 30～40 min，出炉后以 10 cm 高度震两下立即倒扣在网架上，冷却后脱模，如图 2－1－27 所示。

图 2-1-27　烘烤冷却

【操作技巧】

(1)调制蛋黄糊有两种方法,一种方法是蛋黄在面粉拌匀前加入,另一种方法是蛋黄在面粉拌匀后加入。后者面糊较难拌匀,前者比较容易操作。

(2)蛋白糊、蛋黄糊混合时,动作应尽可能轻快,以免破坏其中的气泡。

(3)正确选用模具,用做蛋糕坯的,可用底部可脱卸的蛋糕模具。模具不能抹油,否则成熟后的蛋糕坯容易收缩。

(4)戚风蛋糕面糊搅拌后,应及时入模进行烘烤,否则会使泡沫沉淀而导致蛋糕膨胀度差。

子任务 2:制作混酥类饼干

混酥类饼干是以混酥类面团为基础面团,配以各种辅料、馅料,通过成形的变化、烘烤温度的控制、不同装饰材料的选择等,制成甜、咸口味的点心,其面坯无层次,产品具有酥松脆等特点。代表性品种有麦片饼干、乳酪饼干、杏仁饼干、法式松饼、巧克力曲奇、咸琪琳等。

引导问题 15:制作饼干一般分几个步骤?

____

____

食材准备

表 2-1-9　曲奇饼干参考配方

原料名称	质量(g)	原料名称	质量(g)
低筋面粉	150	黄油	100
细砂糖	45	鸡蛋液	30
奶油	20		

【操作提示】

操作步骤 1:配料

1. 面粉

应选用筋力较小的低筋粉。低筋粉不易产生筋力,会使产品酥松。如果面筋筋力太高,烘烤时会出现收缩现象,导致品质感硬、口感差。使用前,面粉必须过筛,如果需要放入食品膨松剂,则一起过筛。

2. 油脂

应选用熔点较高、可塑性强的油脂，比如黄油或人造黄油。熔点较高的油脂，不易软化，操作成形方便；如果选用熔点低的油脂，会使油脂软化，擀制时出油、发黏，整型困难，产品制作时易散落，成品形状不完整。油脂与面粉的比例一般为1∶1。

3. 糖粉

应选用容易溶化的糖粉或细砂糖。如果糖的晶体粒太粗，在搅拌中不易溶化，会造成面团擀制困难，产品成熟后表面会呈现一些斑点，影响面团的美观和酥松性。

4. 黄油

黄油通常保存在冰箱中，因其质地比较硬，我们在操作之前应提前半小时或一小时将其取出，放在室温环境下，让其变得比较软一点再操作。

5. 鸡蛋

要提前半小时或一小时从冰箱取出，恢复室温的鸡蛋在跟黄油等材料混合时会比较容易地被均匀、充分地吸收。

6. 奶油奶酪

需要提前从冰箱取出，在室温环境下放置半小时或一小时，再继续操作就非常容易了。

操作步骤2：搅拌面团

把黄油用电动打蛋器低速打至顺滑状态，加入白砂糖和糖粉。继续打至发白蓬松状态，然后分两次加入蛋液。每一次加入蛋液后，都要用打蛋器把蛋液和黄油打至融合状态，再加入下一次的蛋液，如图2－1－28所示。

图2－1－28　黄油打发

在打发好的黄油中筛入低筋面粉，用刮刀翻拌至无干面粉状态，如图2－1－29所示。

图2－1－29　拌粉

操作步骤3:成型

把面糊装入安有八齿裱花嘴的裱花袋中,在烤盘中顺时针挤出曲奇花纹。裱挤面糊时,用力要均匀,使制品大小相同、厚薄一致;动作要一气呵成,以保持制品形态端正,如图2-1-30所示。

图2-1-30　成型

操作步骤4:烘烤成熟

烤箱170 ℃预热,放入中层上下火烤25 min左右,烤至曲奇表面呈金黄色即可出炉,如图2-1-31所示。

图2-1-31　烘烤

操作步骤5:清洗用具

要养成用具随时清洗的习惯,用过的面盆、面板、模具等清洗后收纳到固定位置。

四、任务评价

学生展示成品,并对成品进行简要介绍,请家长或教师、同学品尝,通过自评、互评、教师与家长评价相结合的方式完成评价,将评价结果填入表2-1-10。

表2-1-10　"家常饮食制作"考核评价表

学生姓名:　　　　　　　　小组名称:　　　　　　　　班级:

类别	标准	等级(优、良、中、差)
劳动素养	1. 劳动态度积极认真,自理能力强,主动为家人、同学服务。 2. 具有环保、卫生、健康的劳动意识。 3. 养成及时、整洁、合理安排时间的良好劳动习惯。 4. 具有安全意识,操作规范,爱护劳动用具	

续上表

<table>
<tr><td rowspan="3">劳动成果</td><td>形色</td><td>1. 食材颜色搭配美观,食材处理形状适宜。
2. 外形完整,视觉舒适</td><td></td></tr>
<tr><td>味道</td><td>1. 烹饪加工适宜,不存在夹生、过软、过硬情况。
2. 调味料使用适度,咸度、酸度、甜度、辣度等适中。
3. 注意品味调配,口味适宜</td><td></td></tr>
<tr><td>营养</td><td>1. 食材新鲜卫生,处理干净。
2. 注意食材营养搭配,符合人体健康需求</td><td></td></tr>
<tr><td colspan="4">总体评价</td></tr>
<tr><td colspan="4">学习存在哪些问题？哪些技能需要进一步夯实：

考核评价人：
年　　月　　日</td></tr>
</table>

五、任务延伸

结合本学习情境学习内容,将劳动技能生活化,经常性地为家人做饭,将某次劳动过程拍摄成图片或视频上传到平台,并填写任务书。

表 2-1-11 "家常饮食制作"生活化任务书

<table>
<tr><td>活动名称</td><td colspan="2">我为家人做顿饭</td></tr>
<tr><td>活动时间</td><td colspan="2">______年______月______日　　□早餐　□午餐　□晚餐</td></tr>
<tr><td>菜谱</td><td colspan="2">主食：
菜品：
汤粥：
甜品：</td></tr>
<tr><td>活动过程</td><td colspan="2"></td></tr>
<tr><td rowspan="3">活动感悟</td><td>收获</td><td></td></tr>
<tr><td>不足</td><td></td></tr>
<tr><td>改进措施</td><td></td></tr>
<tr><td>自我评价</td><td colspan="2">A. 优秀　　B. 良好　　C. 合格　　D. 不合格</td></tr>
</table>

学习情境 2-2　家庭保洁

“一屋不扫,何以扫天下”,一个人的生活态度可以从其身处环境的整洁程度反映出来。干净整洁的居住环境能让人感觉到温馨舒适、心情愉悦,是保障人身体健康的前提。打扫卫生是家务劳动的主要内容之一,既是保障自身和家人身体健康的必要方式,也是营造和谐温馨家庭生活的有效方法,还是落实国家爱国卫生运动的重要途径。

一、学习情境设计

家庭保洁是家庭日常生活劳动之一,主要包括居室保洁、厨房保洁、卫生间保洁等。学生需要掌握清洁剂的种类和使用方法,完成居室、厨房、卫生间以及家庭其他空间的清洁,达到家庭生活事务自理,养成良好卫生习惯的劳动教育目标。

表 2-2-1　“家庭保洁”学习情境设计

学习情境	家庭保洁	学时建议:2 学时
学习情境描述	学生根据教师下发的劳动任务书,以家庭住房为基本单元,通过正确使用保洁用品,完成家庭日常保洁	
学习环境要求	总体环境:居室、厨房、卫生间。 工具准备:笤帚、拖布、抹布等保洁必备工具。 材料准备:清洁剂等	
学习目标	知识目标	1. 常用保洁工具的使用方法。 2. 常用保洁材料的使用方法和注意事项。 3. 家具、厨具、洁具等保洁基本常识。 4. 居室、厨房、卫生间的保洁方法和流程
	能力目标	1. 能够正确安全地使用保洁工具及清洁剂。 2. 能够独立完成居室、厨房、卫生间的保洁
	素质目标	1. 树立为家人服务,营造和谐幸福家庭的意识。 2. 养成积极健康、随时随地随手整理的卫生习惯和劳动习惯。 3. 提高劳动素质,增强劳动观念,尊重劳动,自觉劳动。 4. 培养价值工程和统筹的理念及意识,提高正确处理家庭事务与工作或学习关系的能力。 5. 树立环保、健康的意识,培养勤劳、整洁、有序的良好品质
学习内容	1. 家具、厨具、洁具等保洁基本常识。 2. 常用保洁工具的使用方法。 3. 常用保洁材料的使用方法和注意事项。 4. 居室、厨房、卫生间的保洁方法和流程	
学习方式方法与组织形式	1. 学习方式方法:演示教学法、任务驱动法、小组教学法。 2. 学习组织形式:与他人研讨家庭保洁方法,第一次做保洁需要在家人或老师的协助下完成,掌握方法后可以独立操作	

续上表

<table>
<tr><td>学习要求</td><td colspan="3">1. 注意保洁工具、材料的使用方法。特别注意安全使用规范，避免伤害。
2. 能够知道家具、厨具、洁具等保洁基本常识。保证使用正确的方法进行保洁。
3. 养成保持卫生和及时清理的习惯，维护居室、厨房、卫生间干净整洁</td></tr>
<tr><td>学习过程设计</td><td colspan="3"> 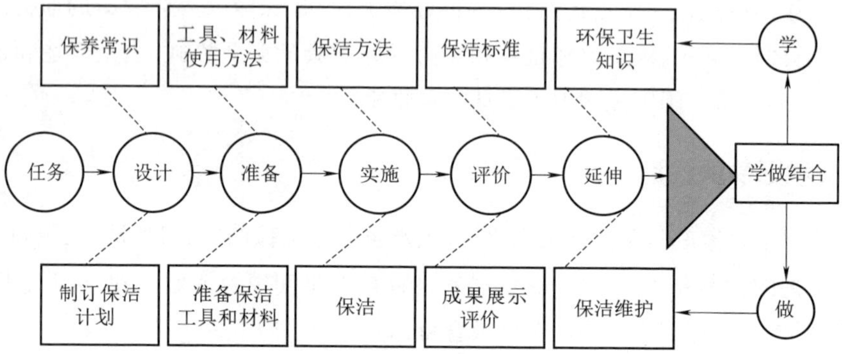保养常识　工具、材料使用方法　保洁方法　保洁标准　环保卫生知识 ← 学
任务 → 设计 → 准备 → 实施 → 评价 → 延伸 → 学做结合
制订保洁计划　准备保洁工具和材料　保洁　成果展示评价　保洁维护 ← 做</td></tr>
<tr><td>学习流程</td><td>活动内容</td><td>教师活动</td><td>学生活动</td></tr>
<tr><td>劳动任务</td><td>布置劳动任务</td><td>发放劳动任务书，明确劳动任务：为家庭居室、厨房、卫生间进行保洁</td><td>自学数字教学资源，了解需要学习的知识和技能</td></tr>
<tr><td>劳动设计</td><td>任务1：制订家庭保洁计划</td><td>讲授家具、厨具、洁具等保洁常识，组织学生制订家庭保洁计划</td><td>学习家具、厨具、洁具等保洁常识，独立或与他人研讨制订家庭保洁计划，完成任务1</td></tr>
<tr><td>劳动准备</td><td>准备劳动用品</td><td>事前准备好保洁工具及材料，做好物品准备、经验准备</td><td>协助教师或独立做好相关准备</td></tr>
<tr><td rowspan="3">劳动实施</td><td>任务2：居室保洁</td><td>教授居室保洁方法，指导学生完成居室保洁</td><td>学习居室保洁常识，掌握居室保洁方法和保洁工具及清洁剂的使用方法，完成任务2</td></tr>
<tr><td>任务3：厨房保洁</td><td>教授厨房保洁方法，指导学生完成厨房保洁</td><td>学习厨房保洁常识，掌握厨房保洁方法和保洁工具及清洁剂的使用方法，完成任务3</td></tr>
<tr><td>任务4：卫生间保洁</td><td>教授卫生间保洁方法，指导学生完成卫生间保洁</td><td>学习卫生间保洁常识，掌握卫生间保洁方法和保洁工具及清洁剂的使用方法，完成任务4</td></tr>
<tr><td>劳动评价</td><td>成品展示与评价</td><td>组织学生展示作品，评定学生成绩</td><td>展示自己的作品，根据自己评、同学评、教师评，评定学习成绩，填写评价表</td></tr>
<tr><td>劳动延伸</td><td>生活化劳动任务</td><td>鼓励学生将劳动技能生活化</td><td>学习家庭保养常识及妙招和卫生环保知识，能长期保持家庭卫生清洁</td></tr>
</table>

二、任务布置

表 2-2-2 “家庭保洁”劳动任务书

学习情境	家庭保洁		
具体任务	知识点	技能点	教学案例
任务 1:制订家庭保洁计划	1. 家庭保洁的周期。 2. 设施、设备、用具的表面材质及保洁方法。 3. 清洁剂的认识和使用。 4. 家庭保洁的流程	制订家庭保洁计划	
任务 2:居室保洁	1. 居室保洁的流程、方法和技巧。 2. 居室保洁的项目和保洁方法。 3. 保洁工具和材料的使用方法及注意事项	1. 正确、安全地使用居室保洁工具和材料。 2. 对家具进行保洁的基本常识。 3. 进行居室保洁	窗台、床铺、地面
任务 3:厨房保洁	1. 厨房保洁的流程、方法和技巧。 2. 厨房保洁的项目和保洁方法。 3. 保洁工具和材料的使用方法及注意事项	1. 正确、安全地使用厨房保洁工具和材料。 2. 对厨具进行保洁的基本常识。 3. 进行厨房保洁	橱柜台面、吸油烟机、煤气灶
任务 4:卫生间保洁	1. 卫生间保洁的流程、方法和技巧。 2. 卫生间保洁的项目和保洁方法。 3. 保洁工具和材料的使用方法及注意事项	1. 正确、安全地使用卫生间保洁工具和材料。 2. 对洁具进行保洁的基本常识。 3. 进行卫生间保洁	洗脸池、镜子、马桶
任务要求	1. 劳动要求:学生需经历居室、厨房、卫生间的保洁过程,达到能够独立操作的目标,增强劳动观念,培养正常家庭劳动能力和干净整洁的生活习惯,提高生活自理能力,养成尊重劳动、自觉劳动的劳动习惯和健康的卫生习惯。 2. 安全要求:学生第一次使用保洁工具和材料需由老师或家长协助指导,保证使用保洁工具和材料的安全。 3. 操作要求:学生需掌握保洁工具和材料的正确使用方法及注意事项,掌握居室、厨房、卫生间用具的保养方法,避免造成用具损坏。学生需培养长期保持居室、厨房、卫生间干净整洁的卫生习惯		

三、任务实施

任务1: 制订家庭保洁计划

引导问题 1:根据卫生学理论,一般家庭保洁依照什么顺序进行?

引导问题 2:家庭保洁卫生项目的周期是多久?如何能根据设施、设备、用具的特点选取合适的清洁方法?

引导问题3:请以你的家庭为背景,制订一份保洁计划,填入表2-2-3。

表2-2-3　我的保洁计划

家庭成员人数		家庭成员结构	
居室保洁			
厨房保洁			
卫生间保洁			
设计思路			

【操作提示】

家庭保洁主要是对家里各种设施、设备、用具进行清洁。每种设施、设备、用具等都有各自的清洁周期,有的需要每天清洁,有的则不需每天清洁,而且不同材料的设施、设备、用具有不同的清洁方式,清洁时不能损坏设施、设备、用具的材料表面,而且要保护材料表面所特有的光彩和美感。了解各种清洁剂的用途和使用方法,掌握清洁的操作技巧和操作流程。

操作步骤1:确定家庭周期性卫生项目

1. 每天

(1)床铺、家具表面、窗台、地面、地毯的清洁,保证无尘无污;

(2)家用电器的清洁,保证无尘无污;

(3)厨房、卫生间设施用品的清洁。

2. 每3天

(1)电脑、微波炉、电饭锅清洁消毒;

(2)吸油烟机、煤气灶清洁消毒;

(3)换气扇、空调出风口清洁消毒;

(4)卫生间、地漏清洁消毒。

3. 每15天

(1)天花板、墙壁尘污清洁;

(2)灯具尘污清洁;

(3)床下、沙发下、柜下尘污彻底清洁;

(4)厨房墙面、卫生间墙面尘污清洁。

4. 每 20 天

(1)家具清洁保养;

(2)壁柜、碗柜、冰箱等内部清洁消毒;

(3)鞋柜内部进行清洁处理;

(4)衣柜顶部进行清洁处理。

5. 每 30 天

(1)玻璃、窗户、门清洁处理;

(2)纱窗清洁处理;

(3)地板打蜡保养处理。

操作步骤 2:了解设施、设备、用具的表面材质及清洁方法

1. 地面

(1)地毯(毛、化纤):用吸尘器吸去灰尘,除渍,根据不同污渍用不同的去污方法,定期转换容易磨损的部位。

(2)地板(实木、复合、强化地板):用笤帚清扫,用较干的湿布或拖布擦地板,用蘸有清洁剂的抹布去除污渍与污垢,最后用干抹布把地板擦干。

(3)地砖、大理石:先清扫地面,用蘸有清洁剂的湿布或湿拖布擦地面,最后用干抹布擦干地面。

2. 墙面

(1)乳胶漆墙面:用鸡毛掸子掸去灰尘,用干净的湿抹布轻擦,用蘸有清洁剂的抹布轻擦污渍,不可用力来回擦,以免损坏乳胶漆膜。

(2)墙纸类墙面:用鸡毛掸子掸去灰尘,有保护膜的墙纸、发泡纸可用湿抹布轻擦,用蘸有清洁剂的抹布去除污渍,最后用干抹布擦干。

(3)厨房、卫生间瓷砖墙面:要各用专用的抹布,千万不可混用。

厨房瓷砖墙面油污多,先用百洁布蘸洗洁精或其他去污剂轻擦表面,尽量不要用钢丝球擦,用湿抹布擦去表面污物,用干抹布擦干表面。

卫生间瓷砖墙面一般用抹布擦拭即可,用湿抹布擦去表面污物,用干抹布擦干表面。

3. 家具

(1)木质家具:用较干的湿抹布除去表面的灰尘,然后用干抹布擦干,定期对旮旯处仔细擦。

(2)金属家具:一般用干抹布擦去灰尘或用鸡毛掸子掸去灰尘,有污渍的地方用湿抹布擦拭后一定要用干抹布擦干,以免生锈或氧化。

4. 橱柜台面

(1)人造石和不锈钢台面:人造石和不锈钢台面切忌用硬质百洁布、钢丝球等擦拭,也不要用摩擦性清洁剂,而要用软毛巾配合碱性清洁剂擦拭或用光亮剂擦拭,否则会造成刮痕或侵蚀。

(2)防火板材质的台面:防火板材质的台面可使用家用清洁剂,用尼龙刷或尼龙球擦拭,再用湿热毛巾擦拭。

(3)天然石台面:天然石台面宜用软百洁布,使用中性清洁剂擦拭。

(4)原木材质:如果台面是原木材质的,应先用掸子把灰尘清除干净,再用干布或用原木保养专用乳液来擦拭,切勿使用湿抹布及油类清洁品。

操作步骤3:清洁剂的认识和使用

清洁剂按常规可划分为中性清洁剂、酸性清洁剂和碱性清洁剂。

1. 中性清洁剂

中性清洁剂是一种温和的清洁剂,在使用过程中不会对使用者和任何物品造成伤害。

(1)洗洁精:它是洗碗必备的清洁剂,用于清除物品表面、地面上的油迹。

(2)洁而亮:用于清除所有白色台面、墙面、地面上的和塑料、玻璃、不锈钢等表面上的严重污渍,用途广泛。

(3)绿水:用于拖地、抹物,特别是对瓷砖面,有较好的清洁效果。

(4)128万能起渍剂:用于清除质地好的墙面、玻璃表面等上的难以去除的血渍、油迹、油漆及棉布、毛地毯上的严重污渍。

2. 酸性清洁剂

带有刺激性气味和轻微毒性,使用不当,将会造成物品损害或人身伤害,使用时应注意做好防护措施。

(1)盐酸:用于刷洗白英石地面、坚硬地面上的污渍。使用后及时冲水(属强酸性,使用时要注意安全,开荒时要大量使用)。

(2)漂白水:用于漂白较脏的毛巾、拖布或处理黄色污渍。

(3)洁厕剂:用于刷洗卫生间、便池及坚硬材质物品上的污渍。

3. 碱性清洁剂

带有刺激性气味和轻微毒性,使用不当,将会造成物品损害或人身伤害,使用时应注意做好防护措施。

(1)洗手液:用于卫生间洗手。

(2)洗衣粉(洗衣液):它是洗衣必备的清洁剂,用于清洗较脏的毛巾、拖布、地面等。

(3)烧碱:用于坚硬地面的清洁。

4. 使用酸、碱性清洁剂时的注意事项

(1)使用前应戴橡胶手套,不能直接用手接触药水,如果不慎沾在皮肤上应及时用清水冲洗干净。

(2)使用前必须察看现场材质,大理石、瓷砖、不锈钢等材质不能使用酸性清洁剂,容易腐蚀。

(3)所有强腐蚀性清洁剂应稀释成一定比例的清洁剂,而且在使用前应先在物体表面淋上清水。

(4)碱性清洁剂与酸性清洁剂不能混合使用,会发生中和反应,不但没有清洁效果且会产生新的污垢与杂质。

操作步骤4:设计保洁流程

1. 家庭整体保洁流程

从里到外,从上到下,从左到右,先易后难。

(1)开启窗户(帘);

(2)清理有味源的地方,如烟灰缸、纸篓、垃圾等;

(3)整理床铺,摆设好物品;

(4)擦拭除尘,清洁家具;

(5)清洁厨具;

(6)清洁洁具;

(7)清洁地面。

2. 居室保洁流程

按照天棚⟶墙面⟶床铺⟶窗台⟶家具⟶地面⟶门的顺序进行清洁。

从里到外;由角、边到中间;由小处到大处;自上而下;由床下、桌底到居室较大的地方,依顺序倒退着向门口清洁。

3. 厨房保洁流程

按照天花板⟶墙面⟶橱柜⟶炊具(包括电器)⟶地面⟶门的顺序进行清洁。

先清理用过的餐具、食品,防止清洁过程中造成污染,然后清理厨房天花板、墙面、橱柜,再到吸油烟机、灶台、电器的清理,最后把地面、门清理干净。

4. 卫生间保洁流程

按照天花板⟶墙面⟶洁具⟶地面⟶门的顺序的进行清洁。

清洁洁具时先清洁洗脸池、台面等相对干净的洁具,再清洁浴盆或浴缸,然后是马桶,最后做地面清洁。清洁马桶时,要先清洁座盖,然后是马桶外侧面、马桶内侧面。卫生间的地面也应由内向外清洁。

【知识链接】

1. 木质家具的保养

(1)先用鸡毛掸子掸去木质家具表面的灰尘。

(2)用兑水的全能清洁剂擦拭木质家具表面,除去表面的污垢。

(3)用无纺布擦去表面水珠。

(4)用家用蜡均匀地涂在海绵块上,划圈式地涂抹在木质家具表面,然后用干净的无纺布净面抛光。

2. 地板的保养

(1)适用范围:实木地板、复合型地板。

(2)液体蜡的作业程序:首先用吸尘器对地面的尘土进行清理,用清水将地板擦拭干净,换上专用拖鞋;然后将打蜡垫浸潮后,在打蜡垫上喷液体蜡,之后由里向外将液体蜡均匀地喷在地板上;最后在上蜡 15 min 后,换上抛光垫,将地面的蜡抛光。

(3)固体蜡的作业程序:首先将地板清理干净,然后将固体蜡均匀地涂在海绵块上,并划圈式地将蜡上到地板上,最后在上蜡 20 min 后,用无纺布将地板上的蜡抛光。

(4)注意在向地板上蜡时一定要均匀,不要薄厚不一。

(5)上蜡后尽量不要马上踩踏,过 4 h 后再进行踩踏。

3. 电视机的保养

(1)先用毛刷将电视机表面的灰尘掸去,尤其是框角部位。

(2)用沾有中性清洁剂的无纺布将电视机箱体的污垢擦拭干净,再用干的无纺布净面。

(3)清洁屏幕时将清洁蜡均匀地涂在海绵块上,划圈式地涂抹,之后用干净的无纺布将表面擦净。

4. 电冰箱的保养

(1)先断电,将箱内的食品放到安全位置,并用遮盖物遮挡。

(2)将冰箱抽屉架拿出,敞开冰箱门,用盆盛开水并在水中加入少许白醋,将盆放入冰箱冷冻层,盆底垫上隔热的抹布,不仅能去除冰箱异味,还可以加快冰的融化。

(3)用兑水的全能清洁剂擦拭冰箱表面,之后用无纺布净面。

(4)用冰箱消毒剂擦拭冰箱内部,之后用干净的无纺布将冰箱内部擦拭干净。

任务2:居室保洁

引导问题4:观看微课"居室保洁",了解居室环境的干净整洁对人体都有哪些好处?

家庭保洁——居室保洁

____

____

引导问题5:居室保洁的工具有哪些?一般按照什么顺序进行清洁?

____

____

____

子任务1:清洁窗台

居室保洁时,窗台是最容易看到但又容易被忽略的地方,窗户槽是最脏的部位,一定要选择合适的方法进行清洁。

引导问题6:清洁窗台一般分几个步骤?清洁剂和水的比例应该如何掌握?

____

____

____

材料准备

(1)使用工具:抹布、毛刷、鸡毛掸子。

(2)使用清洁剂:全能水或洗衣粉(兑水比例1:30)。如果有特殊要求,可以选择环保型的清洁剂,如小苏打等。

【操作提示】

操作步骤1:掸窗帘、窗纱

首先将窗帘、窗纱的表面灰尘用鸡毛掸子由上至下轻轻地掸净,如图2-2-1所示。

操作步骤2:掸窗框

用毛刷将窗框顶部的灰尘掸向一侧,然后将集到一起的灰尘掸到抹布上,如图2-2-2所示。

图2-2-1　掸窗帘、窗纱

图2-2-2　掸窗框

操作步骤3:清洁窗框、窗台

用沾有清洁剂的抹布清洁窗框、窗台,如图2-2-3所示。

操作步骤4:擦干窗框、窗台

用干净的抹布擦干窗框、窗台,如图2-2-4所示。

图2-2-3　清洁窗框、窗台

图2-2-4　擦干窗框、窗台

【操作技巧】

(1)窗户槽是最脏的部位,可用旧牙刷等工具把里面的垃圾扫出来,往凹槽里倒些水浸泡5 min,再用湿抹布擦拭即可。

(2)当大理石窗台出现黯淡发黑的情况时,需要给大理石做清洗打蜡。把中性清洁剂加入水里清洗窗台,然后吸干,再用清水洗一遍并吸干,等待大理石完全干后,就进行打蜡,可根据气候的条件决定打蜡的时间。

子任务2:清洁床铺

床铺是休息的地方,床铺干净整洁,会使人们更惬意,而且干净的床铺会使整个房间看起来整洁、美观,并能提高人们居住的舒适度,让人们享受温馨的生活。

引导问题7:清洁床铺一般分几个步骤?有哪些注意事项?

材料准备

（1）使用工具：毛巾、无纺布。

（2）使用清洁剂：全能水或洗洁精（兑水比例 1∶30）。如果有特殊要求，可以选择环保型的清洁剂，如小苏打等。

【操作提示】

操作步骤 1：去掉遮盖物

将床铺的遮盖物去掉，如图 2-2-5 所示。

操作步骤 2：清洁床头

在床头顶部用微湿毛巾将灰尘集到一头收起，如图 2-2-6 所示。

图 2-2-5　去掉遮盖物

图 2-2-6　清洁床头

操作步骤 3：擦拭床头

用无纺布将床头擦拭干净，如图 2-2-7 所示。

图 2-2-7　擦拭床头

子任务 3：清洁地面

地面是日常清洁的重要地方，生活中我们要保持地面干净整洁，就要找到合理的清洁方法。

引导问题 8：清洁地面一般分几个步骤？有哪些注意事项？

材料准备

（1）适用范围：实木地板、复合型地板、地板砖地板。

（2）使用工具：抹布或拖布、笤帚、无纺布、毛刷、水桶。

（3）使用的清洁剂：洗衣粉或洗洁精（兑水比例1∶40）。如果有特殊要求，可以选择环保型的清洁剂，如小苏打等。

【操作提示】

操作步骤1：刷地角线

将地角线顶部的灰尘用毛刷刷净，如图2－2－8所示。

操作步骤2：擦地角线

用湿的无纺布将地角线表面擦净，如图2－2－9所示。

图2－2－8　刷地角线

图2－2－9　擦地角线

操作步骤3：清扫地面

用笤帚将表面污物清扫干净，如图2－2－10所示。

操作步骤4：擦拭地面

用抹布或拖布由里向外逐步擦拭，直至干净为止，如图2－2－11所示。

图2－2－10　清扫地面

图2－2－11　擦拭地面

操作步骤5：净化地面

用清水和无纺布将地面的清洁剂遗留物擦净，做到无污迹、无水迹、无毛发。在清洁地面时一定要注意清洁用水的量，不要将太多的清洁用水洒到地板上，如图2－2－12所示。

图2－2－12　净化地面

有可以移动的物体时一定要移开，尤其是床头柜下、床铺下，在移动物体时一定要轻，防止划伤地板。

【操作技巧】

擦地板时往水里倒点白醋，先用白醋水喷一喷再拖地，不但能轻松去除污渍还能杀菌。

任务3：厨房保洁

引导问题9：观看微课“厨房保洁”，了解厨房干净、卫生、无油腻对人体有哪些好处？

家庭保洁——厨房保洁

____

____

引导问题10：厨房保洁的工具有哪些？一般我们按照什么顺序进行清洁？

____

____

子任务1：清洁人造石台面

人造石是一种人工合成的实体、无毛细孔的密实材料，相较于其他材质台面，具有抗污力强、耐磨以及易清洁等优点。日常只需要简单地进行清洁维护即可。

引导问题11：厨房台面的材质有哪些种类？注意事项有哪些？

____

____

材料准备

(1)使用工具：毛巾、抹布、软百洁布、小喷壶。

(2)使用清洁剂：洗洁精(兑水比例1:5)。如果有特殊要求，可以选择环保型的清洁剂，如小苏打等。

【操作提示】

操作步骤1：擦拭

清洁剂喷到抹布上沿圆形进行擦拭，如图2－2－13所示。

操作步骤2：净面

用清水配合干净的抹布净面，如图2－2－14所示。

图2－2－13　擦拭

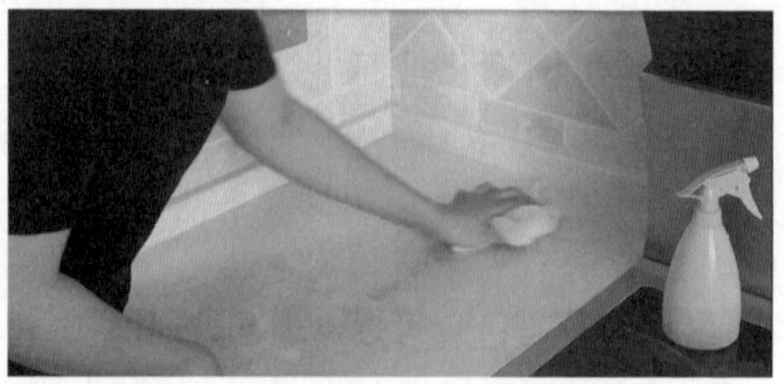
图2－2－14　净面

操作步骤3：擦干

用干毛巾擦干，以免水渍残留影响光洁度，如图2－2－15所示。

操作步骤 4:保持光洁

擦干 5 min 后用软百洁布把整个台面擦一遍,以便让其表面保持光洁,如图 2-2-16 所示。

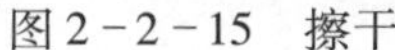

图 2-2-15　擦干

图 2-2-16　保持光洁

【操作技巧】

橱柜台面的材质有人造石、防火板、不锈钢、天然石、原木等,不同材质的台面一定要选择合适的清洁方法。

子任务 2:清洁吸油烟机

吸油烟机是厨房常见的家用电器,也是厨房里油烟最重的地方,使用一段时间后,就会产生厚厚的油脂,而且很难清洗。

材料准备

(1)使用工具:抹布、无纺布、纸巾、小喷壶。

(2)使用清洁剂:油烟净或洗洁精(兑水比例 1∶5)。如果有特殊要求,可以选择环保型的清洁剂,如小苏打等。

【操作提示】

操作步骤 1:一般清洁

清洁吸油烟机时,一般的污渍用沾有清洁剂的抹布擦拭即可,然后用净水和无纺布净面,如图 2-2-17所示。

操作步骤 2:顽固污渍清洁

向吸油烟机的机体喷洒少许油烟净或洗洁精,将纸巾贴到吸油烟机体上,继续喷洒,直到纸巾完全湿透,待污垢完全溶解后,用抹布擦拭,然后用净水和无纺布净面,如图 2-2-18 所示。

图 2-2-17　一般清洁

图 2-2-18　顽固污渍清洁

【操作技巧】

保持吸油烟机的卫生,"防"比"治"更重要,平时在使用时要注意随手清洁。

子任务 3:清洁煤气灶

煤气灶是厨房里最易脏又最易藏污垢的地方,即使平时坚持清洁,也会深藏很多油渍和污垢。

材料准备

(1)使用工具:抹布、百洁布、小铲刀、旧牙刷、牙签、小喷壶。

(2)使用清洁剂:油烟净或洗洁精(兑水比例 1:5)。如果有特殊要求,可以选择环保型的清洁剂,如小苏打等。

【操作提示】

操作步骤 1:清洁炉架

炉架总是沉积很多顽固污垢,可以用小刀刮掉,炉架的细小部分污渍可以用旧牙刷去除,如果污渍还是很难去除,可以将炉架浸泡在清洁剂溶液中,浸泡几分钟待污垢溶解后,用抹布擦干炉架即可,如图 2-2-19 所示。

操作步骤 2:清洁炉嘴

炉嘴是很难清洗的,用牙刷沾清洁剂仔细刷洗炉嘴,如果难以清除,则重复多刷几次,即可光亮如新,如图 2-2-20 所示。

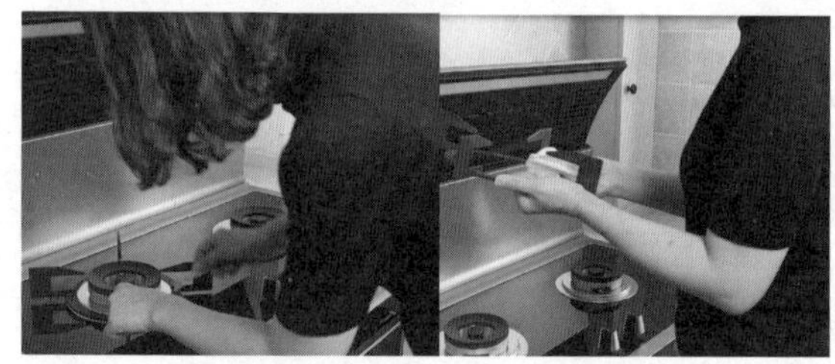

图 2-2-19　清洁炉架

图 2-2-20　清洁炉嘴

操作步骤 3:清洁出火口

灶具炉盘的出火口用牙签进行清洁,以保持出火口通畅,如图 2-2-21 所示。

操作步骤 4:清洁灶台

清洁灶台时先将清洁剂喷到燃气灶表面,再用百洁布进行去污,之后用清水配合干净的抹布净面。保持灶台的卫生,也是"防"比"治"更重要,平时在使用时要注意随手清洁,如图 2-2-22 所示。

图 2-2-21　清洁出火口

图 2-2-22　清洁灶台

任务4：卫生间保洁

引导问题12：观看微课“卫生间保洁”，了解保持卫生间的清洁和卫生对人体有哪些好处？

家庭保洁——卫生间保洁

引导问题13：卫生间保洁的工具有哪些？一般按照什么顺序进行清洁？

子任务1：清洁洗脸池

洗脸池使用久了就会出现很多污垢，这些污垢如果不及时清洗很容易影响洗脸池的外观，并且容易滋生细菌，非常不卫生。

引导问题14：清洁洗脸池一般分几个步骤？清洁剂和水的比例应该如何掌握？

材料准备

（1）使用工具：抹布、无纺布、钢丝球、小喷壶。

（2）使用清洁剂：洗洁精（兑水比例1∶30）、牙膏。如果有特殊要求，可以选择环保型的清洁剂，如小苏打等。

【操作提示】

操作步骤1：一般清洁

清洁洗脸池时用沾有清洁剂的抹布轻轻擦拭洗脸池表面、洗脸池底部，主要是排水口。在清洁不锈铜管件时可以把牙膏挤到无纺布上反复擦拭，然后用清水洗净即可，如图2-2-23所示。

图2-2-23 一般清洁

操作步骤 2:特殊清洁

如果洗脸池有难以清洁的水垢或香皂、洗面奶等物品残留的皂垢,可以把清洁剂喷洒在洗脸池里,让清洁剂充分地粘到洗脸池上,然后用钢丝球清理洗脸池周围的污垢,此时污垢便会被清理下来,打开水管把清理下来的污垢用水冲走,洗脸池便可恢复原来的洁净。清洁完成后,要用干的毛巾,把周围的水擦干净,防止水垢的再次产生,如图 2-2-24 所示。

图 2-2-24 特殊清洁

【操作技巧】

柠檬是清洁的高手,不管是除味还是除污垢都非常好用,洗脸池的污垢如果很难擦干净,不妨用柠檬切片后擦洗洗脸池的表面,等待一分钟后再用水冲干净,洗脸池很快便能光亮如初。

子任务 2: 清洁镜子

卫生间的镜子因长久地处在潮湿环境中,时间久了便会导致成像模糊,而且在日常使用中,水蒸气的冷凝常常使镜子失去作用,从而导致镜子上面凝结了不少水垢,这时人们习惯性地会用湿毛巾去擦,但擦过之后镜面上却留下了干掉的水印,反而让镜面更加不清楚。

引导问题 15:用什么方式去擦拭镜子上面凝结的水垢,才不会留下干掉的水印,让镜面更加清楚?

____

____

____

材料准备

(1)使用工具: 抹布、无纺布。

(2)使用清洁剂: 酒精或玻璃清洁液。

【操作提示】

操作步骤 1:涂抹清洁剂

用蘸有酒精或玻璃清洁液的抹布在镜子上均匀地抹开,如图 2-2-25 所示。

操作步骤 2:擦拭

由上而下轻轻地进行擦拭,如图 2-2-26 所示。

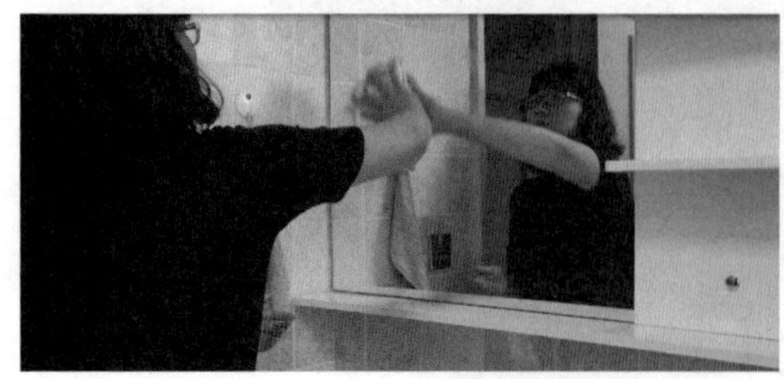

图 2-2-25 抹开清洁剂

图 2-2-26 擦拭

操作步骤3:擦干水渍

配合干净的无纺布将镜面的水渍擦干,使镜面光亮无印迹,如图2-2-27所示。

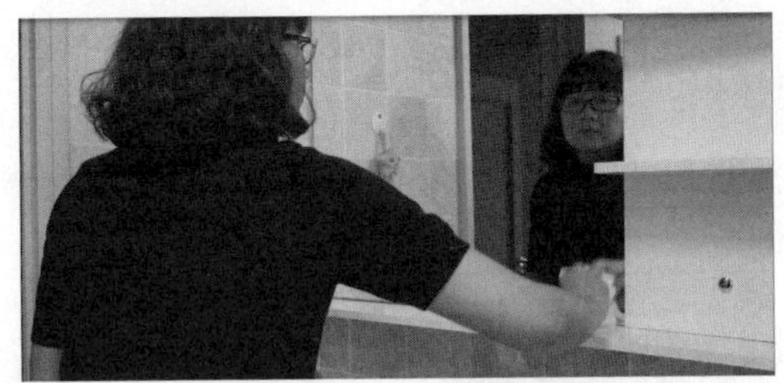

图2-2-27　擦干水渍

【操作技巧】

用毛巾蘸啤酒或温热的食醋擦镜子,可将镜子上的污垢迅速去除。

子任务3: 清洁马桶

马桶是平时使用频率高,又不易清洗的洁具,在使用一段时间后会产生一些不易清洗的污垢,所以要做好平日的清洁、除垢和杀菌工作。

引导问题16:清洁马桶一般分几个步骤?清洁剂和水的比例应该如何掌握?

____

____

____

材料准备

(1)使用工具:抹布、洁厕刷、橡胶手套。

(2)使用清洁剂:84消毒液(兑水比例1:30)、洁厕剂。

【操作提示】

操作步骤1:戴上橡胶手套

戴上橡胶手套,防止清洁剂腐蚀皮肤,如图2-2-28所示。

操作步骤2:冲洗马桶

盖上马桶盖,用清水冲洗一遍马桶,如图2-2-29所示。

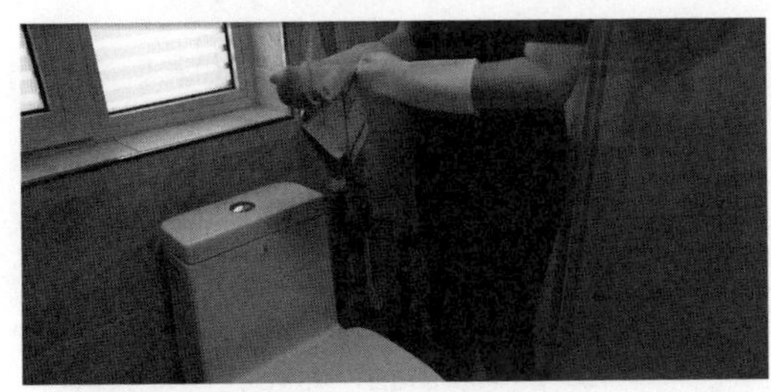

图2-2-28　戴上橡胶手套

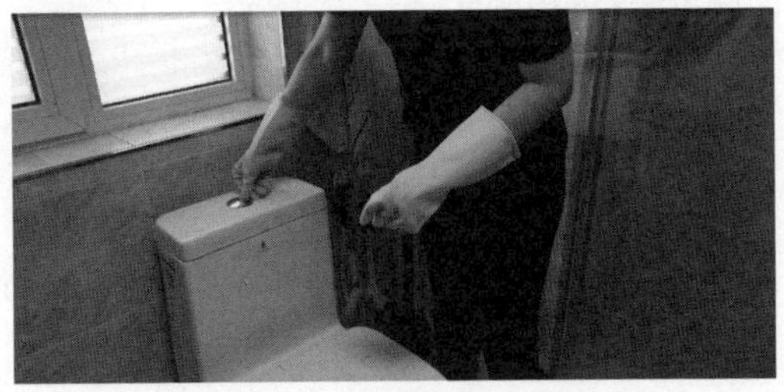

图2-2-29　冲洗马桶

操作步骤3:倒入洁厕剂

再打开马桶盖,以环绕的手法在马桶内壁倒入洁厕剂,盖上马桶盖浸泡几分钟,在这期间开始清理马桶的外侧,如图2-2-30所示。

操作步骤4:清洗马桶外侧

用蘸有84消毒液的抹布对马桶的桶体及水箱外部进行消毒擦拭,接着对马桶内部用洁厕刷进行洗刷,之后放水冲洗,如图2-2-31所示。

图2-2-30 倒入洁厕剂

图2-2-31 清洗马桶外侧

操作步骤5:对水箱消毒

将84消毒液约10 mL倒入水箱内,对水箱内进行自然消毒,如图2-2-32所示。

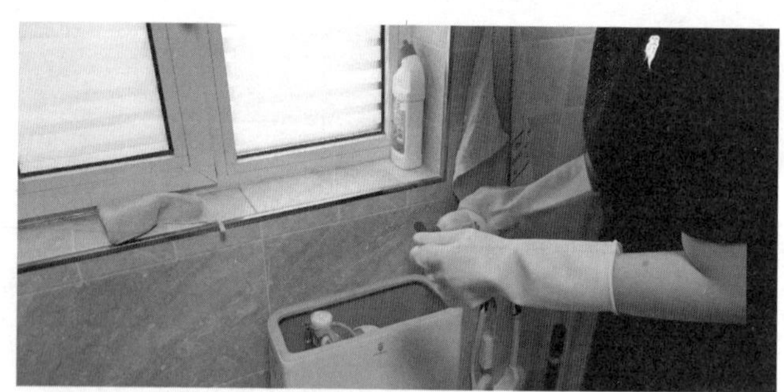

图2-2-32 对水箱消毒

【操作技巧】

将喝剩的可乐倒入泛黄的马桶中,浸泡10 min左右,污垢一般都能被清除。若马桶污垢仍无法彻底清除,可用刷子进一步刷洗。

四、任务评价

学生将劳动成果拍照上传到指定位置,并对成果进行简要介绍,请家长或教师、同学检验,通过自评、互评、教师与家长评价相结合的方式完成评价,将评价结果填入表2-2-4。

表 2-2-4 "家庭保洁"考核评价表

学生姓名：　　　　　　　　小组名称：　　　　　　　　班级：

类别	标准		等级(优、良、中、差)
劳动素养	1. 劳动态度积极认真,动手能力强,主动为家人、同学服务。 2. 具有劳动意识和健康意识。 3. 养成勤劳、整洁的生活习惯		
劳动成果	动作	1. 动作协调、连贯。 2. 操作规范,技术熟练	
	技能	1. 清洁技术方法得当,无清洁不彻底或损坏用具的情况。 2. 清洁剂使用恰当,兑水比例合适。 3. 能够注意清洁顺序,没有污染其他物品	
	效果	1. 清洁干净,摆放有序。 2. 根据用具特点进行合理保洁	
总体评价			
学习存在哪些问题?哪些技能需要进一步夯实: 考核评价人: 年　月　日			

五、任务延伸

结合本学习情境内容,日常坚持进行家庭保洁,将劳动过程拍摄成图片或视频上传到平台,并填写任务书。

表 2-2-5 "家庭保洁"生活化任务书

活动名称	我为家庭做保洁
活动时间	______年______月______日　□居室　□厨房　□卫生间
项目	居室保洁: 厨房保洁: 卫生间保洁:
活动过程	

续上表

活动感悟	收获	
	不足	
	改进措施	
自我评价	A. 优秀　　B. 良好　　C. 合格　　D. 不合格	

学习情境 2-3　衣物的洗涤、保养、收纳

保持仪容仪表干净整洁、衣服绵软馨香既是对他人的尊重,也是对自己的爱护。衣物的洗涤、保养、收纳是家务劳动的主要内容之一,将衣物正确地洗涤、保养、收纳,能够使其长久、常新,使家庭空间得到科学合理的利用,使居室更加整洁美观、温馨舒适。

一、学习情境设计

衣物的洗涤、保养和收纳是家庭日常生活劳动之一。学生需要完成衣物清洗、整理收纳的劳动过程,达到树立自立自强意识、个人生活自理、养成良好生活习惯和卫生习惯的劳动教育目标。

表 2-3-1 "衣物洗涤、保养、收纳"学习情境设计

学习情境	衣物洗涤、保养、收纳	学时建议:2 学时
学习情境描述	学生根据教师下发的劳动任务书,按照不同材质将衣物分类整理,独立或与他人合作完成衣物洗涤、保养、收纳的劳动任务	
学习环境要求	总体环境:家庭衣帽间或学校实训室。 工具准备:洗衣盆、晾衣架、整理箱等必备设备。 材料准备:衣物、软毛刷、洗衣液等	
学习目标	知识目标	1. 认识几种常见衣物的洗涤标识。 2. 认识常用的洗涤用品,并能准确应用。 3. 了解不同种类、材质的衣物在不同季节的洗涤、保养、收纳方法
	能力目标	1. 能够安全使用洗衣机、熨斗、洗涤用品等。 2. 能够根据不同的衣物学会选用不同的洗涤用品和洗涤方法,提高识别分辨能力和动手操作能力。 3. 能够独立、熟练地完成衣物洗涤、保养和收纳
	素质目标	1. 教育学生热爱生活、孝敬父母,帮助学生体验劳动带来的快乐,培养学生主动为父母分担家务劳动的道德品质。 2. 培养学生讲究卫生的习惯。 3. 培养学生热爱劳动、节约资源、保护环境的意识

续上表

学习内容	1. 衣物洗涤标识。 2. 洗衣机、熨斗等家用小电器的使用方法。 3. 羽绒服、牛仔裤、毛衣等衣物的洗涤方法。 4. 羽绒服、白衬衣、丝绸类等衣物的保养、收纳方法
学习方式方法与组织形式	1. 学习方式方法:演示教学法、任务驱动法、小组教学法。 2. 学习组织形式:小组合作讨论探究,归纳总结方法与步骤,理论与实践体验相结合
学习要求	1. 注意家庭用电、用水安全。 2. 能够鉴别各种衣物的材质,确认洗涤用品的保质期。 3. 养成及时清洗的劳动习惯和卫生习惯,维护家庭或实训室的干净整洁
学习过程设计	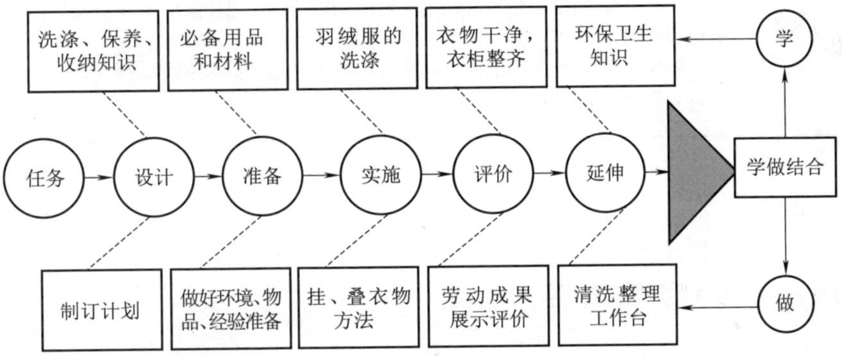 洗涤、保养、收纳知识　必备用品和材料　羽绒服的洗涤　衣物干净,衣柜整齐　环保卫生知识　← 学 任务 → 设计 → 准备 → 实施 → 评价 → 延伸 → 学做结合 制订计划　做好环境、物品、经验准备　挂、叠衣物方法　劳动成果展示评价　清洗整理工作台　← 做

学习流程	活动内容	教师活动	学生活动
劳动任务	布置劳动任务	发放劳动任务书,明确劳动任务	自学数字教学资源,了解需要学习的知识和技能
劳动设计	衣物洗涤、保养、收纳	讲授洗涤、保养、收纳知识,组织学生制订洗涤、保养、收纳计划	学习洗涤、保养、收纳的知识,独立或与他人研讨制订完成洗涤、保养、收纳计划
劳动准备	准备劳动用品和材料	事前准备好洗涤、保养、收纳用品和材料,做好环境准备、物品准备、经验准备	协助教师或独立做好相关准备
劳动实施	任务1:衣物洗涤、保养	教授洗涤保养常识,指导学生完成羽绒服的洗涤	学习羽绒服的洗涤方法及羽绒服、白衬衣、丝绸衣物的保养方法,完成任务1
	任务2:衣物收纳	教授学生挂、叠衣物方法	学习衣物收纳方法,完成任务2
劳动评价	成品展示与评价	根据衣物干净程度,衣柜整齐度,组织学生展示劳动作品,评定学生成绩	展示小组劳动作品,由该组同学介绍劳动过程,师生共同评价,填写评价表
劳动延伸	生活化劳动任务	鼓励学生将劳动技能生活化	坚持日常清洗和整理,养成干净整洁的良好生活习惯

二、任务布置

表 2－3－2 “衣物洗涤、保养、收纳”劳动任务书

学习情境	衣物洗涤、保养、收纳		
具体任务	知识点	技能点	教学案例
任务 1:衣物洗涤、保养	1. 衣物洗涤标识。 2. 各类衣物保养方法	1. 羽绒服洗涤过程。 2. 不同污渍洗涤小窍门	
任务 2:衣物收纳	1. 根据衣物材质确定收纳方式。 2. “断舍离”之情感分类法。 3. 分类整理衣橱的方法	1. 挂衣物方法。 2. 叠衣物方法	
任务要求	1. 劳动要求:学生需经历衣物洗涤、保养、收纳的完整操作过程,达到能够独立整理衣物的能力,提高生活自理的能力,培养正常家庭生活的能力和整洁有序的生活习惯。 2. 安全要求:学生第一次使用洗衣机、熨斗等小电器,需由老师和家长协助指导,保证用电安全和电器使用安全。 3. 操作要求:学生需掌握小电器的正确使用,避免衣物损坏。学生需培养良好的劳动卫生习惯,保持衣柜干净整洁有序		

三、任务实施

任务1: 衣物洗涤、保养

引导问题 1:观看微课“衣物洗涤、保养”,了解清洗羽绒服的步骤和注意事项。

衣物洗涤、保养

____

____

引导问题 2:丝绸衣物如何储存、保养?

____

____

洗涤用品准备

洗衣盆、羽绒服、清洗剂、软毛刷等。

【操作提示】

操作步骤 1:看洗涤标识符号

一件羽绒服的洗涤标签显示:常温手洗、不可漂白、悬挂晾干、不可翻转干燥、熨斗底板最高温度 110 ℃、不可干洗,如图 2－3－1 所示。

操作步骤 2:准备一盆(桶)温水

往家里的大盆或者桶里倒入温水,最好不要超过 30 ℃,如图 2－3－2 所示。

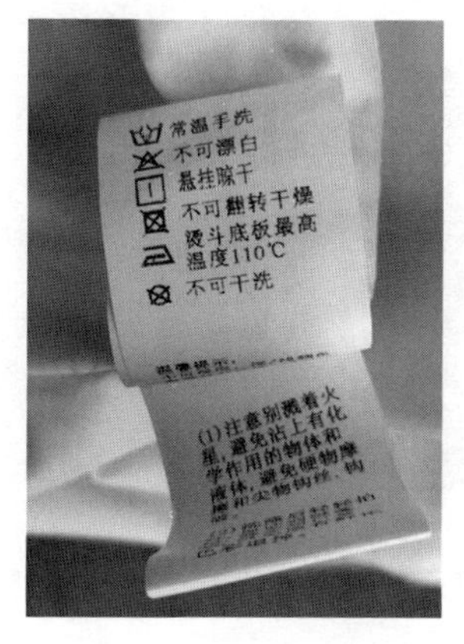

图 2-3-1　羽绒服的洗涤标签

图 2-3-2　准备一盆温水

操作步骤 3:准备羽绒服清洗剂

温水准备好后倒入适量羽绒服清洗剂,建议使用专用的羽绒服清洗剂来清洗(见图 2-3-3),可以使羽绒服的使用寿命延长,使用一般的洗衣粉或洗衣液,由于含有较多碱性化学添加剂,会对羽绒服造成一定程度的伤害。

操作步骤 4:浸泡羽绒服

把要清洗的羽绒服全部浸泡在温水桶里,浸泡时间为 10 ~ 15 min,如图 2-3-4 所示。

图2-3-3　羽绒服清洗剂

图 2-3-4　浸泡羽绒服

操作步骤 5:清洗

选择软毛刷或者家里没用的牙刷顺着羽绒服的纹理轻刷,不能拉住衣领将羽绒服提出水面来回洗,也不要使用双手搓揉,这样很容易使羽绒服变形,使里面的羽绒成团儿,坠到下面去,如图 2-3-5所示。

操作步骤 6:压水摊晾

羽绒服清洗完后不能用手拧干水分,这会使羽绒服的纹理遭到破坏,应将双手分别放在外层跟内里轻拍挤压出水分,然后把羽绒服过两遍清水,置于阴凉处摊平晾干,如图 2-3-6 所示。

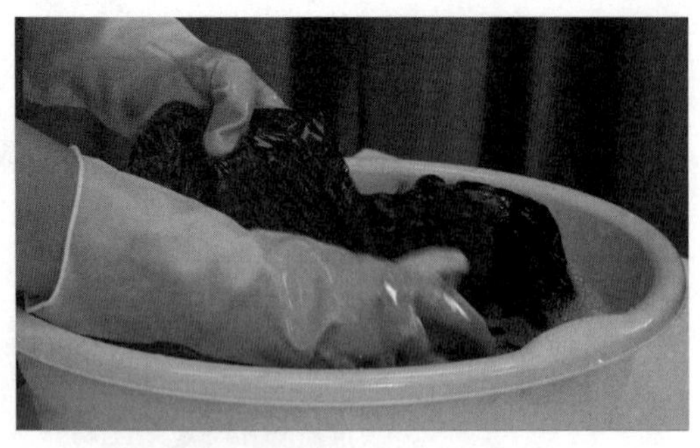

图 2-3-5　清洗羽绒服

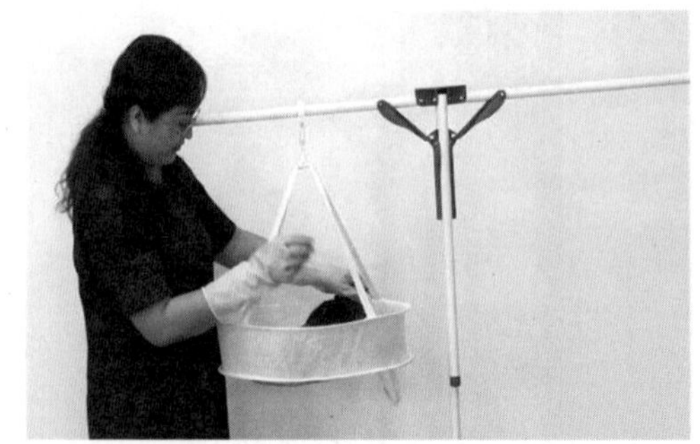

图 2-3-6　压水摊晾羽绒服

不同衣物的保养

1. 羽绒服保养

如果羽绒服只是局部脏一点，只要在脏污处滴几滴衣领净或喷上羽绒服免洗喷剂，几分钟后用湿毛巾擦干就能去污。如果一遍不干净，再多重复几遍即可。

夏秋季节雨水多，雨季过后，最好把羽绒服拿出来晾一晾，防止霉变；如果发现有霉点，可用棉球沾酒精擦拭，再用干净的湿毛巾擦洗干净，晾透后再妥善收藏，但注意不能放在阳光下暴晒。

2. 白衬衣保养

白衬衣一定不要穿到脏再洗，最多穿 1～2 天就应洗涤。如果穿着或放置过长时间，汗渍会附着在衬衣上，洗回原色将非常困难。

白衬衣需要和其他衣物分隔开洗，避免在阳光下暴晒，之后要挂在相对比较干燥的地方，避免发黄的情况出现。

3. 丝绸类衣物保养

丝绸类衣物最好放在箱柜上层，避免压皱，并在上面放一块棉布，以减少潮湿空气的浸入。熨烫丝绸类衣物时，可在晾干到七八成时，用白布盖在绸面上熨烫，但熨斗温度不可高于 130 ℃，并切忌喷水，因为喷水很容易出现水渍痕，影响丝绸类衣物外观。

【知识链接】

1. 洗涤标识符

图 2-3-7 所示为洗涤标识符。

2. 不同材质衣服的洗涤保养方法

1)棉织物

棉织物的洗涤方法如下：

(1)棉织物的耐碱耐热性能好，可用各种洗涤剂，可手洗机洗，但不宜氯漂；

(2)白色衣物可用碱性较强的洗涤剂高温洗涤，起漂白作用；

(3)不要浸泡，及时洗涤；

(4)宜阴干，避免曝晒，以免深色衣物褪色，在日光下晾晒时，将里面朝外；

(5)与其他衣物分开洗涤；

(6)浸泡时间不能太长，避免褪色；

图 2－3－7　洗涤标识符

(7) 不可拧干。

棉织物的保养方法如下：

(1) 忌长时间曝晒，以免降低坚牢度及引起褪色泛黄；

(2) 洗净晾干，深、浅色分置；

(3) 注意通风，避免潮湿，以免发霉；

(4) 贴身内衣不可用热水浸泡，以免出现黄色汗斑。

2) 木代尔、天丝

木代尔、天丝的洗涤方法如下：

(1) 与棉织物洗涤要求基本相同；

(2) 洗涤时应比棉织物要轻柔，忌用力搓洗，忌用力拧绞，应折叠挤净水分；

(3) 随洗随浸，水温忌超过 45 ℃；

(4) 忌暴晒，应阴干；

(5) 与其他衣物分开洗涤。

木代尔、天丝的保养方法如下：

同棉织物基本相同。

3) 羊毛

羊毛的洗涤方法如下：

(1) 羊毛不耐碱，应选用中性洗涤剂，最好采用羊毛专用洗涤剂；

(2) 冷水短时间浸泡，洗涤温度不超过 40 ℃；

(3) 采用挤压洗，忌拧绞，应挤压除水、平摊阴干或半悬挂阴干，勿曝晒；

(4) 湿态整形或半干时整形，能除皱纹；

(5)机洗勿用波轮洗衣机,建议使用滚筒洗衣机,应选择轻洗档;

(6)高档全毛料或毛与其他纤维混纺的衣物,建议干洗;

(7)夹克类及西装类应干洗,不宜水洗;

(8)切忌用搓衣板搓洗。

羊毛的保养方法如下:

(1)忌与尖锐、粗糙的物品和强碱性物品接触;

(2)择阴凉通风处晾晒,干透后方可收藏,并应放置适量的防霉防蛀药剂;

(3)收藏中应定期打开箱柜,通风透气,保持干燥;

(4)高温潮湿季节,应晾晒几次,防止霉变;

(5)切忌拧绞。

3. 按洗涤对象选择洗涤剂

1)丝绸和毛织物

丝绸和毛织物含蛋白质,不耐碱,碱会破坏其牢固度,这类织物宜用中性洗涤剂或丝毛专用洗涤剂,忌用含酶洗涤剂。

2)棉麻织物

具有一定的耐碱能力,对洗涤剂无要求。

3)床单、毛巾与台布

洗涤纯棉或含化纤的织物,可选用一些碱性强的洗涤剂,去污效果会更好。

4. 按污垢特点选用洗涤剂

当衣服上沾有血污、巧克力渍、汗斑或某些人体分泌物,使用一般洗涤剂效果不理想时,可选用含酶洗涤剂,利用酶对蛋白质的分解作用,使污垢去除。

5. 洗涤小妙招

1)清洗牛仔裤褪色怎么办?

新买的牛仔裤,放入盐水中浸泡 12 h,再用清水洗净,以后再清洗时就不易褪色。

2)毛衣洗后缩水怎么办?

洗涤时,水温不要超过 30 ℃,用 pH 值中性的洗衣液,过最后一遍清水时,加少许白醋能有效保持毛衣的弹性和光泽。

3)白色衣物上的顽固污渍怎么办?

把柠檬切片放进水里煮一下,然后把白色衣服放进柠檬水中浸泡 10 min,再进行清洗。

4)衣物沾染血渍怎么办?

立即用冷水或者冷水加盐清洗,切记不能用热水,然后再用洗衣液清洗即可。

任务2:衣物收纳

引导问题 3:观看微课“衣物收纳”,了解衣物收纳工具都有哪些。衣物收纳需要遵循哪些原则。

____

____

衣物收纳

引导问题2:如何根据衣物材质确定收纳方式?

子任务2.1　根据衣物材质确定收纳方式

收纳工具准备

衣架、裤架、抽气式压缩袋、抽屉式收纳箱。

【操作提示】

操作步骤1:挂

对于易皱而且要保持笔挺的衣物,挂起来最合适(见图2-3-8),这里包括衬衫、丝质上衣、西装、西裤、大衣、连衣裙、半裙、礼服等。

挂的时候,衣架颜色应保持统一,这样看起来才更加整齐。一些怕叠出折痕的裤子,可以通过裤架来收纳。推荐一字型伸缩挂杆,而非固定挂杆,灵活好拿(见图2-3-9)。如果女生裙子多,可以用叠加式裤架,不会有折痕,收纳短裙也比较方便。

图2-3-8　将衣服挂起来

图2-3-9　一字型伸缩挂杆

操作步骤2:压

换季后的羽绒服、棉衣,甚至换季的枕头、被子,可以通过压缩的方式收纳。用压缩袋装起来后,抽干空气,变成薄薄一片,少占柜内空间,还能密封不受潮(见图2-3-10)。

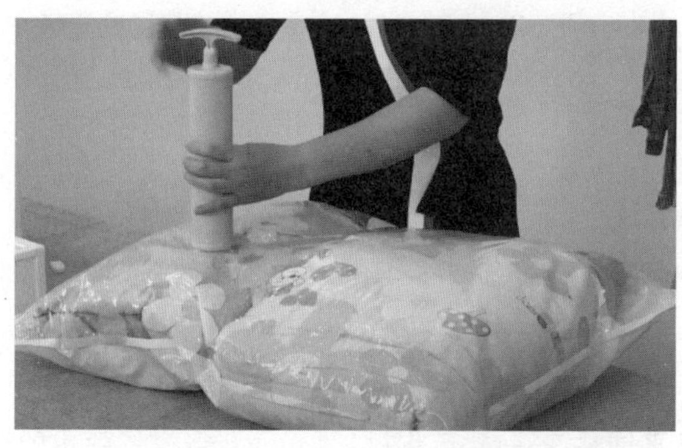

图2-3-10　用压缩袋抽干空气

操作步骤3:叠

剩下的衣服,或者常穿的衣服,全部可以叠起来,放进收纳箱,推荐使用抽屉式收纳箱,拿取衣物时,要比叠放在衣柜隔板上方便,容量也比衣柜隔板收纳得更多,还能分类收纳。换季的时候,可根据需要对收纳箱做上下、左右调整(见图2-3-11)。

图2-3-11　抽屉式收纳箱

在抽屉式收纳箱内,可以将衣服竖叠摆放,这样每件衣服都可以看到,还能保证拿的时候不会乱,如图2-3-12所示。

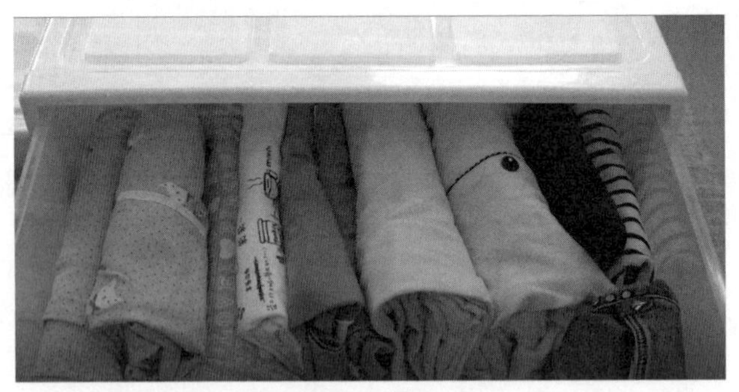

图2-3-12　在抽屉式收纳箱内将衣服竖叠摆放

子任务2.2　叠衣方法

操作步骤1:叠T恤

将衣服反面平铺,左右分别按1/4折叠,将袖口折起,然后将衣服头尾再按1/4对折,最后中间对折即可。

操作步骤2:叠衬衫

先将衬衫扣子扣好再平铺整理好,然后将衬衫翻一面,将衬衫两边的袖子沿着肩膀纵向对折,最后将衣服底部1/3处向上对折,再将衣领从上方1/3处向下对折与之重叠放置。

操作步骤 3:叠毛衣

将毛衣底部向上对折 1/4,将领口部也对折 1/4,然后横向对折,重叠在一起,将左右对称对折,最后将衣袖部分对折两次,塞入衣服中。

操作步骤 4:叠牛仔裤

将裤裆凸起的部分先折进去,裤腰处向下折至 20 cm 左右,从裤脚 15 cm 左右处向上对折几次,最后将裤脚塞入裤腰中。

操作步骤 5:叠内裤

将裤腰处向下折 1/3,然后两边对折,最后外翻,将内裤包在一起。

操作步骤 6:叠袜子

将袜子铺成"一字"型,先折一只袜子袜口部位 1/3,再将袜尖折起 1/3,最后将袜尖塞进另一只袜口。

【知识链接】

1."断舍离"之情感分类法

"断舍离"是现代人崇尚的一种生活方式,也是收纳整理时常用到的方法。但具体如何断舍离呢?我们常用到的是情感分类法。

情感分类法是要先了解怎样的衣服和颜色适合自己,慢慢列出所有衣服的种类和颜色,再判断适合自己的衣服,为"断舍离"和理智购买提供依据。采取情感分类法的通常做法是取出衣橱里所有的衣服,由此可以清楚该衣橱的空间,此时,人们看到凌乱地堆放在床上或卧室地板上的成堆服装时,就会下定决心将整理计划进行到底。在采取情感分类法时,人们通常用卡片将衣服分成四个类别:

(1)喜欢而且有穿;

(2)不怎么喜欢但仍然有穿;

(3)喜欢但没有穿;

(4)不喜欢也没有穿。

将"喜欢但没有穿"的衣服放入箱子,并贴上"临时放置"的贴纸,放在主要衣柜以外的地方,半年后再查看。留在衣柜里的衣服都是自己会穿的。然后再整理"喜欢而且有穿"和"不怎么喜欢但仍然有穿"的衣服。清理淘汰破旧的衣服与"不喜欢也没有穿"的旧衣服,以免废弃衣物堆积过多。

按这种方法做"断舍离",很快就可以理清、保留自己真正所喜爱的、有价值的东西,从而选择一种健康的轻生活方式。

2.分类整理衣橱的方法

1)按款式分类

这是最常见的分类方法,将所有衣物先以款式做分类,即把上装、下装和裙装分别放置,更进一步,上装可以分为无袖、短袖和长袖。例如,衬衫类、外套类、夹克类、洋装类、长裙类、短裙类、长裤类……这样分类的好处是能够直观地看到某一类的衣服过多和不足,避免重复购买。

建议将套装的外套和裤装或裙子也分开吊挂,因为如果套装的外套、裤装或裙子挂在一起,也许这辈子就只能发现一种穿法,而将外套、裤装、裙子分开吊挂,则在决定穿某件外套后,就可以到裤装区或裙子区去检视其他选择,你会忽然发现:原来这件外套还可以搭配另一条长裙、格子及膝裙、某件长裤 …… 一件外套忽然增加了好几种穿法,它的"身价"也立即水涨船高了。

2)按季节分类

可以按春夏一大类、秋冬一大类区分,然后再分毛衣类、毛背心、薄长袖上衣、短袖上衣。也可依需求按气候、温度搭配衣服,换季时,将位置调换以方便拿取。

3)按颜色分类

按颜色分类是让视觉最舒适的分类方式,通过这种方法,一眼就能看出哪些颜色喜欢,哪些颜色不喜欢,可以看出主人是偏爱冷色调还是暖色调。大胆一点,可以按照红橙黄绿青蓝紫的彩虹色顺序摆放衣服。又或者,把深色、较厚的衣服放在左边,把浅色、较薄的衣服放在右边,达到一种视觉“提升”的效果。

4)按场合分类

例如,工作装、休闲装,方便主人根据不同的场合进行选择。居家服与外出服分类,可延长衣服的寿命,也能养成室内外穿着不同衣服的卫生习惯。居家服也要根据季节的不同而选择放置在不同位置。

5)按材质分类

棉、麻、人造纤维、毛料、丝质、雪纺纱等。此类分法方便整体搭配时的挑选。

四、任务评价

学生将劳动成果拍照,上传到指定位置,并对成果进行简要介绍,请家长或教师、同学检验,通过自评、互评、教师与家长评价相结合的方式完成评价,将评价结果填入表2-3-3。

表2-3-3 “衣物洗涤、保养、收纳”考核评价表

学生姓名: 小组名称: 班级:

类别	标准		等级(优、良、中、差)
劳动素养	1. 劳动态度积极认真,自理能力强,主动为家人、同学服务。 2. 具有环保、卫生、健康的劳动意识。 3. 养成干净、整洁、有序的良好劳动习惯。 4. 具有安全意识,操作规范,爱护劳动用具		
劳动成果	动作	1. 动作协调,连贯。 2. 操作规范,技术熟练	
	技术	1. 洗涤剂使用恰当。 2. 技术方法得当,操作适宜,不存在损坏衣物的情况	
	成果	1. 衣物洗涤干净,保养得当。 2. 根据衣物特点进行合理洗涤、保养和收纳	
总体评价			
学习存在哪些问题?哪些技能需要进一步夯实: 考核评价人: 年 月 日			

五、任务延伸

结合本学习情境内容，日常坚持为自己和家人洗涤、保养、收纳整理衣物，将劳动过程拍摄成图片或视频上传到平台，并填写任务书。

表2-3-4　“衣物洗涤、保养、收纳”生活化任务书

活动名称	我会洗涤、保养、收纳衣物	
活动时间	______年______月______日　　□洗涤　□保养　□收纳	
洗涤保养说明		
活动过程		
活动感悟	收获	
	不足	
	改进措施	
自我评价	A. 优秀　　B. 良好　　C. 合格　　D. 不合格	

学习情境2-4　家居美化

随着居住条件的改善和生活水平、欣赏水平的提高，人们对美和高品质生活有了更高的追求，利用绿植、摆件、饰物进行居家美化成为一种时尚。本学习情境，我们以花艺为例，利用鲜花和干花制作精致完美、富有诗情画意的插花摆件，借助花作为美的象征、情感使者的特征，感受用劳动创造的美好生活。

一、学习情境设计

花艺可以美化居室，令人心情愉悦，学生需要完成造型设计、花材处理、插制成品等完整劳动过程。让学生感悟劳动创造美好生活的道理，提高用劳动创造美好生活的能力，达到树立正确劳动观念，形成热爱劳动的积极心态，培育创新劳动精神的教育目标。

表2-4-1　“家居美化”学习情境设计

学习情境	家居美化	学时建议:2学时
学习情境描述	学生根据教师下发的学习任务书，以家居美化为目的，分别用鲜花和干花做两盆插花作品	

续上表

学习环境要求	总体环境:花艺设计实训室。 工具准备:花泥刀、花艺剪刀、钳子、花泥胶带、花艺铁丝。 材料准备:花材、花泥、花盆(或塑料盆、花篮、塑料纸等)		
学习目标	知识目标	1. 插花工具使用方法。 2. 不同种类花的花语含义。 3. 干花与鲜花预处理方法。 4. 插花的步骤、要点与方法	
	能力目标	1. 能够熟练使用插花工具并熟悉各种材料的用途。 2. 能够利用不同花材制作花篮、瓶花。 3. 能自制干花并利用干花制作家居饰品	
学习目标	素质目标	1. 培养学生的实践动手操作能力和欣赏美、创造美的能力。 2. 通过师生共同评价作品,使学生有成就感,以此培养学生的自我发展能力和创新意识及能力。 3. 激发学生学习劳动技能知识及创作的欲望,提高学生的艺术修养	
学习内容	1. 插花艺术的种类、特点、分类。 2. 插花的基本方法。 3. 插花必备工具,对花材的事前处理,制作花篮的操作步骤。 4. 制作干花的基本方法,干花的用途和利用干花插花的操作步骤		
学习方式方法与组织形式	1. 学习方式方法:任务驱动法、项目教学法、示范教学法、小组教学法。 2. 学习组织形式:5 个同学一个小组,自主设计、共同合作创作出自己小组的插花造型,与其他组同学展示分享,并进行评比		
学习要求	1. 使用花泥、刀等工具时要注意安全。 2. 能够正确选择花材,了解各种插花的寓意。 3. 养成干净、整齐、利索的劳动习惯和卫生习惯,维护工作台的整洁		
学习过程设计	插花艺术基本知识 插花必备工具 插花方法 造型美和寓意 卫生知识 学 任务 → 设计 → 准备 → 实施 → 评价 → 延伸 → 学做结合 做 制订插花造型、摆放位置 花材、花泥、花盆 干花制作方法 成果展示评价 清洗整理工作台		
学习流程	活动内容	教师活动	学生活动
劳动任务	布置劳动任务	发放劳动任务书,明确制作插花主题:居室美化	学习数字教学资源,了解需要学习的知识和技能
劳动设计	制订插花用途和摆放位置	介绍插花艺术的基本知识	构思设计作品,选取适当的花材
劳动准备	准备劳动用品	事前准备好插花工作台、花材、花泥等工具	小组分工,协助教师做好相关准备工作

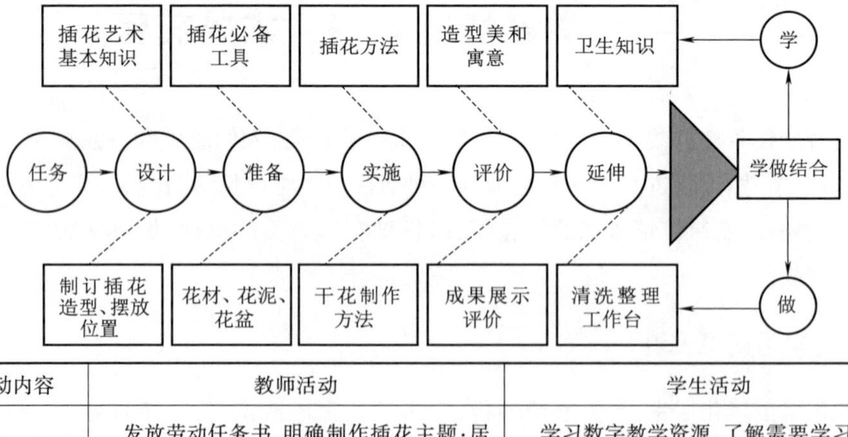

续上表

学习流程	活动内容	教师活动	学生活动
劳动实施	任务1：花泥插花	演示插花过程，引导学生用鲜花表达友谊和亲情	学生以小组为单位，构思和设计插花选型，合作劳动，完成任务1
	任务2：干花插花	演示插花过程，引导学生用作品表达友谊和亲情	学生以小组为单位，构思和设计插花选型，合作劳动，完成任务2
劳动评价	成品展示与评价	根据花篮的造型和寓意，组织学生展示作品，评定学生成绩	展示小组作品，由该组同学介绍创作思路，师生共同评价，填写评价表
劳动延伸	生活化劳动任务	鼓励学生将劳动技能生活化	建立对生活的积极态度，用花艺美化生活

二、任务布置

表2-4-2　"家居美化"劳动任务书

学习情境	家居美化	
具体任务	知识点	技能点
任务1：花泥插花	1. 花泥、花材的处理方法。 2. 插花流程、方法和技巧	1. 安全使用花泥刀等工具。 2. 花材处理技能应用。 3. 插花审美技能
任务2：干花插花	1. 干花制作方法。 2. 干花插花流程、方法和技巧	1. 正确安全使用制作干花的物品。 2. 干花保存的环境要求
任务要求	1. 立意构思：插花时必须先构思后动手，首先确定插花用途，其次明确作品摆放位置，最后了解作品想表现的内容或情趣。 2. 选材：根据以上构思选择相应的花材、花器和其他附属品，做到材质相配，色彩协调，任由作者喜好和需要去选配，没有固定模式。 3. 造型：应用自己的心与花"对话"，边插边看，捕捉花材的特点与情感，务求以最美的角度表现。 4. 命名：附上题名使作品更为高雅，提高欣赏价值。 5. 整理：清理现场，保持环境清洁是插花不可缺少的一环，也是插花者应有的品德	

三、任务实施

工具准备

(1)花泥：吸满水之后的花泥将作为整体设计的底座。

(2)OPP塑料膜：如果使用容易渗水的容器，在放置花泥之前需要铺上一层OPP塑料膜。

(3)花泥刀：用于切割花泥、修剪花材。

(4)花艺剪刀：用于修剪花材及铁丝等。

(5)牙签、竹签：用于固定较难固定的物品。

(6)细麻绳：用于捆绑花材。

(7)冷胶：用于粘合花材及其他材料。

(8)钳子：用于修剪铁丝以及制作造型。

(9)纸包铁丝：外层包裹着纸的铁丝，颜色与树枝的颜色类似。

(10)花艺胶带:用于增强铁丝的强度,拉伸之后黏着力极强,能够紧紧的包裹住铁丝。

(11)花艺铁丝:外层包裹了花艺胶带的铁丝。

(12)铁丝:需要准备粗细颜色各不相同的铁丝,用来支撑花径。

插花所需的工具见图 2-4-1。

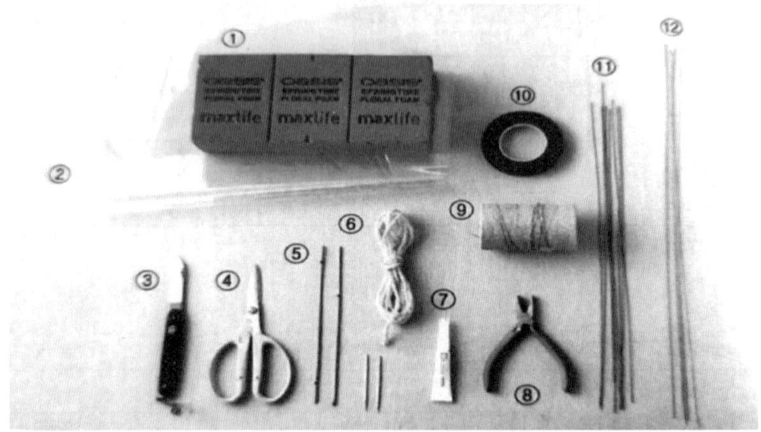

图 2-4-1　插花工具

①花泥:吸满水之后的花泥将作为整体设计的底座。

②OPP 塑料膜:如果使用容易渗水的容器,在放置花泥之前需要铺上一层 OPP 塑料膜。

③花泥刀:用于切割花泥、修剪花材。

④花艺剪刀:用于修剪花材及铁丝等。

⑤牙签、竹签:用于固定较难固定的物品。

⑥细麻绳:用于捆绑花材。

⑦冷胶:用于粘合花材及其他材料。

⑧钳子:用于修剪铁丝以及制作造型。

⑨纸包铁丝:外层包裹着纸的铁丝,颜色与树枝的颜色类似。

⑩花艺胶带:用于增强铁丝的强度,拉伸之后粘着力极强,能够紧紧的包裹住铁丝。

⑪花艺铁丝:外层包裹了花艺胶带的铁丝。

⑫铁丝:需要准备粗细颜色各不相同的铁丝,用来支撑花径。

任务1: 花泥插花

引导问题 1:创建一个温馨、整洁的家是令人感到快乐的,同时花的点缀可以体现主人的性格、修养、审美水平,你通常如何利用插花进行居家美化?

____

____

引导问题 2:观看微课“家居美化”,了解花泥处理时需要注意哪些事项?

____

____

家居美化

花材准备

素材:竹篮、国庆菊、康乃馨、尤加利等。

【操作提示】

操作步骤1:花泥的准备

1. 浸泡

将花泥浸泡在清水中2~3个小时,让其慢慢吸水下沉,注意不要用手按压,等到花泥吸足水变沉时,用来作为插花固定的材料,如图2-4-2所示。

2. 按印

把花泥放在容器口上按出印,如图2-4-3所示。注意:不可以太用力,以免破坏花泥。

图2-4-2　浸泡

图2-4-3　按印

3. 切花泥

按照花泥上的印迹修切花泥,直到修切好的花泥能够紧实的放入容器,如图2-4-4所示。

4. 安放花泥

对于高瓶,可以在瓶子底部放些碎花泥、泡沫等,容器边缘尽量用花泥填满,不要有缝隙。花泥放紧后,把放紧的花泥削出斜面,以便增加花泥的可用面积,如图2-4-5所示。

图2-4-4　切花泥

图2-4-5　安放花泥

操作步骤2:插入较大的、主要的花卉

把康乃馨呈半圆形均匀分布插在花泥上作为骨架,这样可以更加平衡地安排花的品种、形状、颜色和层次,如图2-4-6所示。

操作步骤3:对花卉进行分层

将小菊花以找三角形中点的方法插在康乃馨的间隙中,创造出一个半球形的效果,如图2-4-7所示。以这种方式继续分层插花,按照花的品种、大小和数量进行合理安排。

图2-4-6 呈半圆形均匀地插在花泥上

图2-4-7 创造半球形效果

操作步骤4:辅助材料和配叶

将绿叶、浆果或者其他装饰品作为点缀插在花篮的间隙中,达到造型完美、层次分明,这样有助于花朵之间的独立性,能够促进空气流通,从而使花朵长久保鲜,如图2-4-8所示。

图2-4-8 将绿叶插在花篮的间隙中

操作步骤5:整理工作台

清洁废弃物品,将工作台、地面整理干净,工具收纳到固定位置,垃圾投放到指定位置。

【知识链接】

插花是指将剪切下来的植物作为素材,经过一定的技术加工和艺术加工,重新配置成一件精致完美,富有诗情画意的作品。插花艺术是一种立体的造型艺术,它以有生命的鲜花作为素材,通过造型来表达作者对美的意念。

1. 插花的种类和特点

插花的种类,从形式上可分瓶插、盆插、悬挂式插花、异型花器插花、花篮插花、花架插花、干花插花、人造花插花等;从风格上可分为东方式插花、西方式插花、现代自由式插花。

1)东方式插花

东方式插花是以中国和日本为代表的一种插花形式。由于受东方各国传统文化和习俗影响,它和东方园林一样特别崇尚自然、朴实秀雅,师法自然而高于自然,善于利用花材的自然美来感动人。东方式插花讲究借物寓意、诗情画意,追求意境的完美,以形传神。东方式插花选材简练,以少而精的花材有机组合取胜,造型注重自然,以流畅线条勾勒为主,形体小巧玲珑,色彩朴素淡雅,意境含蓄深远,主题突出,耐人寻味。

2)西方式插花

西方式插花是以欧美各国为代表的一种插花形式。西方式插花与东方式插花迥然不同,它受西方人崇尚自然、开放外向、热情奔放的传统文化和民族性格影响，擅长用花材的人工美来表现主题。西方式插花选材注重装饰效果，形体大而端正，色彩鲜艳丰富，追求块与面的群体艺术美感。在构图上常采用规则、对称的几何图案，如三角形、T形、扇形、圆形等，表现出整体紧凑、花大繁多、华丽而庄重的风格，但意境淡然。

3）现代自由式插花

现代自由式插花是在东、西方插花的基础上发展起来的，是一种抽象、写意、非常个性化的插花形式。随着东、西方文化的不断交流，插花交流也日趋增多，现代自由式插花兼容了东西方插花特点，在花器花材的选择、构思造型的确定、花叶色彩的处理等方面更趋自由、随意。常用非植物材料如金属、玻璃、塑料、棉织品等做陪衬和点缀，使作品既有东方式插花的神韵，又有西方式插花的雍荣华贵。

2. 居室插花布置

1）客厅的布置

一般来讲，客厅是家庭中最大的一个空间，是主人休息和会客的地方，插花的风格宜选择西方式插花。这种风格的插花，用花的数量较多，一般以草本花卉为主，如香石竹、非洲菊、唐菖蒲、百合、玫瑰等，形式注重几何构图，比较多的是对称型插法，常见款式有半球形、椭圆形、三角形或扇形，色彩力求浓重艳丽，营造出热情、友好的待客气氛，花色的搭配常采用的是几种颜色的混用，给客人以春天般的五彩缤纷之感，插花宜摆放在茶几中央，其大小一般来讲是茶几桌面积的四分之一较为适宜，高度在40 cm之内，以不挡住交谈者彼此间视线为宜，插花要四面均可观赏。

2）书房的布置

书房是主人看书、学习的地方，空间范围不大，宜布置东方式插花。这种风格的插花，使用的鲜花不多，只需几支鲜花，再配以绿叶，便能产生一种很好的观赏效果。造型较多运用青枝绿叶来勾线、作框架，常用的有藤蔓、小竹、水蜡烛、银柳、针葵、松枝等。造型构图讲究简洁明快，一般采用三主枝构成不等边三角形的定位方法，花色朴素大方，不宜艳丽，一般只用1～2种花色即可，简洁明了，常用的花有菊花、马蹄莲、梅枝、荷花、水仙等，再配以绿叶。

3）卧室的布置

卧室的空间较小，一般采用随意的插花方式，从花店里购来一种或几种鲜花，放入玻璃瓶等容器里即可，或一把玫瑰，或一把满天星，以单个品种配以少许绿叶为宜。

4）厨房的布置

厨房环境比较特殊，做饭时产生的水蒸气、油烟和较高的温度等因素对鲜花极为不利，但有情趣的家庭主妇不妨将买回来的蔬菜和水果，在消费它们之前，进行巧妙的组合和搭配，一样能创作出别具匠心的果蔬艺术品。例如，选择一只较大的果盘作容器，紫苏叶作为打底，旁边放上胡萝卜和黄瓜，有高低错落的感觉，中间以菜花儿作为主体，旁边放上蒜头和食用小番茄，增添情趣，然后插入一把韭菜，红绿黄色彩对比强烈，一件别致的果蔬艺术品就诞生了，如图2－4－9所示。通过制作果蔬艺术品，使厨房环境徒然增色，形式别具一格。

5）餐桌的布置

餐桌是供主人用餐的，布置的鲜花应无刺、无异味、无病虫害痕迹。宜选1～2朵鲜花配以绿叶和满天星，用瓶插即可，如图2－4－10所示。若条件允许，布置可精巧些，例如，可用一白色台布作铺垫，上置葡萄酒和酒杯，点缀一些亮丽的水果诸如葡萄、芒果、柠檬等，再配以少许绿叶和鲜花，使餐桌的布置别具匠心。

图2-4-9　厨房的插花作品

图2-4-10　餐桌的插花作品

6）墙体的布置

居室中的墙体装饰被人们越来越重视，除悬挂风景画、挂历、布艺作品等外，用花装饰与点缀正被大家慢慢接受。墙体作品一般悬挂在较高处，以适应仰视，因此，若用鲜花布置，则会给制作、固定、浇水、调换等带来诸多不便。干花不用浇水，管理方便，加之干花可以达到以假乱真的效果，所以用干花装饰墙体正渐渐流行开来，如图2-4-11所示。

图2-4-11　墙体上的插花作品

3. 插花居家美化的注意事项

1）位置得当

插花在室内布置中多作为衬景出现，不宜放在居室正中，以免限制室内活动范围和遮挡视线。插花应尽量利用室内的无效空间，如周边、死角、桌上、几案，还应注意摆放在稳固、安全、小孩不易碰翻的地方，以免带来不必要的麻烦。此外，不同的构图形式，所要求的摆放位置也不同，例如，卧室构图以床为中心，所以插花的位置不应在视觉的中心。

2）与室内环境协调

插花应与室内空间的大小相协调，还应与室内家具及其他物品的风格相协调，还要注意和环境色彩相协调。

3）摆放的插花作品要少而精

居室一般面积有限，人们还要生活、工作、休息，而插花作品又是一种比较精致的花卉装饰品，因此在室内摆放的数量不宜过多。一般小型空间以点缀一两件作品为好，这样才能既不妨碍人们的正常生活，又能充分显示插花的装饰效果。

4）富有变化

居室的功能不一样，每一居室的具体情况，如距离、视角等又不尽相同，因此各居室内选用的插花形式应不拘一格，要各有特色，以充分体现居室的不同功能。

任务2：干花插花

干花的用途很多，可以做成插花、装饰画、香袋、贺卡、干花香水、手机壳，还可以泡茶饮用。

引导问题3：干花寓意长长久久、永远美丽，能使有限的空间蕴涵无限的乐趣，你通常如何利用干花进行居家美化？

____

____

引导问题4：过生日时，某人送你一束鲜花，你一般是怎样处理这些花的？用什么方法可将这些花保存的更长久一些？

____

____

素材准备

素材：花瓶、干花若干。

【操作提示】

操作步骤1：三大主枝插制

垂直插入第一主枝，高度 = 花器单位 ×1.5 ~2 倍。

第二、三主枝插在第一主枝左右，稍微靠外倾斜，以此定下花束的高度和宽度，如图2-4-12所示。

操作步骤2：辅枝插制

在两两主枝之间插入三枝辅枝，高度不要超过第一主枝，如图2-4-13所示。

操作步骤3：整体修饰

错落插入装饰花球，使花束看起来饱满，最后用鹅卵石盖住花泥，如图2-4-14所示。

图2-4-12　三大主枝插制

图2-4-13　辅枝插制

图2-4-14　整体修饰

操作步骤4：整理工作台

清洁废弃物品，将工作台、地面整理干净，工具收纳到固定位置，垃圾投放到指定位置。

【知识链接】

1. 干花制作方法

干花是将鲜花经过脱水、脱色、烘干、染色等一系列复杂工序加工而成的花。适合做干花的花材大多具有含水分少的特点，比如玫瑰、勿忘我、满天星、鸡冠花、薰衣草、尤加利、小雏菊、康乃馨等。干花里面没有水分，不会枯萎，而且颜色比鲜花更为丰富，用途更广，寓意长长久久、永远美丽，是花艺设计、居家装饰、庆典活动最为理想的花卉深加工产品。

1）风干法

选初开的花朵，去除花梗上的所有叶片，然后按品种分类，扎成一束，将花束倒着挂在空气流通、温暖、黑暗且干燥的地方，等待2～4周，花瓣变脆时，风干的工作就完成了。

风干法适合小却结实的花朵，比如薰衣草和飞燕草，像绣球花、玫瑰和牡丹等花冠比较大的花，则需要单独风干。

2）微波炉烘干法

挑选半开放的、结实的鲜花，将花梗剪至2.5～5 cm，将鲜花用A4纸或者信封包住扎紧，放入微波炉中用中火或者大火加热2分钟，可反复操作直到花干透，等到容器彻底冷却后取出干花即可。

用微波炉制作干花最适合花瓣多、表面非毛状或不黏腻的品种，比如玫瑰、百日菊、金盏花等。

3）压花法

将花放在报纸、卡纸、餐巾纸等哑光、粗糙的纸上，然后再放一张干的纸在上面，将纸板放在质量分布均匀的重物下，1～3周后移开重物，拆掉纸，将花取出，此时花已经变得很脆，并且和纸片一样薄。

压花法最适合又小又平的花，比如三色堇和丁香花，不适合用于粗梗或者花瓣特别薄的花，容易造成损伤。

4）使用对流烤箱

准备一张足够装下所有鲜花、大的细铁丝网，然后将花梗插进铁丝网上的孔洞里，将烤箱温度调到38 ℃。用低温慢慢烘烤几个小时，当花彻底烤干了之后取出，放置在冷却架上恢复到室温，干花就做好了。

对流烤箱最适合处理花瓣紧凑且茂密的花，比如车矢菊和秋菊等。

5）使用干燥剂

选择生长的比较健康，半开且不会轻易掉花瓣的花朵，在容器里倒入2.5～5 cm的干燥剂，将花儿摆正，保持花冠朝上，将鲜花牢牢地插进干燥剂里，每朵花之间至少间隔2 cm，将干燥剂慢慢地倒在花上，直到将花儿们全部淹没。将容器放在一个温暖、干燥的地方，2～4天便能制成干花。

干燥剂适合处理百合等娇弱的大型花朵。插花时，为了防止花瓣脱落，可以给花喷上发胶或者干花定型液。

2. 花语

花语是指人们用花来表达人的语言、感情与愿望，是在一定的历史条件下逐渐约定形成的。赏花要懂花语，花语构成花卉文化的核心，在花卉交流中，花语的涵义和情感表达甚于言语。以下是一些花的花语。

菊花：高洁、健康、真情。

樱花：生命、幸福、纯洁、高尚、热烈、精神之美。

向日葵：沉默的爱、爱慕。

鸢尾(爱丽斯)：好消息、使者、想念你、爱的留言。

梅花：坚强、傲骨、高雅。

荷花：清白、坚贞纯洁、忠贞和爱情、孤傲、冰清玉洁、自由脱俗。

苜蓿：幸运、幸福、希望。

火鹤：红红火火、热情奔放、心心相印。

三色堇：思念、思虑、沉思。

玫瑰：爱情、爱与美、容光焕发、勇敢。

百合花：百年好合、纯洁的爱。

郁金香：爱与祝福。

康乃馨：爱、尊敬、魅力、慈祥、神圣。

中国水仙：多情、想你。

牵牛花：爱情、冷静、虚幻。

虞美人：生离死别、忠贞守候、妩媚妖娆、热情洋溢。

桔梗：永恒的爱。

石竹：纯洁的爱、天真无邪。

金鱼草：活泼热闹、清纯的心、鸿运当头。

山茶花：奋斗胜利、理想的爱、谦让、爱慕。

牡丹：幸福好运、圆满浓情、富贵吉祥、雍容华贵。

满天星：思念、想念、纯洁、浪漫。

勿忘我：永不变心、永恒的爱、浓情厚谊、永远的回忆。

常春藤：希望、活力、友谊、忠实、白头偕老。

石斛兰：慈爱、勇敢、欢迎、祝福、吉祥、纯洁。

桂花：美好、吉祥。

马蹄莲：博爱、圣洁虔诚、永恒、气质高雅。

薰衣草：婚姻幸福、纯洁和平、永恒的爱。

含羞草：害羞、敏感、礼貌。

狗尾巴草：暗恋、坚忍、艰难的爱。

昙花：刹那的美丽、一瞬间永恒。

腊梅：坚强、高雅、独特的美丽。

芍药：美丽、惜别、害羞。

仙人掌：坚强勇敢、孤单寂寞、外冷心热。

海棠花：苦恋、美丽、快乐、思乡、离愁。

插花技巧

插花时，如果全部选择高枝的植物，视觉上会有一种太过满溢的感觉，不够清爽、简单，如果全部选用短枝植物，又会显得有些小气，所以插花时，最好高枝、低枝植物都有，这样会高低分明，能更好的体现出花的层次感。

(1)高低错落。即花枝的位置要高低、前后错开,不要插在同一水平线或同一垂直线上,也不要使花枝按等角形排列,否则就会显得呆板,缺乏艺术性。

(2)疏密有致。即花和叶不要等距离排列,而要有疏有密、自然变化、错落有致。

(3)虚实结合。即花为实,叶为虚,插花作品要有花有叶。

(4)仰俯呼应。即上下左右的花枝都要围绕主枝相互呼应,使花枝之间保持整体性及均衡性。

(5)上轻下重。即花苞在上,盛花在下;浅色在上,深色在下。

(6)上散下聚。即基部花枝聚集在一起,上部自然分散、婀娜多姿,使作品既有多变丰实的个性又有同一性。

四、任务评价

学生将成品拍照,上传到指定位置,并对成品进行简要介绍,请家长或教师、同学点评,通过自评、互评、教师与家长评价相结合的方式完成评价,将评价结果填入表2-4-3。

表2-4-3 "家居美化"考核评价表

学生姓名: 小组名称: 班级:

作品命名	
制作插花样式	
需要花材	
祝福话语	
组内自评欣赏与评级等级	优□ 良□ 中□ 差□
需要改进的地方和不足	花色相配过多□ 多色相配主次不分□ 花色搭配用了对比强烈的颜色□ 色彩深浅变化不足□ 花材形态的变化不足□ 其他______________________ ______________________
改进后组间互评等级	优□ 良□ 中□ 差□
总体评价	
学习存在哪些问题?哪些技能需要进一步夯实: 考核评价人: 年 月 日	

五、任务延伸

结合本学习情境内容,日常建立追求美好生活的积极心态,为家庭设计制作一例插花作品,将设计制作过程拍摄成图片或视频上传到平台,并填写任务书。

表 2-4-4 "家居美化"生活化任务书

<table>
<tr><td>活动名称</td><td colspan="2"></td></tr>
<tr><td>活动时间</td><td colspan="2">______年______月______日</td></tr>
<tr><td>作品设计</td><td colspan="2"></td></tr>
<tr><td>活动过程</td><td colspan="2"></td></tr>
<tr><td rowspan="3">活动感悟</td><td>收获</td><td></td></tr>
<tr><td>不足</td><td></td></tr>
<tr><td>改进措施</td><td></td></tr>
<tr><td>自我评价</td><td colspan="2">A. 优秀　B. 良好　C. 合格　D. 不合格</td></tr>
</table>

学习情境 2-5 垃圾分类

在日常生活中,每天都会产生许多垃圾,随着生活垃圾总量的逐年增长,垃圾分类成为人类与环境和谐共生的必然选择。坚持垃圾分类是人们日常生活的一部分,每一个人、每一个家庭都需要增强卫生和环保意识,正确认识垃圾分类的重要意义,从我做起,从每家每户做起,学会将垃圾分类投放、分类收集,把有用的物资从垃圾中分离出来重新回收、利用,变废为宝,实现垃圾减量化和资源化。

一、学习情境设计

结合爱国卫生运动和垃圾分类的标准与要求,学生需要学习垃圾分类知识并能够正确进行分类投放。竖立环保意识，养成良好的卫生习惯，达到树立尊重普通劳动者的思想观念，增强勤俭、奉献等劳动精神的劳动教育目标。

表 2-5-1 “垃圾分类”学习情境设计

<table>
<tr><td>学习情境</td><td colspan="2">垃圾分类</td><td>学时建议:2 学时</td></tr>
<tr><td>学习情境描述</td><td colspan="3">学生根据教师下发的劳动任务书，以家庭为基本单元，与家人、老师、同学或他人合作完成垃圾分类计划的制订，独立完成垃圾分类过程</td></tr>
<tr><td>学习环境要求</td><td colspan="3">总体环境：家庭居室、厨房、卫生间。
工具准备：垃圾桶、纸箱、塑料袋</td></tr>
<tr><td rowspan="3">学习目标</td><td>知识目标</td><td colspan="2">1. 生活垃圾的分类标志和种类。
2. 生活垃圾的分类方法。
3. 生活垃圾的危害和利用价值。
4. 生活垃圾分类注意事项</td></tr>
<tr><td>能力目标</td><td colspan="2">1. 能准确把生活垃圾进行分类。
2. 具备处理生活垃圾的能力。
3. 能将可回收物循环使用的能力</td></tr>
<tr><td>素质目标</td><td colspan="2">1. 提高垃圾分类意识，养成垃圾分类习惯。
2. 树立环保意识和能源意识。
3. 养成积极健康的卫生习惯和劳动习惯。
4. 培养勤劳、整洁有序的良好品质</td></tr>
<tr><td>学习内容</td><td colspan="3">1. 生活垃圾的分类标志和种类。
2. 厨余垃圾、可回收物、其他垃圾、有害垃圾的正确分类。
3. 生活中垃圾分类小误区。
4. 垃圾分类顺口溜</td></tr>
<tr><td>学习方式方法与组织形式</td><td colspan="3">1. 学习方式方法：演示教学法、任务驱动法、小组教学法。
2. 学习组织形式：小组研讨探究</td></tr>
<tr><td>学习要求</td><td colspan="3">1. 能将生活垃圾正确分类，养成垃圾分类习惯。
2. 懂得垃圾分类的重要性，在日常生活中坚持环保理念，践行环保行动。
3. 注意卫生安全和养成卫生习惯，维护家庭环境干净、卫生、整洁</td></tr>
<tr><td>学习过程设计</td><td colspan="3"> 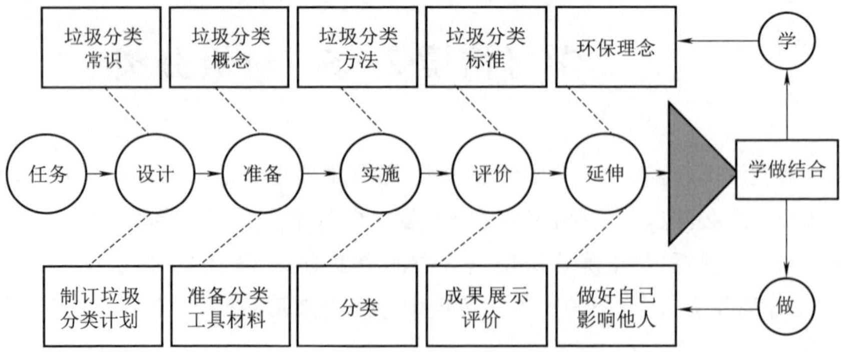垃圾分类常识 垃圾分类概念 垃圾分类方法 垃圾分类标准 环保理念 ← 学
任务 → 设计 → 准备 → 实施 → 评价 → 延伸 → 学做结合
制订垃圾分类计划 准备分类工具材料 分类 成果展示评价 做好自己影响他人 ← 做</td></tr>
<tr><td>学习流程</td><td>活动内容</td><td>教师活动</td><td>学生活动</td></tr>
<tr><td>劳动任务</td><td>布置劳动任务</td><td>发放劳动任务书，明确劳动任务：为家庭垃圾进行分类</td><td>学习数字教学资源，了解需要学习的知识和技能</td></tr>
</table>

续上表

学习流程	活动内容	教师活动	学生活动
劳动设计	任务1:制订家庭垃圾分类计划	讲授垃圾分类常识,组织学生制订家庭垃圾分类计划	学习垃圾分类常识,独立或与他人研讨制订完成垃圾分类计划,完成任务1
劳动准备	准备劳动用品	事前准备好垃圾分类的工具及材料,做好物品准备、经验准备	协助教师或独立做好相关准备
劳动实施	任务2:垃圾分类	教授垃圾分类方法和注意事项,指导学生完成垃圾分类	学习垃圾分类方法,掌握为什么进行垃圾分类和怎样进行垃圾分类,完成任务2
劳动评价	成品展示与评价	组织学生展示成果,评定学生成绩	展示自己的成果,根据自己评、同学评、教师评,评定学习成绩,填写评价表
劳动延伸	生活化劳动任务	倡导学生树立保护环境的理念,争做垃圾分类的宣传者	提高垃圾分类意识,坚持进行垃圾分类,并影响身边的人进行垃圾分类

二、任务布置

表2-5-2　“垃圾分类”劳动任务书

学习情境	垃圾分类		
具体任务	知识点	技能点	教学案例
任务1:制订垃圾分类计划	1. 家庭垃圾数量、危害及处理方式。 2. 给垃圾减量方法	制订垃圾分类计划	
任务2:垃圾分类	1. 生活垃圾的分类标志和种类。 2. 厨余垃圾、可回收物、其他垃圾、有害垃圾分类。 3. 垃圾分类小误区。 4. 垃圾分类顺口溜	正确进行垃圾分类	垃圾分类
任务要求	1. 劳动要求:学生需经历垃圾分类过程,达到能够独立对家庭垃圾进行处理的能力,规范生活垃圾分类投放、收集工作。培养垃圾分类习惯、卫生习惯和劳动习惯。 2. 安全要求:注意卫生安全,使用规定的卫生防护工具,如戴好口罩、手套等。保证垃圾分类的安全性,特别是有害垃圾,要掌握正确的投放方式。 3. 操作要求:学生能将家庭垃圾正确投放,并坚持将垃圾进行分类,宣传垃圾分类,做好自己,影响他人		

三、任务实施

任务1:制订垃圾分类计划

引导问题1:根据垃圾分类的常识,分析各类生活垃圾主要来源于哪里?

引导问题2:请以自己的家庭为背景,制订一份垃圾分类计划,填入表2-5-3。

表2-5-3 我的垃圾分类计划

家庭成员人数		家庭成员结构	
厨余垃圾分类			
可回收物分类			
其他垃圾分类			
有害垃圾分类			
设计思路			

【操作提示】

家庭生活垃圾的分类重在细化,投放要做到精准,不要随意丢弃,尽可能发挥想象力进行废旧物资利用,以使到垃圾末端的处理过程更加顺畅,从而促进对垃圾资源社会化回收率的不断提高。

在家庭中坚持垃圾分类,养成垃圾分类的习惯,形成自觉处理好家庭生活垃圾,保护环境的意识,让环境更为优美,更适于人类居住。

操作步骤1:生活垃圾的来源

家庭中的生活垃圾种类繁多,产地多样,家庭成员须在思想上高度统一、步调一致,一起搞好家庭卫生,做好垃圾分类,对环境保护做出应有的贡献。

(1)厨房:蔬菜瓜果的残渣、剩饭剩菜、食品包装袋。

(2)客厅:老化家电、废旧家具、金属垃圾。

(3)卧室:纸屑、杂物、废旧电池。

(4)卫生间:厕纸、洗衣或洗澡所造成的污水。

垃圾一向被称为"放错地方的资源",所以,关于垃圾的处理我们应高度重视,一方面不能造成坏境污染,另一方面又要提高回收利用。

操作步骤2:家庭垃圾数量、危害及处理方式

垃圾要分门别类,实行袋装化处理,这是前提(见表2-5-4)。不管这个垃圾产自何地,呈何种状态,都要分门别类地进行袋装,这样既有利于摆放和处理,又不会扩大污染的范围。

表2-5-4 家庭垃圾分类及处理方式

种类	数量	处理方式	危害
玻璃类(酒瓶、罐头瓶、碎玻璃)	一个星期大概10个瓶子,一个月两袋	临时收集,等集中到一定量后卖到废品站	随意丢弃会造成人身伤害及环境污染,也会造成资源浪费

续上表

种类	数量	处理方式	危害
纸类(废旧报纸和日常生活产生的废纸)	一天一袋	临时收集,等集中到一定量后卖到废品站	随意丢弃会造成环境污染,给人视觉上造成反感
金属类(易拉罐等)	一个月两袋	临时收集,等集中到一定量后卖到废品站	随意丢弃会浪费原料,污染环境
塑料类(饮料瓶、一次性塑料餐盒、塑料袋等)	每天一袋	饮料瓶可临时收集,等集中到一定量后卖到废品站。 一次性塑料餐盒、塑料袋等由专业垃圾处理人员收走,进行处理	随意丢弃对环境污染较大,易造成“白色污染”
电池类、过期药品、过期化妆品等化学用品	一星期一袋	投放到小区有害垃圾投放处,由专业人员进行化学销毁和专门处理	重金属严重影响环境,影响人们身体健康
瓜皮果核、菜根菜叶、剩菜剩饭	每天一两袋	丢入小区厨余垃圾桶,由专业垃圾处理人员处理	污染环境,腐烂变质的食物会影响人们的身体健康
烟蒂、尘土、卫生间废纸	每天一袋	丢入小区其他垃圾桶,由专业垃圾处理人员处理	污染环境,影响人们身体健康

操作步骤3:在家中设置“两桶两袋”

“两桶”指的是厨余垃圾桶、其他垃圾桶。“两袋”中,一袋用来收集可回收物,如报纸、塑料瓶、易拉罐等,可回收物作为可再生循环的垃圾,有利于减少资源浪费;另一袋用来收集家庭产生的有害垃圾(废旧电池等),有害垃圾的分类收集目前还是短板,也是难点,因为有害垃圾虽然量小,但专业性强,品种杂,涵盖一些家电零部件、电池、药品、化工材料等,须等收集到一定量后统一投放。

建议放置地点:

(1)厨房设置厨余垃圾桶,专门收集瓜皮果核、菜根菜叶、剩饭剩菜等。这些垃圾,每天产生量大,容易腐烂变质并产生异味,一定要每天傍晚及时清除,能有效避免垃圾发臭、产生卫生隐患。

(2)客厅设置其他垃圾桶,可几天一扔;可回收垃圾袋可以放在阳台上,一般这类垃圾比较干净,不会污染家中环境,定期清理即可。

需提醒的是:卫生间的垃圾容易产生异味,一定要及时清理;厨余垃圾中的剩汤水,一定要先倒入下水道,再将剩余物倒进厨余垃圾桶(先沥干水分是为了不产生异味,不形成二次污染,并且能有效减少厨余垃圾的产生量)。

【知识链接】

很多人觉得垃圾分类是件麻烦事,其实这可能和家里垃圾太多有关,所以不妨尝试从源头上给垃圾“减量”。

1.拒绝塑料餐具和多余餐具

在家里点外卖时,尽量备注不需要塑料餐具、吸管、餐巾纸、手提袋以及小包装的调味品等,提醒外卖餐馆不要放这些物品。上班、外出吃饭或外出旅行,应自带能重复使用消过毒的金属筷子,还有其他餐具、布质餐巾、水杯等。

2. 吃冰激凌选蛋卷的

可以避免塑料或泡沫塑料容器的大量使用。

3. 不要拿促销宣传品

展览会、超市或节庆活动上的宣传册、宣传品、小物件，看起来很诱人，但如果不需要就没必要拿。这些东西被拿回家后很可能直接丢到角落，最终扔进垃圾桶。

4. 购物时不用塑料袋

去超市购物时，记得带上可反复使用的环保购物袋。

5. 不买单独小份包装的商品

如果偶尔需要购买包装商品，记得要买包装最少的较大份商品。相比小份商品，一大盒、一大袋或一大瓶商品所产生的废弃物要少许多，且价格更实惠。

6. 选择非塑料包装存储食物

不使用塑料袋、保鲜膜等保存食物，因为劣质的塑料袋和保鲜膜可能导致毒素渗入食物。应该使用不会对环境造成污染的容器来存储食物，如玻璃器皿、可反复使用的硅胶袋、不锈钢餐盒等。

7. 慢慢放弃家居纸制用品

在垃圾填埋场，废弃纸制品占到垃圾总量的1/4，它们腐烂变质会产生大量的甲烷气体。因此，要尽量减少纸制品的使用，可用布制手绢、毛巾来替代，采用数字化方式存储文件，通过电子设备读书，或者去图书馆借阅。

8. 变丢弃为捐赠

把不用的衣服等物品进行变卖、捐赠等，延长其使用寿命；自己不需要的物品不要一丢了之，比如旧收音机或旧手机，可以放在二手平台售卖，或捐给二手物品店等非营利组织，再通过这些组织转赠给需要这些物品的人；尽量使用可重复使用的耐用品（如充电式电池等），避免使用一次性用品。

9. 节假日和“购物节”减少废弃物产生

在春节、中秋节，还有“双11”等网购盛宴期间，废弃物会激增，大多以购物袋、商品包装和剩饭剩菜等形式呈现，应引起格外重视。我们可以发送电子贺卡，或赠送不产生废弃物的礼物，比如请朋友看电影、欣赏音乐会。实体礼品可用丝巾、布或报纸包装。

垃圾分类人人有责，垃圾分类需要人人动手，垃圾分类会使人人受益，让我们共同努力，养成垃圾分类的文明习惯！

任务2：垃圾分类

引导问题3：观看微课“垃圾分类”，知道生活垃圾的分类标志和种类是什么。

垃圾分类

引导问题4：什么是厨余垃圾、可回收物、其他垃圾、有害垃圾？它们分别包括哪些？

材料准备

各种垃圾、垃圾桶、垃圾袋、纸箱等。

【操作提示】

操作步骤1:正确投放厨余垃圾

瓜皮果核、菜根菜叶、剩饭剩菜、茶叶渣等食品类废物是厨余垃圾,应投放到厨余垃圾桶,如图2-5-1所示。

操作步骤2:正确投放可回收物

包括废纸类、塑料类、玻璃类、金属物、废布料等,如图2-5-2所示。

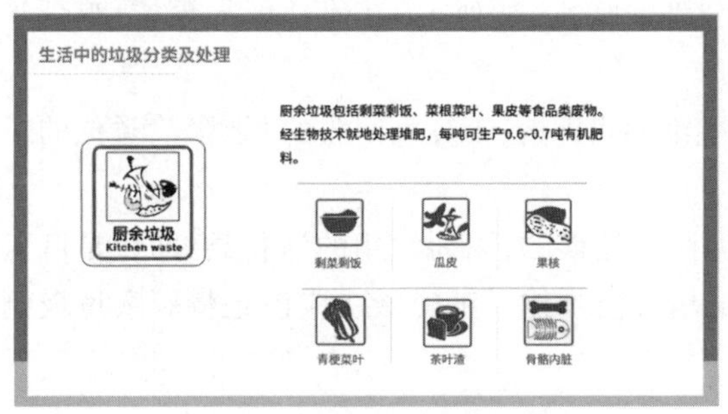

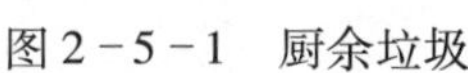

图2-5-1　厨余垃圾

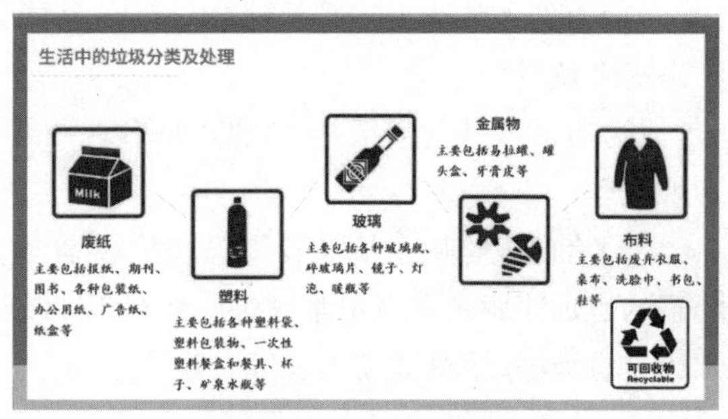

图2-5-2　可回收物

(1)废旧报纸、过期期刊、图书、广告纸、办公用纸、纸盒等属于废纸类可回收物,可集中收集,等收集到一定量后卖到废品站。

(2)塑料包装物、矿泉水瓶、饮料瓶、一次性塑料餐盒等属于塑料类可回收物,可集中收集,等收集到一定量后卖到废品站。

(3)玻璃瓶、罐头瓶等属于玻璃类可回收物,可集中收集,等收集到一定量后卖到废品站。

(4)易拉罐、铁皮罐头盒、铁钉等属于金属类可回收物,可集中收集,等收集到一定量后卖到废品站。

(5)废弃衣服、桌布、洗脸巾、书包、鞋等属于废布料类可回收物,可集中收集,等收集到一定量后卖到废品站。

操作步骤3:正确投放其他垃圾

砖瓦陶瓷、渣土、纸巾、卫生间废纸等难以回收的废弃物及尘土等属于其他垃圾,投放到其他垃圾桶,如图2-5-3所示。

操作步骤4:正确投放有害垃圾

电池、荧光灯管、灯泡、水银温度计、过期药品、过期化妆品、部分家电、油漆桶等属于有害垃圾。先集中收集,等收集到一定量后,投放到小区有害垃圾投放处,如图2-5-4所示。

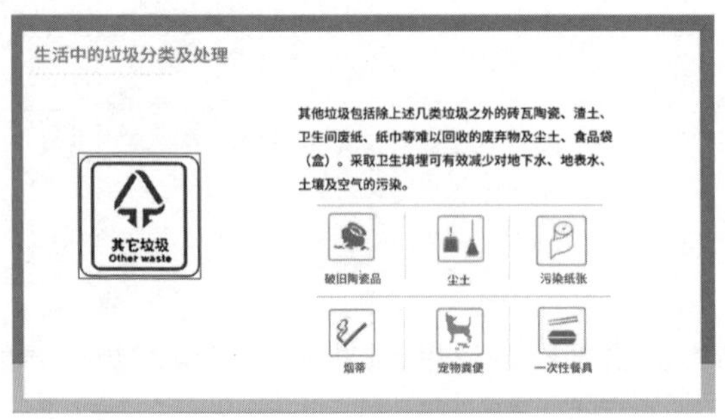

图 2-5-3　其他垃圾

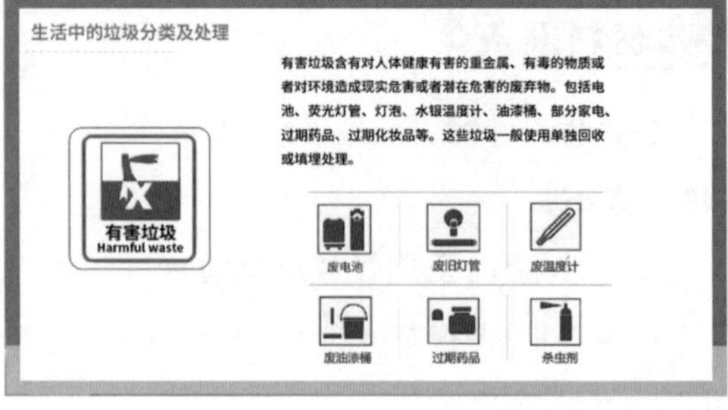

图 2-5-4　有害垃圾

【操作技巧】

在生活中，垃圾分类有以下小误区：

(1)有的人认为大棒骨是厨余垃圾。大棒骨因为“难腐蚀”被列入“其他垃圾”，果核、鸡骨等则是厨余垃圾。

(2)有的人认为厕纸是纸，也可回收。厕纸、卫生纸遇水即溶，不算可回收的“纸张”，类似的还有烟盒等。

(3)有的人把厨余垃圾装袋扔进垃圾桶，这种做法是错误的，因为常用的塑料袋，即使是可以降解的也远比厨余垃圾更难腐蚀。此外塑料袋本身是可回收物。正确做法应该是将厨余垃圾倒入厨余垃圾桶，塑料袋则扔进可回收垃圾桶。

三、任务评价

学生将劳动过程拍照，上传到指定位置，并进行简要介绍，请家长或教师同学检验，通过自评、互评、教师与家长评价相结合的方式完成评价，将评价结果填入表 2-5-5。

表 2-5-5　“垃圾分类”考核评价表

学生姓名：　　　　　　　　小组名称：　　　　　　　　班级：

<table>
<tr><th>类别</th><th colspan="2">标准</th><th>等级(优、良、中、差)</th></tr>
<tr><td>劳动素养</td><td colspan="2">1. 劳动态度积极认真，动手能力强，主动为家人、同学服务。
2. 具有环保意识以及能源意识。
3. 养成勤劳、整洁的劳动习惯</td><td></td></tr>
<tr><td rowspan="3">劳动成果</td><td>动作</td><td>1. 动作协调，连贯。
2. 操作规范，技术熟练</td><td></td></tr>
<tr><td>技术</td><td>将垃圾正确分类投放</td><td></td></tr>
<tr><td>效果</td><td>1. 干净、利索、无遗落垃圾。
2. 合理利用垃圾，变废为宝</td><td></td></tr>
<tr><td colspan="4">总体评价</td></tr>
<tr><td colspan="4">学习存在哪些问题？哪些技能需要进一步夯实：

考核评价人：
年　　月　　日</td></tr>
</table>

四、任务延伸

结合本学习情境内容，在家庭、学校里坚持进行垃圾分类，将劳动过程拍摄成图片或视频上传到平台，并填写任务书。

表 2－5－6　“垃圾分类”生活化任务书

<table>
<tr><td>活动名称</td><td colspan="2">垃圾分类</td></tr>
<tr><td>活动时间</td><td colspan="2">______年______月______日　　□卧室　□客厅　□餐厅　□厨房　□卫生间</td></tr>
<tr><td>垃圾分类</td><td colspan="2">厨余垃圾：
可回收物：
其他垃圾：
有害垃圾：</td></tr>
<tr><td>活动过程</td><td colspan="2"></td></tr>
<tr><td rowspan="3">活动感悟</td><td>收获</td><td></td></tr>
<tr><td>不足</td><td></td></tr>
<tr><td>改进措施</td><td></td></tr>
<tr><td>自我评价</td><td colspan="2">A. 优秀　　B. 良好　　C. 合格　　D. 不合格</td></tr>
</table>

模块三 校园劳动

劳动任务描述

校园劳动是大学生特有的一种劳动形态，包括日常的打扫宿舍卫生、教室值日、校园卫生区值日、劳动实践周、勤工助学等，既是日常生活劳动在校园的一种存在形态，也是学生积极参与公共事务管理，增强自立自强、为他人服务的意识，提高团队合作、组织协调能力的一种教育方式。校园劳动教育的目的是立足个人生活事务管理，结合新时代爱国卫生运动的要求，让学生养成良好的生活习惯和卫生习惯；立足校园公共事务管理，培养学生的自我教育、自我管理、自我服务意识和能力，增强团队意识、集体荣誉感和担当精神。

学习情境 3－1　宿舍内务整理

宿舍内务整理是大学生的日常生活劳动，包括整理自己的床位和物品、宿舍卫生值日，以及宿舍成员群策群力建设特色宿舍文化。整洁有序的宿舍环境有利于促进学生身体健康，形成良好的饮食习惯、卫生习惯、作息习惯，良好的宿舍文化有利于营造温馨舒适的学习生活环境，激发积极进取的意志和学习热情，形成良好的个人精神面貌和集体精神风貌。

一、学习情境设计

结合校园爱国卫生运动和学校宿舍管理规定，学生需要完成床位整理、物品摆放、卫生清洁、宿舍文化建设的完整过程，养成日常保持、随时随地清洁、坚持不懈劳动的良好习惯，达到养成良好的卫生习惯，形成勤劳、诚实、持之以恒等优秀劳动品质的劳动教育目标。

表 3－1－1　“宿舍内务整理”学习情境设计

学习情境	宿舍内务整理	学时建议:2 学时
学习情境描述	学生根据教师下发的劳动任务书，以宿舍为基本单元，与舍友合作完成床位整理、物品摆放、卫生清洁、宿舍文化建设的完整过程	
学习环境要求	总体环境：校内宿舍。 工具准备：一张床、一床被子、鞋子、行李箱、垃圾桶、扫帚、簸箕、拖把等用品和工具以及值日表、名人字画等装饰物品	

续上表

<table>
<tr><td rowspan="3">学习目标</td><td>知识目标</td><td colspan="2">1. 宿舍内务整理规范化。
2. 遵守学校规定的宿舍纪律。
3. 创造优秀的宿舍文化。
4. 叠被子、物品摆放及布置宿舍的方法和流程</td></tr>
<tr><td>能力目标</td><td colspan="2">1. 能够规范化的整理宿舍内务。
2. 能够正确摆放宿舍物品。
3. 能够自觉遵守宿舍纪律。
4. 能够创造优秀的宿舍文化</td></tr>
<tr><td>素质目标</td><td colspan="2">1. 树立为他人和集体服务,营造和谐、幸福宿舍的意识。
2. 养成积极健康的生活习惯、卫生习惯和劳动习惯。
3. 培养价值工程和统筹的理念与意识,提高正确处理校园劳动与工作学习关系的能力。
4. 树立环保和健康意识,培养热爱劳动的良好品质</td></tr>
<tr><td>学习内容</td><td colspan="3">1."豆腐块"状被子的叠法。
2. 宿舍物品摆放标准。
3. 良好地遵守宿舍纪律。
4. 创造优秀的宿舍文化</td></tr>
<tr><td>学习方式方法与组织形式</td><td colspan="3">1. 学习方式方法:演示教学法、任务驱动法、小组教学法。
2. 学习组织形式:与舍友共同探讨本宿舍文化建设方案,并与舍友共同完成本宿舍的清洁、整理及文化建设任务</td></tr>
<tr><td>学习要求</td><td colspan="3">1. 注意宿舍用电安全。
2. 能够认识各种卫生工具,保证工具使用正确。
3. 养成及时清洁的劳动习惯和卫生习惯,维护宿舍的干净、整洁</td></tr>
<tr><td>学习过程设计</td><td colspan="3"> 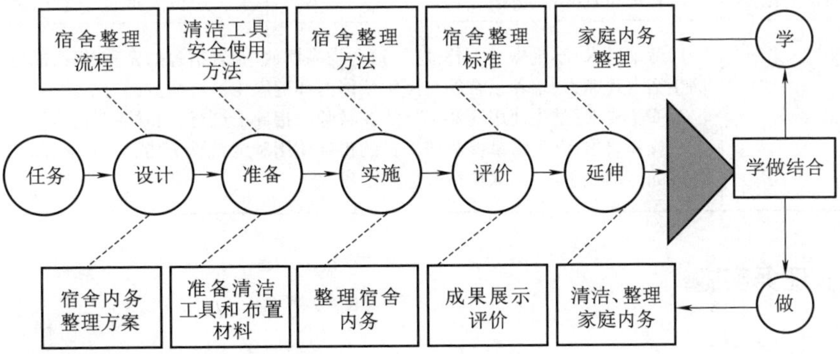宿舍整理流程　清洁工具安全使用方法　宿舍整理方法　宿舍整理标准　家庭内务整理 ← 学
任务 → 设计 → 准备 → 实施 → 评价 → 延伸 → 学做结合
宿舍内务整理方案　准备清洁工具和布置材料　整理宿舍内务　成果展示评价　清洁、整理家庭内务 ← 做</td></tr>
<tr><td>学习流程</td><td>活动内容</td><td>教师活动</td><td>学生活动</td></tr>
<tr><td>劳动任务</td><td>布置劳动任务</td><td>发放劳动任务书,明确劳动任务;完成宿舍卫生清洁及布置</td><td>学习数字教学资源,了解需要学习的知识和技能</td></tr>
<tr><td>劳动设计</td><td>设计劳动流程</td><td>为学生解读宿舍内务整理的具体流程</td><td>认真听老师讲解,掌握宿舍内务整理流程</td></tr>
<tr><td>劳动准备</td><td>准备劳动用品</td><td>事前准备工具、布置材料,做好环境准备、物品准备、经验准备</td><td>协助教师或独立做好相关准备</td></tr>
</table>

续上表

学习流程	活动内容	教师活动	学生活动
劳动实施	任务 1:叠被子	演示"豆腐块"状被子的叠法	学习被子叠法,独立完成自己被子的整理,完成任务 1
	任务 2:宿舍物品摆放	演示物品摆放,指导学生完成宿舍物品摆放	认识宿舍各种物品,掌握宿舍物品摆放规则,完成任务 2
	任务 3:创造优秀的宿舍文化	演示如何创造优秀的宿舍文化,指导学生完成自己宿舍的布置	学习如何创造出优秀的宿舍文化,掌握宿舍布置方法,完成任务 3
劳动评价	成品展示与评价	组织学生展示成果,评定学生成绩	展示自己的作品,根据自己评、同学评、教师评,评定学习成绩,填写评价表
劳动延伸	宿舍日常内务整理	组织学生进行宿舍日常内务整理,保持宿舍环境整洁	坚持日常宿舍内务整理,保持宿舍整洁

二、任务布置

表 3-1-2 "宿舍内务整理"劳动任务书

学习情境	宿舍内务整理		
具体任务	知识点	技能点	教学案例
任务 1:叠被子	叠被子具体步骤、方法	叠被子	"豆腐块"状被子样例
任务 2:宿舍物品摆放	1. 宿舍清洁工具使用方法。 2. 宿舍物品摆放规则	1. 正确、安全使用清洁工具。 2. 正确摆放宿舍物品	卫生评比样板宿舍
任务 3:创造优秀的宿舍文化	1. 值日生表张贴的正确位置。 2. 宿舍布置流程、方法	1. 正确布置宿舍。 2. 用积极向上、文雅的装饰	文明宿舍案例
任务要求	1. 劳动要求:学生需经历叠被子、宿舍物品摆放、布置宿舍的完整过程,能够独立整理宿舍内务,提高生活自理能力,培养正常的校园生活能力和健康生活习惯。 2. 安全要求:学生使用清洁工具需在教师的指导下进行,同时注意宿舍用电安全。 3. 操作要求:学生需掌握清洁工具的正确使用和清洗保养方法,避免造成工具损坏。学生需培养良好的劳动卫生习惯,保持宿舍整洁卫生		

三、任务实施

任务1:叠被子

引导问题 1:观看微课"宿舍内务整理",根据军训时教官的要求,将被子叠成豆腐块状。

宿舍内务整理

引导问题 2:你的被子叠出来是否漂亮？为什么？

【操作提示】

操作步骤 1:叠

首先准备一床棉絮压得很实的、部队使用的被子,这种被子才能叠出好的形状。被子打开压平后,将被子宽的三分之一沿着长的平行线折叠,折叠好后把被子压实理平。

操作步骤 2:压

将被子一面折叠过来,用手在被子内压实。不要让折叠处凹凸,然后取被子一端。同学们可以用手卡一下长度,然后双手压出条印,接下来用手捏起来这条印,使印子更加明显,最后把被子折叠过去。

操作步骤 3:修

折叠好后进行修边,用拇指和食指捏住被子,另外三指压在被子上面,把直角边线修出来。

操作步骤 4:成

折叠被子另一端。用同样的方法把内侧边修一下,把上边线修成直角。然后双手在被子中间压出条形,条形要深一些便于折叠,用刚才同样的手法,双手一上一下把被子快速叠过去,被子边线整齐的一端靠门方向。

操作步骤 5:整

被子放在床中间,把上边线用手指压住,沿着一端拉直。把褶皱修直,然后修整被子前端边线,多余的地方向被子里塞。

叠被子三分靠叠,七分靠修整,所以每一步都要下点功夫。刚开始可以慢一点,动作熟练了就会很快,被子叠放完成后把床单铺平。

任务2:宿舍物品摆放

引导问题 3:宿舍生活经常使用的物品有哪些？使用、摆放有哪些注意事项？

【操作提示】

操作步骤 1:床上物品摆放

被子按军训时的要求,统一放于靠窗的一端,叠口对着宿舍门口方向。要求将被子叠放整齐,棱角分明、四四方方,无明显褶皱;床单干净、平整;枕头放在被子上面。

若有包和衣服,则应放置在被褥内侧,并叠放整齐。空床上若放物品必须摆放整齐。春秋冬季蚊帐一律从架子上摘掉,夏季整理内务时蚊帐面不得下垂。

操作步骤 2:床下物品摆放

床下物品要求摆放整齐,鞋子放于床下,鞋尖统一向外,鞋跟统一向内。鞋带不能散乱,袜子放鞋内或者自己的箱、包内。

操作步骤3:桌子物品摆放

桌面:不能摆放任何物品,随时保持干净整洁,专用于写字、学习。

桌内:整齐摆放书籍及学习用具、水杯。

桌下:不摆放任何东西。

操作步骤4:窗台物品摆放

窗帘要清洗干净,窗台和暖气片上不摆放任何物品,并保持窗台内外干净。暖瓶可以统一摆放在暖气片前方,要求摆放整齐,提手统一向外(朝门口方向)。也可以统一摆放在窗户两边靠墙的地方,或者其他适宜集中摆放的地方。

操作步骤5:其他物品存放

门、窗、墙壁保持整洁,无污迹、无蜘蛛网,绝不允许在宿舍墙上乱刻、乱张贴、乱栓绳等。衣橱内物品整齐有序,衣服叠好,整齐摆放。

操作步骤6:清扫地面

地面包括房间地面(含床下地面)、洗手间地面、衣橱下地面、暖气片下地面。地面要求清扫彻底、干净,无死角,无脚印,无任何杂物等。

操作步骤7:垃圾处理

垃圾筒、扫帚、簸箕、拖把等卫生工具使用完毕后整齐摆放,垃圾筒每天早、午离开宿舍时清理,簸箕或纸篓内不得存留垃圾。

任务3:创造优秀的宿舍文化

引导问题4:在学习了叠被子、宿舍物品摆放之后是否代表着宿舍环境及一切都完美了呢?如果不是,你认为还需要哪些内容来使宿舍更加完美?

____

____

____

【操作提示】

操作步骤1:制定方案

全体宿舍成员集体讨论宿舍文化建设方案,确定宿舍风格、墙面装饰特色。

操作步骤2:美化宿舍

根据宿舍文化建设方案,粘贴宿舍制度、值日生表。宿舍标语、口号等粘贴在宿舍的固定位置,粘贴贴近学生生活、激发学生高尚情趣的名人名言或学生自创名言的毛笔字画,集体制作装饰物并装饰到位。

四、任务评价

学生将劳动成果拍照,上传到指定位置,并对宿舍文化建设进行简要介绍,请教师或同学评价,通过自评、互评、教师与同学评价相结合的方式完成评价,将评价结果填入表2-1-3。

表 3-1-3　“宿舍内务整理”考核评价表

学生姓名：　　　　　　　　小组名称：　　　　　　班级：

<table>
<tr><td>类别</td><td colspan="2">标准</td><td>等级(优、良、中、差)</td></tr>
<tr><td>劳动素养</td><td colspan="2">1. 劳动态度积极认真，自理能力强，主动帮助同学。
2. 培养自觉、诚信的劳动意识。
3. 养成健强的体魄和积极的劳动心态</td><td></td></tr>
<tr><td rowspan="3">劳动成果</td><td>外观</td><td>1. 被子是否符合“豆腐块”外形的要求。
2. 物品摆放整齐，布局合理</td><td></td></tr>
<tr><td>卫生</td><td>1. 宿舍整理干净、整洁，不存在卫生死角。
2. 卫生工具使用合理，摆放整齐</td><td></td></tr>
<tr><td>美观</td><td>整体布置美观、大方，符合宿舍管理的总体要求</td><td></td></tr>
<tr><td colspan="4">总体评价</td></tr>
<tr><td colspan="4">学习存在哪些问题？哪些技能需要进一步夯实：

考核评价人：
年　　月　　日</td></tr>
</table>

五、任务延伸

结合本学习情境内容，坚持宿舍日常值日，保持宿舍干净整洁，将劳动过程拍摄成图片或视频上传到平台，并填写任务书。

表 3-1-4　“宿舍内务整理”生活化任务书

<table>
<tr><td>活动名称</td><td colspan="2">宿舍是我家</td></tr>
<tr><td>活动时间</td><td colspan="2">________年________月________日</td></tr>
<tr><td>活动项目</td><td colspan="2"></td></tr>
<tr><td>活动过程</td><td colspan="2"></td></tr>
<tr><td rowspan="3">活动感悟</td><td>收获</td><td></td></tr>
<tr><td>不足</td><td></td></tr>
<tr><td>改进措施</td><td></td></tr>
<tr><td>自我评价</td><td colspan="2">A. 优秀　　B. 良好　　C. 合格　　D. 不合格</td></tr>
</table>

学习情境 3－2　教室环境维护

教室是学生在校期间学习的主要场所,教室环境维护包括维护卫生环境、学习环境、教学设施设备等。干净整洁的卫生环境有利于维护学生身心健康;安静有序的学习环境有助于学生排除干扰、安心学习,提高学习效率和学习效果;积极文明的学习氛围和团结向上的班级文化,能够让学生感受到集体的温暖,增强归属感、集体荣誉感和团队合作精神。

一、学习情境设计

结合校园爱国卫生运动和学校教室管理制度,学生需要遵守教室公约和学生守则,维护教室整洁卫生,爱护教学设施设备,建设文明有序的人文环境,达到不推诿责任,尊重他人劳动,随时随地、持之以恒地自觉劳动,养成诚实守信、吃苦耐劳等优秀劳动品质的劳动教育目标。

表 3－2－1　“教室环境维护”学习情境设计

<table>
<tr><td>学习情境</td><td colspan="2">教室环境维护</td><td>学时建议:2 学时</td></tr>
<tr><td>学习情境描述</td><td colspan="3">学生根据教师下发的劳动任务书,以教室为基本单元,与同学合作完成教室的清洁工作</td></tr>
<tr><td>学习环境要求</td><td colspan="3">总体环境:学校教室。
工具准备:抹布、垃圾桶、扫帚、簸箕、拖把等清洁工具以及值日表、篮球、足球等物品</td></tr>
<tr><td rowspan="3">学习目标</td><td>知识目标</td><td colspan="2">1. 明确教室环境的管理目标。
2. 遵守教室环境的具体要求。
3. 落实教室环境监督检查机制</td></tr>
<tr><td>能力目标</td><td colspan="2">1. 能够打扫维护教室环境卫生。
2. 能够遵守教室公约,维护整洁、文明的学习环境</td></tr>
<tr><td>素质目标</td><td colspan="2">1. 树立为他人、为集体服务的意识,营造干净、整洁的教室环境。
2. 养成积极健康的生活习惯、卫生习惯和劳动习惯。
3. 培养价值工程和统筹的理念及意识,提高正确处理校园劳动与工作、学习关系的能力。
4. 树立环保意识和健康意识,培养热爱劳动的良好品质</td></tr>
<tr><td>学习内容</td><td colspan="3">1. 教室环境的管理目标。
2. 教室环境维护具体要求。
3. 教室环境维护的监督检查机制</td></tr>
<tr><td>学习方式方法与组织形式</td><td colspan="3">1. 学习方式方法:演示教学法、任务驱动法、小组教学法。
2. 学习组织形式:老师及同学商讨本班教室清洁标准和值日方案,共同执行</td></tr>
<tr><td>学习要求</td><td colspan="3">1. 注意教室用电安全。
2. 能够认识各种卫生工具,保证工具使用正确。
3. 养成及时清洁的劳动习惯和卫生习惯,维护教室的干净整洁</td></tr>
</table>

续上表

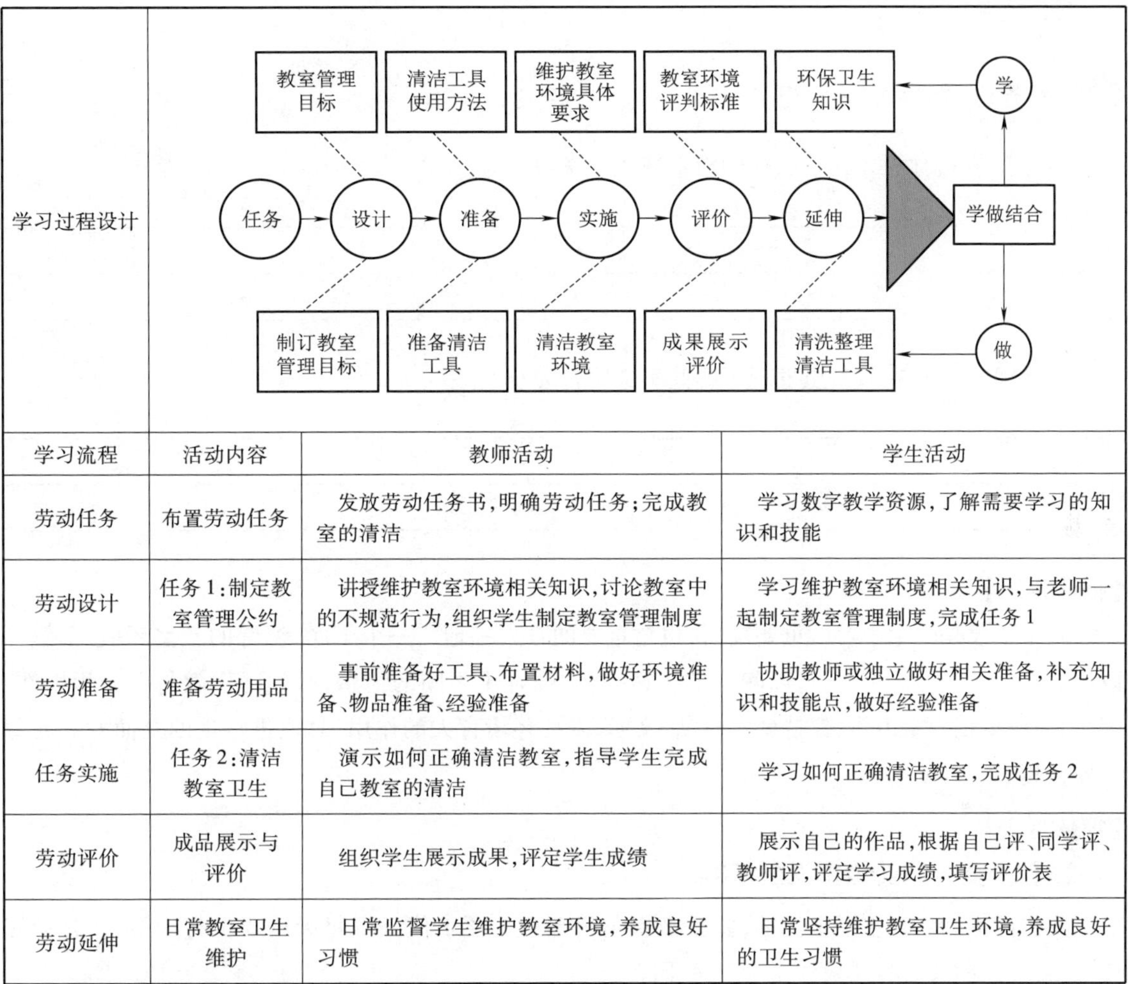

学习流程	活动内容	教师活动	学生活动
劳动任务	布置劳动任务	发放劳动任务书，明确劳动任务；完成教室的清洁	学习数字教学资源，了解需要学习的知识和技能
劳动设计	任务1：制定教室管理公约	讲授维护教室环境相关知识，讨论教室中的不规范行为，组织学生制定教室管理制度	学习维护教室环境相关知识，与老师一起制定教室管理制度，完成任务1
劳动准备	准备劳动用品	事前准备好工具、布置材料，做好环境准备、物品准备、经验准备	协助教师或独立做好相关准备，补充知识和技能点，做好经验准备
任务实施	任务2：清洁教室卫生	演示如何正确清洁教室，指导学生完成自己教室的清洁	学习如何正确清洁教室，完成任务2
劳动评价	成品展示与评价	组织学生展示成果，评定学生成绩	展示自己的作品，根据自己评、同学评、教师评，评定学习成绩，填写评价表
劳动延伸	日常教室卫生维护	日常监督学生维护教室环境，养成良好习惯	日常坚持维护教室卫生环境，养成良好的卫生习惯

二、任务布置

表3-2-2　“教室环境维护”劳动任务书

学习情境	教室环境维护		
具体任务	知识点	技能点	教学案例
任务1：制定教室公约	1. 教室环境管理目标。 2. 教室中行为规范	制定教室环境管理目标	教室公约
任务2：清洁教室	清洁教室的流程及方法	1. 掌握清洁教室的流程。 2. 明确清洁教室的方法	评比卫生样板教室
任务要求	1. 劳动要求：学生需经历制定教室环境管理目标、教室不规范行为演示、清洁教室的过程，达到能够避免教室不规范行为的出现，并能独立清洁教室，提高生活自理能力，培养正常校园生活能力和健康生活习惯。 2. 安全要求：学生使用清洁工具需在教师的指导下使用，同时注意教室用水、用电安全。 3. 操作要求：学生需掌握清洁工具的正确使用和保养方法，避免造成工具损坏。学生需培养良好的劳动卫生习惯，保持教室整洁卫生		

三、任务实施

任务1：制定教室公约

引导问题1:你想要在什么样的教室环境中学习?

____

____

____

引导问题2:你在教室里发现了哪些不文明行为?

____

____

____

【操作提示】

教室不仅是学生学习的重要场所,也是重要的育人基地。一个干净、温馨的教室环境,不但可以提高学生的学习效率,还可以陶冶学生情操,沟通师生之间的情感,激发师生教与学的积极性。因此,充分重视教室卫生,保持教室整洁、文明,发挥环境育人的作用,对促进学生的全面发展起着重要作用。

【操作提示】

操作步骤1:讨论教室卫生标准

集体讨论制定教室卫生标准,安排教室值日卫生。要求值日生每天按要求打扫卫生、整理好座椅,每节课前及时将黑板和讲台清理干净。

操作步骤2:讨论教室文明标准

针对教室中的不文明行为,讨论制定教室文明标准,如:

学生应自觉维护好自己课桌内和桌面的整洁卫生,不能在桌椅上刻画。

禁止将食物带进教室,更不得在教室里食用。

不得随地吐痰。任何时间任何情况都不得将废纸、塑料袋等扔至地面。

禁止在教室内拍打及传递篮球、排球、足球等。

离开教室时要及时关窗、关灯、锁门。

操作步骤3:讨论教室美化方案

教室美化方案不仅可以指导教室环境的美化,还能展示班级建设成果,帮助建设积极向上的班级文化。

操作步骤4:讨论制定教室公约

根据以上讨论,制定教室公约,形成文字,打印并粘贴在教室醒目位置。

表 3-2-3　教室公约

任务2：清洁教室

引导问题 3：观看微课“教室环境维护”，了解教室环境维护的具体要求。

教室环境维护

____

____

____

【操作提示】

操作步骤 1：清洁窗户、窗台

擦拭窗户、窗台至无污渍、水迹。

操作步骤 2：清洁桌椅

用抹布清洁桌椅，做到表面净、桌斗净。日常要保持桌椅整洁，把垃圾随身带走放到指定位置。

操作步骤 3：清洁讲台

用抹布擦拭多媒体，做到无污渍、无水迹、无灰尘。日常爱护教学设备，多媒体设备按照正确操作开关机，使用完毕要妥善收纳到机柜中。清洁黑板，做到无粉尘、无水渍。

操作步骤 4：清洁地面

用拖把擦拭教室地面，清洁后无水迹、无污渍、无异味、无卫生死角。清洁任务结束后，把垃圾和清扫工具放到指定位置。

四、任务评价

学生将劳动成果拍照，上传到指定位置，请教师或同学检查，通过自评、互评、教师与同学评价相结合的方式完成评价，将评价结果填入表 3-2-4。

表 3-2-4 “教室环境维护”考核评价表

学生姓名：　　　　　　　　　小组名称：　　　　　　　　班级：

<table>
<tr><th>类别</th><th colspan="2">标准</th><th>等级(优、良、中、差)</th></tr>
<tr><td>劳动态度</td><td colspan="2">1. 劳动态度积极认真，自理能力强，能主动帮助同学。
2. 培养自觉、诚信的劳动意识。
3. 养成健强的体魄和积极的劳动心态。
4. 具有安全意识，爱护教学设备，注意用水、用电安全</td><td></td></tr>
<tr><td rowspan="3">劳动成果</td><td>行为规范</td><td>1. 教室环境安静、和谐，适宜学习。
2. 不存在不文明行为、不文明现象</td><td></td></tr>
<tr><td>卫生标准</td><td>1. 教室干净、整洁，不存在卫生死角。
2. 卫生工具使用合理，摆放整齐。
3. 注意教室布局合理</td><td></td></tr>
<tr><td>美观</td><td>教室布置美观、大方，符合教室管理总体要求</td><td></td></tr>
<tr><td colspan="4">总体评价</td></tr>
<tr><td colspan="4">学习存在哪些问题？哪些技能需要进一步夯实：

考核评价人：
年　　月　　日</td></tr>
</table>

五、任务延伸

结合本学习情境内容，坚持教室值日，维护教室干净、整洁、文明，将过程拍摄成图片或视频上传到平台，并填写任务书。

表 3-2-5 “教室环境维护”生活化任务书

活动名称	我爱我的教室
活动时间	______年______月______日
活动项目	
活动过程	

续上表

<table>
<tr><td rowspan="3">活动感悟</td><td>收获</td><td></td></tr>
<tr><td>不足</td><td></td></tr>
<tr><td>改进措施</td><td></td></tr>
<tr><td>自我评价</td><td colspan="2">A. 优秀　　B. 良好　　C. 合格　　D. 不合格</td></tr>
</table>

学习情境3－3　校园环境维护

校园是师生员工学习、工作、生活的重要场所，维护安全、文明、整洁、有序的校园环境是大家义不容辞的责任。维护校园环境包括维护校园卫生、参加绿化美化、保持文明有序的学习生活秩序等。维护公共秩序、爱护公共环境、享受明净的空气是我们每个人的义务和权利，也是我们健康生活、安心学习的保障。

一、学习情境设计

根据爱国卫生运动和学校相关管理制度，学生需要遵守校园文明和行为规范，能够坚持不懈地维护校园卫生环境，共同构建健康、安全、文明的校园生态环境，达到尊重劳动和尊重普通劳动者、强化公共服务意识的劳动教育目标。

表3－3－1　"校园环境维护"学习情境设计

<table>
<tr><td>学习情境</td><td colspan="2">校园环境维护</td><td>学时建议:2 学时</td></tr>
<tr><td>学习情境描述</td><td colspan="3">学生根据教师下发的学习任务书，以校园为大环境，与老师、同学或他人合作完成维护校园环境措施，并指正校园中的不文明行为</td></tr>
<tr><td>学习环境要求</td><td colspan="3">总体环境:校园</td></tr>
<tr><td rowspan="3">学习目标</td><td>知识目标</td><td colspan="2">1. 了解学校有关维护校园环境的制度措施。
2. 掌握校园环境建设标准。
3. 掌握大学生行为规范</td></tr>
<tr><td>能力目标</td><td colspan="2">1. 能够自觉遵守校园文明规范，纠正校园不文明行为。
2. 能够完成清洁校园环境任务</td></tr>
<tr><td>素质目标</td><td colspan="2">1. 树立为学校服务，营造和谐校园环境的意识。
2. 养成积极健康的生活习惯、卫生习惯和劳动习惯。
3. 培养价值工程和统筹的理念及意识，提高正确处理校园事务与工作、学习关系的能力。
4. 树立环保意识，培养维护公共环境的良好品质</td></tr>
<tr><td>学习内容</td><td colspan="3">1. 学校有关校园建设的管理制度。
2. 大学生行为规范。
3. 清洁校园环境的流程和方法</td></tr>
</table>

续上表

<table>
<tr><td>学习方式方法与组织形式</td><td colspan="3">1. 学习方式方法:演示教学法、任务驱动法、小组教学法。
2. 学习组织形式:在教师的指导下,与同学共同完成清洁校园环境任务,并纠正校园不文明行为</td></tr>
<tr><td>学习要求</td><td colspan="3">1. 注意清洁校园环境的安全。
2. 能够鉴别各种校园不文明行为。
3. 养成及时清洁校园环境的劳动习惯和卫生习惯</td></tr>
<tr><td>学习过程设计</td><td colspan="3">维护校园环境措施 | 清洁工具使用方法 | 学生行为规范 | 校园环境标准 | 环保卫生知识 ← 学
任务 → 设计 → 准备 → 实施 → 评价 → 延伸 → 学做结合
制订维护校园环境措施 | 准备清洁工具 | 校园卫生清洁 | 成果展示评价 | 自觉维护校园环境 ← 做</td></tr>
<tr><td>学习流程</td><td>活动内容</td><td>教师活动</td><td>学生活动</td></tr>
<tr><td>劳动任务</td><td>布置劳动任务</td><td>发放劳动任务书,明确劳动任务</td><td>学习数字教学资源,了解需要学习的知识和技能</td></tr>
<tr><td>劳动设计</td><td>制订维护校园环境措施</td><td>组织学生制定维护校园环境措施</td><td>学习维护校园环境相关知识,与学校一同制定维护校园环境措施</td></tr>
<tr><td>劳动准备</td><td>准备劳动用品</td><td>做好环境准备、物品准备、经验准备</td><td>协助教师或独立做好相关准备</td></tr>
<tr><td rowspan="2">劳动实施</td><td>任务1:维护校园卫生</td><td>组织学生清洁校园环境</td><td>在教师的组织下,完成任务1</td></tr>
<tr><td>任务2:维护校园文明</td><td>为学生讲解校园不文明行为</td><td>掌握学生行为规范,及时纠正校园中的不文明行为,完成任务2</td></tr>
<tr><td>劳动评价</td><td>成品展示与评价</td><td>组织学生展示劳动成果,评定学生成绩</td><td>展示自己的作品,根据自己评、同学评、教师评,评定学习成绩,填写评价表</td></tr>
<tr><td>劳动延伸</td><td>清洁校园卫生</td><td>组织本班学生完成校园环境清洁任务</td><td>学习维护校园环境相关知识,完成校园环境清洁任务</td></tr>
</table>

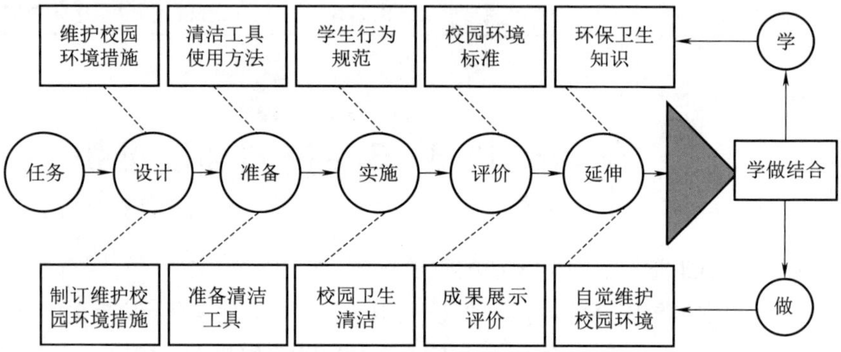

二、任务布置

表3-3-2 "校园环境维护"劳动任务书

<table>
<tr><td>学习情境</td><td colspan="3">校园环境维护</td></tr>
<tr><td>具体任务</td><td>知识点</td><td>技能点</td><td>教学案例</td></tr>
<tr><td>任务1:维护校园卫生</td><td>校园环境、校园卫生相关知识</td><td>制定维护校园环境措施</td><td></td></tr>
</table>

续上表

具体任务	知识点	技能点	教学案例
任务2:维护校园文明	1. 大学生行为规范。 2. 了解校园不文明行为	正确指出各种校园不文明行为	
任务要求	1. 劳动要求:学生需通过制定维护校园环境措施、进行校园清洁整理、纠正校园不文明行为,达到能够自觉形成维护校园人文、物质环境的意识,形成遵守校园规范的行动和习惯。 2. 操作要求:学生需掌握正确使用清扫工具的方法,掌握劝说校园不文明行为的技巧,避免造成争吵		

三、任务实施

任务1：维护校园卫生

引导问题1:你认为对于学校来说,需要制定哪些措施来保障校园环境?

____

____

____

【操作提示】

操作步骤1:讨论校园卫生责任区划分方案

师生共同讨论卫生责任区划分方案,明确责任人和卫生值日表,明确卫生清洁标准。

操作步骤2:校园清扫

学生划分为小组,按照卫生责任区划分区域,完成校园清扫任务。

任务2：维护校园文明

引导问题2:观看微课"校园环境维护",了解校园不文明行为都有哪些?

校园环境维护

____

____

【操作提示】

操作步骤1:学习规范

师生共同学习大学生行为规范,讨论校园中存在哪些不文明行为。如:不随地吐痰,不乱扔垃圾,做到垃圾入篓、袋装垃圾入桶,并提醒和制止乱扔垃圾的行为,随时拾起地面上的零星垃圾,扔进垃圾筒,确保地面干净;不在校园内吃口香糖等零食,更不乱扔、乱吐残渣废物;不在楼道、教室等场所进行激烈运动或推搡活动,不要把脚印、球印污迹印在墙壁上;爱护花草树木,不践踏草坪,不攀折树木;爱护校园公共设施和环境卫生,不乱贴乱画、随意践踏。

操作步骤2:安排值勤

安排学生以小组为单位在校园值勤,遇到不文明行为,及时劝说制止。

【知识链接】维护校园环境的措施

(1)以学习宣传为先导。通过校园广播、宣传栏、黑板报、主题班会等对师生进行卫生习惯的养成教育,使师生员工树立文明、卫生意识,创设优美、干净、整洁的校园环境。

(2)以活动为载体。在师生中广泛开展"校园环保行动""校园是我家,爱护靠大家""爱我校园,从我做起""弯弯腰、伸伸手,文明卫生一起走"等活动,杜绝乱扔杂物、乱吐口痰、乱泼污水等不良行为,倡导大家共同维护整洁文明的校园环境。

(3)以评比促成效。学校细化考评细则,实行一天一次检查,一周一次评比,各班设置表扬栏、批评角,及时曝光不良的卫生行为。大力开展"保洁卫士""劳动之星"等评选表彰活动,强化学生的文明、卫生意识。

(4)以榜样促成长。积极在全校范围内评选"文明之星"活动。分设"礼仪之星""勤学之星""守纪之星""环保之星""学习之星""自信之星""活动之星""劳动之星""生活之星""交往之星"等十个单项奖励。通过"文明之星"的评选,为学生树立"身边的榜样",激励广大同学向榜样学习。

四、任务评价

学生将劳动成果拍照,上传到指定位置,并进行简要介绍,请教师、同学检查,通过自评、互评、教师与家长评价相结合的方式完成评价,将评价结果填入表3-3-3。

表3-3-3 "校园环境维护"考核评价表

学生姓名: 小组名称: 班级:

类别	标准	等级(优、良、中、差)
劳动素养	1. 劳动态度积极认真,自理能力强,能主动帮助同学。 2. 具有自觉、诚信的劳动意识。 3. 养成健强的体魄和积极的意识劳动心态。 4. 具有安全意识,爱护劳动工具	
劳动成果	1. 校园干净整洁,无杂草、无杂物、无垃圾。 2. 校园文明和谐,无不文明现象和行为	
总体评价		
学习存在哪些问题?哪些技能需要进一步夯实: 考核评价人: 年 月 日		

五、任务延伸

结合本学习情境内容，自觉维护校园干净整洁，规范自身行为，将劳动过程拍摄成图片或视频上传到平台，并填写任务书。

表 3－3－4　“校园环境维护”生活化任务书

<table>
<tr><td>活动名称</td><td colspan="2">我为校园出份力</td></tr>
<tr><td>活动时间</td><td colspan="2">______年______月______日</td></tr>
<tr><td>活动项目</td><td colspan="2"></td></tr>
<tr><td>活动过程</td><td colspan="2"></td></tr>
<tr><td rowspan="3">活动感悟</td><td>收获</td><td></td></tr>
<tr><td>不足</td><td></td></tr>
<tr><td>改进措施</td><td></td></tr>
<tr><td>自我评价</td><td colspan="2">A. 优秀　　B. 良好　　C. 合格　　D. 不合格</td></tr>
</table>

学习情境 3－4　校园劳动实践周

设置校园劳动实践周是进一步强化劳动教育实践，实现学生自我教育、自我服务、自我管理的重要手段。在劳动实践周中，可设置校园美化岗位、行政事务实践岗位、文明引导岗位等，校园美化岗位负责校园绿化带、公共道路的清洁，行政事务实践岗位负责协助行政办公室、党工部、学生处等部门进行校园服务管理，文明引导岗位负责校园不文明行为巡查、校园禁烟引导等工作。

一、学习情境设计

根据校园劳动实践周的岗位设置，学生需要完成校园清洁、校园美化、服务管理实践、文明引导等任务，在真正的岗位工作中实现劳动价值，强化热爱劳动、尊重劳动、珍惜他人劳动成果的正确劳动观念，养成认真负责、诚实守信的劳动品质，培育敬业奉献的劳动精神。

表 3-4-1　“校园劳动实践周”学习情境设计

<table>
<tr><td>学习情境</td><td colspan="2">校园劳动实践周</td><td>学时建议:理论 2 学时 + 实践 28 学时</td></tr>
<tr><td>学习情境描述</td><td colspan="3">学生根据教师下发的学习任务书,服从岗位安排,掌握本岗位的工作标准,保质保量地完成劳动实践</td></tr>
<tr><td>学习环境要求</td><td colspan="3">总体环境:学校</td></tr>
<tr><td rowspan="3">学习目标</td><td>知识目标</td><td colspan="2">1. 掌握本校劳动实践周岗位设置。
2. 掌握各岗位任务内容。
3. 掌握劳动实践考核标准</td></tr>
<tr><td>能力目标</td><td colspan="2">1. 能够胜任各项任务。
2. 能够完成各岗位老师的任务,完成考核,拿到学分</td></tr>
<tr><td>素质目标</td><td colspan="2">1. 树立主动参与公共管理的意识,自觉自愿地参加劳动实践。
2. 培养认真负责的工作态度,养成积极健康的劳动习惯。
3. 培养价值工程和统筹的理念与意识,提高正确处理校园劳动实践周与工作、学习关系的能力</td></tr>
<tr><td>学习内容</td><td colspan="3">1. 校园劳动实践周岗位设置及岗位工作标准。
2. 校园劳动实践周考核评价</td></tr>
<tr><td>学习方式方法与组织形式</td><td colspan="3">1. 学习方式方法:演示教学法、任务驱动法、小组教学法。
2. 学习组织形式:根据劳动实践岗位设置,在教师的指导下,与同学合作完成劳动实践任务</td></tr>
<tr><td>学习要求</td><td colspan="3">1. 注意不同岗位的不同要求。
2. 能够胜任各个岗位要求。
3. 养成及时完成任务的习惯</td></tr>
<tr><td>学习过程设计</td><td colspan="3"> 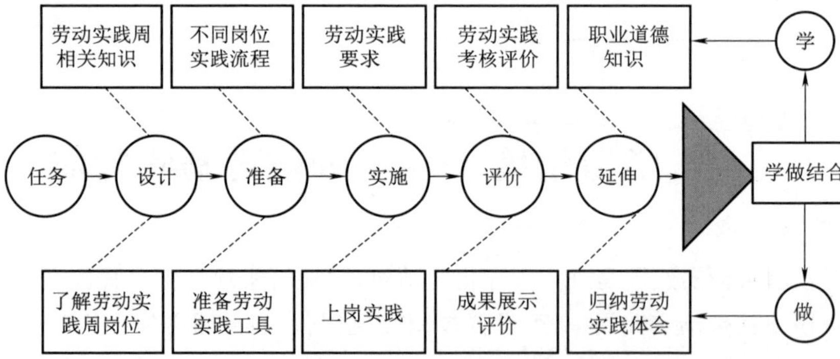劳动实践周相关知识
不同岗位实践流程
劳动实践要求
劳动实践考核评价
职业道德知识
学
任务
设计
准备
实施
评价
延伸
学做结合
了解劳动实践周岗位
准备劳动实践工具
上岗实践
成果展示评价
归纳劳动实践体会
做</td></tr>
<tr><td>学习流程</td><td>活动内容</td><td>教师活动</td><td>学生活动</td></tr>
<tr><td>劳动任务</td><td>布置劳动任务</td><td>发放劳动任务书,明确劳动任务;布置劳动实践岗位</td><td>学习数字教学资源,了解需要学习的知识和技能</td></tr>
<tr><td>劳动设计</td><td>任务 1:制订劳动实践岗位</td><td>讲授劳动实践知识,组织学生制订劳动实践岗位</td><td>学习劳动实践知识,与老师或他人研讨制订劳动实践岗位,完成任务 1</td></tr>
<tr><td>劳动准备</td><td>准备劳动用品</td><td>事前准备好工具,做好环境准备、物品准备、经验准备</td><td>协助教师或独立做好相关准备</td></tr>
<tr><td>劳动实施</td><td>任务 2:劳动实践考核评价</td><td>讲解劳动实践考核评价标准</td><td>学习劳动实践考核标准,完成任务 2</td></tr>
</table>

续上表

学习流程	活动内容	教师活动	学生活动
劳动评价	成品展示与评价	组织学生展示劳动成果,评定学生成绩	展示自己的劳动实践成果,根据自己评、同学评、教师评,评定学习成绩,填写评价表
劳动延伸	生活化劳动任务	鼓励学生将形成的劳动习惯带到日常生活学习中	将劳动技能和劳动习惯生活化,日常坚持校园服务

二、任务布置

表 3-4-2　“校园劳动实践周”劳动任务书

学习情境	校园劳动实践周		
具体任务	知识点	技能点	教学案例
任务 1:进入劳动实践岗位	劳动实践不同岗位任务说明	编制劳动实践岗位	
任务 2:劳动实践总结汇报	劳动实践考核评价标准	全面了解劳动实践考核标准	
任务要求	1. 劳动要求:学生需经历制定劳动实践岗位、了解劳动实践考核标准,达到能够独自胜任各个劳动实践岗位,提高工作能力。 2. 安全要求:学生在实践劳动中要服从教师的指导,做到安全规范劳动		

三、任务实施

任务1:进入劳动实践岗位

引导问题 1:观看微课“校园劳动实践周”,确认你最想在学校中体验的工作岗位。

校园劳动实践周

____

____

____

____

【操作提示】

操作步骤 1:认识劳动实践岗位

1. 认识校园美化岗位任务

校园内较大的树木、草坪、花坛的养护一般交由后勤处负责。学生在劳动实践中可以重点关注周边是否有纸屑果皮、包装袋等杂物,一经发现要及时清理,保证绿化带及周边的干净整洁。同时对公共道路上的瓜皮纸屑、包装袋以及道路缝隙处生长出来的杂草及时进行清理。

秋冬季节是部分植物产生落叶较多、枝叶枯死掉落的时节，在这个阶段需要及时清理绿化带和道路上的落叶、枯死掉落的树枝等。在完成用大扫把进行的集中清扫后，需再次进行细致的清理，尤其是要注意在道路产生开裂或者凹陷的缝隙处，用小扫把和夹钳清扫在其中沉积的灰尘和杂物。

学校为方便骑自行车的教职工及学生，专门设立自行车停放区，在对公共道路清洁整理时，应及时将自行车摆放到固定位置，如发现有长期无人认领的“僵尸车”，应上报后勤处对其妥善处理。

2. 认识行政事务实践岗位任务

行政管理助理工作的职责包括行政办公室、党工部、学生处、教务处、实践基地等科室的文件打印、教学楼管理、新闻宣传助理等。要求学生熟悉计算机操作，能熟练使用 Word、Excel 等办公软件，熟悉打印机、投影机、功放等多媒体设备的操作，及时为科室老师做好文件排版、打印、会场布置等工作；负责科室、教室、实训楼大门的开关，教学设备的开关工作，保障工作和教学活动正常有序进行；做好科室保洁和其他临时性任务。

宿舍管理助理工作的职责包括协助学生处、后勤处、保卫处做好学生公寓的管理和服务，提高学生公寓的服务水平。要求学生吃苦耐劳，认真配合宿管老师做好卫生保洁、安全检查、纪律抽查等有关工作；协助学生处做好“文明宿舍”的评比和复查工作；完成老师分配的其他工作任务。

3. 认识文明引导岗位任务

文明引导岗位人员在劳动实践中重点关注学生在教学楼、实训楼等校园公共场所内乱扔纸屑果皮、奇装异服、随地吐痰等不文明行为，一经发现要及时制止，保证校园的文明建设。

校园内任何角落均不得吸烟，要强化对校园内学生吸烟行为的检查，学生要以禁烟监督员的身份进行禁烟日常动态监督，对吸烟行为及时制止，并记录上报学生处。

操作步骤 2：进入劳动实践岗位

教师组织学生认领劳动实践岗位，按照各岗位职责进入劳动实践，完成劳动任务。在劳动实践周期间，学生的岗位工作由辅导员和岗位指导教师共同管理，学生因学习、生活、身体等原因不能继续参加原岗位工作的，需向学生处提交证明文件，学生处统一安排学生参与下学年的劳动实践。

任务2：劳动实践总结汇报

引导问题 2：通过劳动实践，你获得了哪些提升，哪些方面还需要改进？

____

____

【操作提示】

各小组进行劳动实践总结汇报。汇报分为劳动实践情况和经验分享两部分，每组汇报时间为 10 ~ 15 分钟，小组代表汇报结束后，其他成员可以补充。

四、任务评价

学生完成劳动实践总结汇报后，由辅导员、各岗位指导教师、同学点评，通过自评、互评、教师与家长评价相结合的方式完成评价，将评价结果填入表 3 - 4 - 3。

表 3-4-3　“劳动实践周”考核评价表

学生姓名：　　　　　　　　小组名称：　　　　　　　　班级：

类别	标准	等级(优、良、中、差)
劳动素养	1. 劳动态度积极认真,自觉遵守劳动纪律,按时到岗。 2. 培养自觉、诚信的劳动意识。 3. 养成合理安排时间的良好习惯。 4. 与同学团结协作,积极向指导老师学习	
劳动成果	1. 能胜任各个劳动实践岗位。 2. 掌握工作标准和流程,完整顺利地完成各项任务	
总体评价	若出现以下情况,可评定为不合格： 1. 不服从安排,不配合老师、同学工作,对工作不认真,对劳动实践造成严重影响。 2. 私自占有或损坏公共财物。 3. 不按时到岗,不能履行工作职责	
总体评价		
学习存在哪些问题？哪些技能需要进一步夯实： 考核评价人： 年　　月　　日		

五、任务延伸

结合本学习情境内容,养成自觉参与校园劳动实践的习惯,积极参加校园志愿服务,将参与志愿服务的过程拍摄成图片或视频上传到平台,并填写任务书。

表 3-4-4　“校园劳动实践周”生活化任务书

活动名称	我的劳动实践	
活动时间	________年________月________日	
参与岗位名称		
活动过程		
活动感悟	收获	
	不足	
	改进措施	
自我评价	A. 优秀　　B. 良好　　C. 合格　　D. 不合格	

学习情境3-5　勤工助学

勤工助学是学校资助学生的重要组成部分,学生在学校的组织下,利用课余时间,通过劳动取得合法报酬,用于改善学习和生活条件,是增强学生自立自强意识、提高综合素质和能力的劳动实践活动。

一、学习情境设计

根据教育部大学生资助政策和学校管理规定,学生可自愿申请勤工助学岗位,经过学校审批后承担校园真实岗位工作,并获得相应报酬。本学习情境为学生选修项目,学生可根据自己的实际情况选学。

表3-5-1　"勤工助学"学习情境设计

学习情境	勤工助学	学时建议:根据实际需求
学习情境描述	学生根据教师下发的学习任务书,以个体为基本单元完成	
学习环境要求	总体环境:学校	
学习目标	知识目标	1. 勤工助学含义。 2. 勤工助学岗位。 3. 申请勤工助学流程
	能力目标	1. 让学生体会劳动的价值。 2. 感受父母挣钱的不易
	素质目标	1. 树立为学校服务意识。 2. 形成自食其力、劳动光荣的劳动意识和积极健康的劳动习惯。 3. 培养价值理念,提高正确处理劳动与工作学习关系的能力。 4. 实现自我价值的提升
学习内容	1. 学校勤工助学含义。 2. 勤工助学岗位设置。 3. 申请勤工助学流程。 4. 应对勤工助学中的侵权行为	
学习方式方法与组织形式	1. 学习方式方法:演示教学法、任务驱动法、小组教学法。 2. 学习组织形式:在老师、同学协助下完成勤工助学申请流程,独立完成岗位工作	
学习要求	1. 勤工助学过程中注意用电、用水安全。 2. 能够正确应对勤工助学侵权行为	
学习过程设计	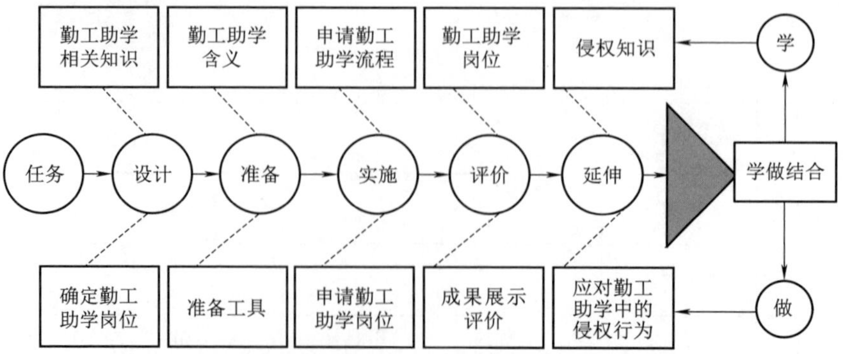 勤工助学相关知识　勤工助学含义　申请勤工助学流程　勤工助学岗位　侵权知识　学 任务 → 设计 → 准备 → 实施 → 评价 → 延伸 → 学做结合 确定勤工助学岗位　准备工具　申请勤工助学岗位　成果展示评价　应对勤工助学中的侵权行为　做	

续上表

学习流程	活动内容	教师活动	学生活动
劳动任务	布置劳动任务	发放劳动任务书,明确劳动任务	了解需要学习的知识和技能
劳动设计	确定勤工助学岗位	讲授勤工助学含义,组织学生确定勤工助学岗位	学习勤工助学知识,与学校研讨制订勤工助学岗位
劳动准备	准备劳动用品	事前做好环境准备、物品准备、经验准备	协助教师或独立做好相关准备
劳动实施	任务1:申请勤工助学岗位	讲解勤工助学岗位,帮助学生完成岗位申请	学习勤工助学知识,掌握勤工助学申请流程,完成任务1
	任务2:勤工助学实践	指导学生日常劳动	掌握岗位工作技能,完成任务2
劳动评价	成品展示与评价	组织学生展示劳动成果,评定学生成绩	展示自己的申请流程,根据自己评、同学评、教师评,评定学习成绩,填写评价表
劳动延伸	勤工助学实践	为学生提供咨询服务,对学生进行劳动指导	根据自身需求申请勤工助学劳动实践

二、任务布置

表3-5-2 “勤工助学”任务书

学习情境	勤工助学		
具体任务	知识点	技能点	教学案例
任务1:申请勤工助学岗位	1. 勤工助学含义。 2. 勤工助学岗位。 3. 勤工助学申请流程	申请勤工助学岗位	
任务2:勤工助学实践	1. 各岗位工作标准。 2. 劳动纪律	各岗位工作技能	
任务要求	1. 劳动要求:学生需经历确定勤工助学岗位、申请勤工助学的过程,达到能够独立申请勤工助学岗位的能力。 2. 安全要求:学生在勤工助学过程中,需注意用电、用水安全		

三、任务实施

任务1:申请勤工助学岗位

引导问题1:观看微课“勤工助学”,了解如何申请勤工助学岗位。

____

____

____

____

勤工助学

【操作提示】

操作步骤1:认识勤工助学岗位

勤工助学是学生资助工作的重要组成部分,是帮助家庭经济困难学生完成学业的有效途径,是实现全程教育、全方位育人的有效平台。同学们可以利用课余时间,通过劳动取得合法报酬,改善学习和生活环境。勤工助学岗位一般有:

(1)日常维护岗位。如打扫教室、办公室卫生;在图书馆协助图书管理人员整理图书及打扫卫生;实训室管理与日常维护;图文信息中心维修电脑等。

(2)留校实习岗位。如党政办公室助理、辅导员助理、学生处助理、工会健身房助理等。

操作步骤2:申请勤工助学岗位

申请勤工助学岗位的流程包括:

(1)个人申请。学生处发布岗位,学生向辅导员或班主任提交申请,填写学院勤工俭学用工申请表。

(2)学院审核。各院系根据申请学生实际情况进行审核推荐,经确认后在申请表上签署意见并加盖学院公章。

(3)审批上岗。学校根据审批岗位数确定最终人员名单,在申请表上签署意见并加盖学生处公章。

任务2: 勤工助学实践

引导问题2:你的工作岗位是什么,该岗位工作职责是什么?

____

____

____

【操作提示】

操作步骤1:认识岗位工作职责

到岗后,要认真听取负责人对岗位职责的介绍和对工作的安排,了解自己的工作时间、工作内容以及各工作任务的工作标准和流程。

操作步骤2:履行岗位工作职责

在勤工助学期间,要正确处理好学习与工作的关系,做好时间管理、学习管理和工作管理,不能因勤工助学影响学业。工作中要严格遵守劳动习惯,按时上下班,服从指导教师的管理,掌握本岗位工作技能,按照岗位工作标准保质保量地完成工作任务。

四、任务评价

学生将勤工助学照片上传到指定位置,请教师同学进行评价,通过自评、互评、教师与家长评价相结合的方式完成评价,将评价结果填入表3-5-3。

表 3-5-3　"勤工助学"考核评价表

学生姓名：　　　　　　　小组名称：　　　　　　　班级：

类别	标准	等级(优、良、中、差)
劳动素养	1. 劳动态度积极认真,遵守劳动纪律,按时上下班。 2. 具有自觉、诚信的劳动意识。 3. 养成合理安排时间的良好习惯。 4. 具有安全和质量意识,爱护公共设施	
劳动成果	1. 能够完成本岗位的任务。 2. 能够服从管理,按时交接工作。 3. 工作质量合格,符合岗位标准	
总体评价		
学习存在哪些问题？哪些技能需要进一步夯实： 考核评价人： 年　　月　　日		

五、任务延伸

结合本学习情境内容,结合自身实际,自愿申请勤工助学工作,将劳动过程拍摄成图片或视频上传到平台,并填写任务书。

表 3-5-4　"勤工助学"生活化任务书

活动名称	我的勤工助学劳动实践	
活动时间	______年______月______日	
活动项目		
活动过程		
活动感悟	收获	
	不足	
	改进措施	
自我评价	A. 优秀　　B. 良好　　C. 合格　　D. 不合格	

模块四

职业劳动

劳动任务描述

职业是人类劳动过程中由于社会分工而产生的不同劳动形式，是人利用专门的知识和技能，为社会创造物质财富和精神财富，获取合理劳动报酬，作为物质生活来源并满足精神需求的工作。各个职业的劳动对象、劳动工具、劳动流程、劳动标准有其不同的特点，大学生职业劳动教育的目的，是让学生紧跟产业发展和企业需求，经历劳动创造物质财富和精神财富的过程，掌握各职业特有的知识技能，把握新时代劳动工具、劳动技术、劳动形态的新变化，增强职业认同感、荣誉感和责任感，树立正确的择业、就业、创业观念，培育自立自强、爱岗敬业、创新奋斗的劳动精神。

学习情境4-1　岗位实习

岗位实习是学生到企业进行跟岗实习、顶岗实习的统称，是学生强化岗位知识技能，胜任岗位真实劳动任务，适应企业劳动环境的必要途径。学生进入岗位实习前要经过系统的培训，掌握必备的知识技能和岗位工作标准，实习过程中要在实践指导教师的指导下认真履行岗位职责，实习结束后要认真反思，提升职业认知、精炼职业技能、固化职业精神、养成职业习惯。

一、学习情境设计

根据岗位实习的教育目标，学生需要牢固掌握岗位的知识、技能和劳动规律，亲身经历物质财富和精神财富的创造过程，体验从简单劳动向复杂劳动、创造性劳动的发展过程，掌握新技术、新方法，使自身具备职业劳动所需要的设计、操作、创造和团队合作能力，达到提升劳动能力、培育劳动精神、养成良好职业素养的教育目标，使学生成为能够胜任各行各业生产建设任务的社会主义建设者和接班人。

表 4-1-1　“岗位实习”学习情境设计

学习情境	岗位实习	学时建议：岗前 2 学时 + 岗位劳动 + 总结评价(2 学时)
学习情境描述	学生根据教师下发的劳动任务书，从认识顶岗实习、查阅教育部关于顶岗实习的相关规定开始，深入了解顶岗实习的工作内容与相关安全规定及标准，能够快速融入工作岗位，独立、完整、规范地完成岗位工作任务	
学习环境要求	岗前培训、总结评价：多媒体教室。 岗位劳动：企业真实环境	
学习目标	知识目标	1. 岗位实习相关概念及教育部规定。 2. 岗位工作职责和工作标准。 3. 岗位安全标准和安全事故的主要成因与防范。 4. 快速融入工作岗位的方法与基本原则
	能力目标	1. 能够认识岗位实习的重要意义，服从学校和企业的安排及管理。 2. 能够按照工作职责和标准完成工作任务。 3. 能够正确防范和处理工作中的安全隐患与安全事故
	素质目标	1. 树立岗位、薪资与专业发展的正确认知和正确的职业价值观。 2. 培养精益求精的职业精神和扎实肯干、爱岗敬业的工作态度。 3. 培养工作安全意识和职业个人防护意识。 4. 增强团队意识，培养团结合作精神
学习内容	1. 国家、省市、学校关于学生实习的规定。 2. 本岗位工作职责和工作标准。 3. 岗位实习主要内容与安全防护。 4. 快速融入工作岗位的方法与技巧。 5. 合同法和实习维权有关法律规定	
学习方式方法与组织形式	1. 学习方式方法：任务驱动法、小组教学法。 2. 学习组织形式：与他人研讨制订工作计划并收集、查阅顶岗实习相关文件，在指导教师的指导下完成岗位工作任务	
学习要求	1. 熟悉教育部有关顶岗实习的相关规定。 2. 能够正确防范和处理工作中的安全隐患与安全事故。 3. 注意团队协作，养成团结协作的工作作风。 4. 实习中保持与学校指导教师和企业实践指导教师的密切联系，有问题及时寻求帮助和指导	
学习过程设计	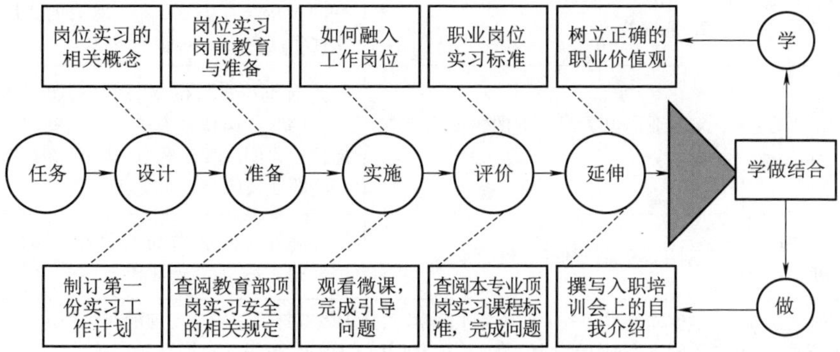 岗位实习的相关概念 岗位实习岗前教育与准备 如何融入工作岗位 职业岗位实习标准 树立正确的职业价值观 学 任务　设计　准备　实施　评价　延伸　学做结合 制订第一份实习工作计划 查阅教育部顶岗实习安全的相关规定 观看微课，完成引导问题 查阅本专业顶岗实习课程标准，完成问题 撰写入职培训会上的自我介绍 做	

续上表

学习流程	活动内容	教师活动	学生活动
劳动任务	布置任务	发放劳动任务书,明确任务:岗位实习	学习数字教学资源,掌握知识和技能点
劳动设计	制定岗位实习计划	联系企业,制定岗位实习计划	与老师、同学研讨制订个人实习工作计划
劳动准备	任务1:岗前教育培训	讲授顶岗实习的相关概念,组织学生撰写实习工作计划。准备岗位实习的相关资料,包括教育部网站、顶岗实习制度相关文件与文献资料	查询顶岗实习相关资料,补充知识和技能点,做好经验准备和心理准备,完成任务1
劳动实施	任务2:融入工作岗位	教授快速融入工作岗位的方法与基本原则	学习如何在职场树立个人形象,学会职场交往,了解职场礼仪,完成任务2
	任务3:掌握项岗实习标准	引导学生学习教育部颁布的《职业学校专业(类)顶岗实习标准》中的相关规定	学习《职业学校专业(类)顶岗实习标准》中的相关规定,查阅本专业顶岗实习课程标准,明确工作岗位标准,独立完成问卷,完成任务3
	任务4:树立正确的职业价值观	教授职业岗位与个人价值的关系,顶岗实习单位如何选择	通过学习,建立顶岗实习的全面认知,转变个人职业价值观,做好岗前心理准备,完成任务4
劳动评价	展示与评价	组织学生展示劳动成果,评定学生成绩	展示劳动成果,根据自己评、同学评、教师评,评定学习成绩,填写评价表
劳动延伸	日常岗位实习任务	指导学生日常岗位实习,帮助学生顺利完成任务	完成日常岗位实习任务

二、任务布置

表 4-1-2 "岗位实习"劳动任务书

学习情境	认识岗位实习		
具体任务	知识点	技能点	教学案例
任务1:岗前教育培训	1. 国家、省市、学校关于岗位实习的相关规定。 2. 实习生管理制度。 3. 实习安全规定	1. 制定岗位实习个人工作计划。 2. 能够正确防范和处理工作中的安全隐患与安全事故	
任务2:融入工作岗位	1. 岗位工作职责和工作标准。 2. 职场礼仪	树立正确的人际交往意识,掌握良好的人际交往方法,营造融洽的人际交往氛围	融入团队,别当自己是"路人甲"
任务3:掌握顶岗实习标准	本专业岗位实习标准的主要内容与特点	查询本专业岗位实习标准,明确本专业的实习岗位都有哪些?这些实习岗位包含的主要工作任务是什么?有哪些职业技能与素质要求?	《职业学校专业(类)顶岗实习标准》
任务4:树立正确的职业价值观	选择实习岗位的一般性原则	正确处理职业、岗位与薪酬、兴趣等因素的关系,能够理性择业	
任务要求	学生需通过任务1到任务4的学习,熟悉教育部关于岗位实习的相关规定。 了解本专业工作岗位的工作内容与相关标准。能够正确防范和处理工作中的安全隐患与安全事故。树立岗位、薪资与专业发展的正确认知和正确的职业价值观。增强团队意识,培养团结合作精神		

三、任务实施

任务1：岗前教育培训

引导问题1：观看微课“顶岗实习”，回答什么是顶岗实习？

顶岗实习

引导问题2：常见的安全事故类型有哪些？如何预防安全事故的发生？

操作步骤1：认识顶岗实习

顶岗，顾名思义就是顶替企业正式员工的具体工作岗位。顶岗实习是指职业院校按照专业培养目标要求和教学计划安排，组织在校学生到企事业等用人单位的实际工作岗位进行的实习。顶岗实习是职业院校学生在真实的工作环境中以准员工的身份从事生产性工作，承担实际工作岗位的责任和义务，履行实际工作岗位职责的一种教学活动。

顶岗实习是职业学校学生实习的一种形式。在2021年教育部等八部门颁发的《职业学校学生实习管理规定》中将职业学校学生实习描述为：“职业学校学生实习是指实施全日制学历教育的中职学校、高职专科学校、高职本科学校（以下简称职业学校）学生按照专业培养目标要求和人才培养方案安排，由职业学校安排或者经职业学校批准自行到企（事）业等单位进行职业道德和技术技能培养的实践性教育教学活动，包括认识实习和岗位实习。”

认识顶岗实习是指学生由职业学校组织到实习单位参观、观摩和体验，形成对实习单位和相关岗位的初步认识的活动。

岗位实习是指具备一定实践岗位工作能力的学生，在专业人员指导下，辅助或相对独立参与实际工作的活动。

【知识链接】

信息名称： 教育部等八部门关于印发《职业学校学生实习管理规定》的通知
信息索引： 360A07-06-2022-0001-1　**生成日期：** 2022-01-17　**发文机构：** 教育部等八部门
发文字号： 教职成〔2021〕4号　**信息类别：** 职业教育与成人教育
内容概述： 教育部等八部门印发《职业学校学生实习管理规定》。

教育部等八部门关于印发《职业学校学生实习管理规定》的通知

教职成〔2021〕4号

各省、自治区、直辖市教育厅（教委）、工业和信息化厅（经济信息化委）、财政厅（局）、人力资源社会保障厅（局）、应急管理厅（局）、国资委、市场监管局（厅、委），新疆生产建设兵团教育局、工信委、财政局、人力

2021 年,教育部、工业和信息化部、财政部、人力资源和社会保障部、应急管理部、国务院国资委、市场监管总局、中国银保监会联合印发了新修订的《职业学校学生实习管理规定》(以下简称《规定》)。该《规定》是在 2016 年教育部等五部门联合印发的《职业学校学生实习管理规定》基础上进行的修订,在总原则、实习组织、实习管理、实习考核、安全职责、附则共 6 章内容基础上,增加了两章,增加了 11 条内容,共 8 章 50 条。2021 年修订版《职业学校学生实习管理规定》进一步强调了学生实习的本质是教学活动,是实践教学的重要环节,既是专业学习和技术技能训练的必备途径,也是锤炼意志品质、提前熟悉岗位、引导融入社会的重要方式。

操作步骤 2:做好顶岗实习前的准备

顶岗实习前的准备工作主要包括以下三个方面:

1. 知识技能方面的准备

(1)理论知识准备。实际上理论知识才是正确指导实践的法宝。

(2)专业知识准备。专业知识是学生走向社会、立足社会、服务社会的资本。

(3)取得证书的准备。每个同学在毕业前一定要扎扎实实学好专业课,熟练掌握 1 ~ 2 项技能,考取几本职业资格证。这是因为职业资格证是用人单位招聘、录用劳动者的主要依据,是市场就业的通行证。

2. 心理素养方面的准备

(1)做好转变的准备。大部分人在进入一个新的环境时,都面临着适应问题。对于毕业生而言,需要面临学生到员工、学习到工作的转变。对这个过程及早进行心理调适,可以尽快度过职业适应期。

(2)做好吃苦的准备。学生在学校的生活状态和在企业的生活状态是完全不一样的。大多数学生在学校的生活状态是丰衣足食,而在企业的生活状态则是劳动强度大,劳动时间长,加班频率高。实习期间,学生除了休息时间基本上都在工作。学校的舒适和企业的辛苦会形成鲜明的对比。

(3)做好合作的准备。部分学生在顶岗实习期间表现十分突出,无论是综合素质还是知识技能都让一部分工作消极、技术水平欠佳的在职员工感到压力。对此,同学们在实习期间一定要保持低调,记住三句话:团结能人干大事,团结好人干实事,团结小人不坏事。

(4)不要指望一步登天。欲速则不达,任何事情都不可能一蹴而就,每个人的成功都是一步步走过来的。

(5)告诉自己,永不放弃。成功在于坚持,坚持到底就是胜利。任何成绩的取得,事业的成功,都源于人们不懈的努力和执着的探索追求。

3. 礼仪常识方面的准备

在顶岗实习过程中,一定要具备一定的礼仪常识,例如,工作时应按要求着装,不能染奇怪颜色的头发,不能浓妆艳抹等。职业院校学生去实习不仅代表的是个人,而且代表的是学校和大学生的形象,代表的是未来工匠的形象,所以言谈举止都要按照准员工的标准要求自己。企业都喜欢谦虚的、好学的、稳重踏实的学生去实习,因此职业院校学生一定要提前了解工作岗位的着装、称谓等相关知识,这样才会使顶岗实习有所收获。

操作步骤 3:做好岗前教育的实施

顶岗实习前的教育主要包括制度教育和安全教育两方面。

1. 制度教育

在顶岗实习中,学生具有双重身份,既是一名学生,又是企业顶岗的一名员工。要服从学校和企业对岗位实行的双重管理。顶岗实习的相关制度既包括由企业制定的制度,也包括由学校制定的制度,既有工作制度,也有学习和生活制度。无以规矩不成方圆,全面合理的制度保障是顶岗实习顺利进行的前提,因此在参加顶岗实习前,必须要熟悉学校和企业的相关规章制度,在顶岗实习过程中也要严格遵守这些规章制度。

2. 安全教育

在顶岗实习中,如果出现安全问题,可能会给学生本人及其家庭造成无法挽回的损失,也会给实习单位带来一定的经济损失,影响顶岗实习的正常秩序。

1)职业安全的内涵与类别

职业安全又称工业安全,是一种跨领域学科,横跨自然科学与社会科学。对于工作者的危害依据暴露源可区分为:(1)化学性,包括接触化学溶剂或是吸入有毒气体,如尘肺病、氯气中毒、腐蚀性药剂灼伤、缺氧。(2)物理性,包括掉落摔伤、重物砸伤,锅炉及压力容器爆炸伤害、电击伤害。(3)人机工程性,包括座椅器械设计不良引发工作者肌肉骨骼疾病。(4)感染性,包括病毒、细菌使医护人员因工作感染相关疾病。(5)社会心理危害,包括职场暴力、性骚扰、工作压力引发过劳死、精神疾病等。

2)安全事故发生的一般原因

引发顶岗实习安全事故的原因有很多,主要表现在以下三个方面。

(1)学生不按操作规程进行操作,引发安全事故。在顶岗实习过程中,学生因学习不努力,专业能力欠缺,意识不到一些操作细节会带来安全隐患,导致没有正确操作设备或对企业生产流程、设备操作规程不熟悉,没有按照规程操作或错误操作,从而引发安全事故。

(2)设备存在安全隐患,引发安全事故。某些企业片面追求利润最大化,不进行设备更新,造成设备老化,加之赶进度、管理缺失、没有定期进行安全检查和检修,从而造成机械设备、设施发生故障,引发安全事故。

(3)安全管理不到位,促使安全事故发生。由于学校和企业安全管理不到位,存在某些漏洞,如缺乏对学生心理或生活上的关心,导致未能及时发现和解决学生在心理上和生活上存在的问题,致使学生工作情绪受影响,从而引发安全事故。

3)安全事故的防范

防范安全事故的发生最重要的一条就是遵章守纪。职校学生在顶岗实习期间,必须认真遵守学校、企业、国家的各项法律法规和各项管理制度,只有这样才能有效预防事故发生,保证顶岗实习顺利进行。

(1)明确生产实习任务,遵守安全操作规程。工作中要积极主动,遵守纪律,服从实习指导老师的工作安排。对重大问题要先向实习指导老师反映,共同协商解决,不得擅自处理。应认真执行岗位安全操作细则,防止刀伤、碰伤、砸伤、烫伤、踩空跌落及身体被卷入转动设备等人身事故和设备事故发生。在操作设备前,必须全面检查设备有无异常,严格遵守特种设备管理制度,禁止无证操作。按章作业,搞好岗位安全文明生产,发现隐患及时上报。及时清理杂物、油污和物料,切实做到安全消防通道畅通无阻。

(2)人身和财产安全。要有预防意识,要保持良好的防护习惯,要留心观察身边的人和事,及时规避可能发生的侵害，如火灾、盗窃、交通意外等。积极预防不法侵害的发生，发生案件或危险时要快速、准确、实事求是地报警求助。

(3)参加保险，提升应对能力。学校和实习单位应根据国家有关规定，为实习学生投保实习责任保险。责任保险范围应覆盖实习活动的全过程，包括学生实习期间遭受意外事故及由于被保险人疏忽或过失导致的学生人身伤害、被保险人依法应承担的责任以及相关法律费用等。

【知识链接】

顶岗实习的相关制度

1. 顶岗实习工作制度

不同企业、不同工作岗位有着不同的制度要求，职业学校学生顶岗实习前要认真接受相关的岗前培训，详细了解企业的生产管理规章，按章工作，并要特别注意以下几点：

(1)服从管理：在顶岗实习中要服从实习单位的安排，自觉接受企业领导和企业导师的管理与指导。若对工作安排、生活、实习待遇等有不同意见，要通过学校或职业导师与企业沟通，协商解决。

(2)遵守纪律：在顶岗实习期间，要严格遵守学校和实习单位的工作纪律及各项规章制度，积极参加学校和实习单位组织的文化教育及相关培训活动。

(3)按章工作：在顶岗实习期间，要牢记安全第一，要认真学习和掌握所在岗位的操作规程，严格按照安全操作规程和规范进行操作。未经批准不得擅自操作。

(4)保守机密：在顶岗实习期间，要遵守实习单位的保密制度，严禁将企业的生产、销售等商业信息用作他用或者作为自己的资源进行商业活动，更不能出卖企业的商业机密。

(5)做好记录：在顶岗实习期间，要认真做好实习工作记录，对实习情况进行记录和总结，按时填写学生顶岗实习日志。

2. 顶岗实习生活制度

在顶岗实习中，大部分职业学校学生会远离学校，远离家庭，生活会有诸多不便，要学会合理安排生活，适应生活。严格遵守学校和企业制定的各项规章制度，加强防范，远离危险源，确保生命财产安全。

(1)不要擅自活动。集中学习的学生要服从所在地学生组织和实习单位的统一管理。工作之余不要擅自外出，外出时尽量和同学、同事结伴出行，严禁到江河、湖泊、水库等地点游泳。

(2)管好随身物品。在顶岗实习期间要保管好自己的财物，不要将贵重财物带到实习地点。随身所带现金不可太多，并保管好自己的各种证件。

(3)遵守交通规则。在顶岗实习期间要遵守交通规则，确保交通安全，避免交通事故发生。

(4)确保住宿安全。在顶岗实习期间，实习单位统一安排住宿。要按照实习单位的要求集中住宿，如有特殊情况需要在外租房的学生，需要向学校提出书面申请，得到学校和家长的同意后方可租房。

(5)遵守社会道德。在顶岗实习期间要严格遵守国家的法律法规，自觉遵守公民道德规范。不得酗酒、打架斗殴、赌博、吸毒，不得传播、复制、贩卖非法书刊和音像制品，不得参与非法传销和进行邪教、封建迷信活动，不得从事或参加有损学校声誉和社会公德的活动。

3. 顶岗实习学习制度

(1)在顶岗实习期间，除了顶岗工作外，学生还要完成有关课程、毕业设计等学习任务，此项工作由学校安排专业导师负责。在实习前，专业导师布置学习任务，发放课程教学指南，指导学生选定毕业设计题目。学生在顶岗实习期间,根据专业导师的安排,认真学习,按时完成相关课程和毕业设计,以便专业导师按时进行考核评定和成绩录入。

(2)顶岗实习的学生远离学校,相对分散,与在校学生相比管理难度大,因此保持通信通畅,加强联系是顶岗实习管理所必须的。在顶岗实习期间,应至少每周向专业导师汇报一次实习情况,经常查看学校网站,密切关注学校的各类信息。联系方式和通信地址发生变化时,一定要及时告知专业导师,并保证联系方式正确有效。

(3)顶岗实习是教学的必修环节,考核合格可以获得相应学分,不可以由其他学分来代替。顶岗实习不合格的学生不能毕业,并由学校另行安排实习,直到考核合格。

操作步骤4:制定个人工作计划

以撰写日记的形式把对学校组织岗位实习的真实感受写下来,并编制一份工作计划:

今天,我参加了学校组织的学生顶岗实习动员大会,我深有感触。我的专业是________,我顶岗实习的单位是____________,我感到我能在新的工作岗位上运用我的专业中的____________、____________、____________等专业技能,我觉得我能够胜任此项工作。

我的工作计划

新的一天,新的开始,我要以崭新的面貌迎接我的第一份工作。

1. ____
2. ____
3. ____
4. ____
5. ____
6. ____

写日记是一种沉浸思维的方式,能让人思考人生和生活,学会自我反省。这对于刚刚步入职场的人来讲,是一种很好的沉淀方式。一份工作计划,哪怕只有几行字,也能清晰地把工作分成几大项,合理安排好各项工作时间,分清主次,讲求工作效率。做事之前有规划,可以找到工作的切入点,刚刚接触实际工作的同学们还可以通过工作计划找到工作中存在的盲点。

任务2: 融入工作岗位

【案例导入】

融入团队,别当自己"路人甲"

小李从一所名牌大学国际贸易专业毕业后,进入一家外贸公司的业务部上班。

每天中午下班后,大家都去写字楼下面的饭馆吃饭。公司员工都有门卡,为了保证公司及个人财务的安全,大家走出公司的时候,都能做到随手关门,但是每次小李都会忘记关门。很多同事提醒过他,他依然不理不睬。他心想,你们自己的东西不注意保管,即使失窃了,关我什么事?

一天中午下班后,小李在微信上和大学同学聊了一会儿,然后才出去吃饭。他是公司那天中午最晚出去的,他像往常一样走出公司,没有关公司的大门。他自己倒有安全意识,出去的时候背着挎包、手机、钱包,甚至连手提电脑都装在里面。就在大家出去吃饭的时候,一个小偷溜进公司,偷走了一些员工的现金,还有办公桌上的两台笔记本电脑和几部手机。报警后,公司老总和警察一起查看走廊上的摄像记录。老总看到小李大模大样走出办公室的时候，居然大门都不关，十分恼火，觉得这个员工实在太自私了，没有一点儿集体观念。

一个国外老客户发传真急要一批货，为了赶时间，下班后销售部的全部员工紧急加班包装货物，然后装进公司的卡车，及时运往海关。大家见销售部的同事忙得大汗淋漓，都主动过去帮忙。小李经过销售部的时候，见销售部这么多人在忙活，只是伸头看了一眼，就一言不发地继续往电梯走。一个同事追过来提醒小李"大家都在销售部帮忙……"小李却说"现在已经下班了，工作之外的时间，归我支配"。

小李当初进这家贸易公司的时候，公司只有二十多人，公司为了加强凝聚力，有个不成文的规定，每个员工生日那天，公司老总会带大家一起去附近的饭店聚餐，算是给这个员工过生日。这个举措能够促进员工之间的团结，又体现了公司对员工的关心，因此很受大家欢迎。尽管其他员工对这个不成文的规定非常拥护，但小李觉得这个规定有些霸道，生日聚餐一般安排在下班后，很耗时间，影响自己每天晚上在家练瑜伽，于是在别的同事过生日时，小李依然照常回家。开始的时候还有同事提醒，小李却总是说"我还有事，我先走了"。提醒几次之后，大家明白小李是存心不参加生日聚会，于是不再提醒他了。

因为小李平时不把自己融入公司，一直把自己当成独来独往的路人甲，所以大家很快就纷纷疏远了他，小李工作上需要别的同事支持和配合的时候，大家也借口忙而不愿意伸出援助之手。渐渐地，小李的工作陷入非常被动的状态，工作业绩也越来越糟糕，不久后小李就被公司辞退了。

在职场中，不管你的个人能力有多强，都不要把自己孤立在团队之外，因为你是职场团队中的一员，是集体的一分子，绝不是马路上独立行走的路人甲。

引导问题3：看完小李的遭遇，你认为小李的做法妥当吗？如果是你，你会怎么做？

____

____

引导问题4：顶岗实习期间，如何才能快速融入团队？快速适应工作岗位？

____

____

【操作提示】

应对工作和生活有一个认真的态度。认真观察身边的人，记住他们的特点是融入工作岗位的第一步。

操作步骤1：在职场留下良好的个人印象

1. 树立良好的第一印象——让别人记住你

良好的开端是成功的一半。在顶岗实习期间，首先要给实习单位留下良好的第一印象。如果在开始的时候不能给别人留下好印象，以后会更加困难。因此要特别注意个人着装打扮，按时上下班，遵守单位的规章制度等，这不仅是个人习惯问题，也反映了一个人的素养。

想要给领导和同事留下一个好印象，应表现得勤奋、谦逊。要准时上班，尽量早到，给自己所在的工作环境做一些基本的打扫和清洁工作。要学会在实习单位里正确称呼领导、同事、客户。尽快记住所有部门每个人的名字,熟记他人的名字能让你获得他人的好感。此外,还要尽快掌握实习单位常用设备的基本使用方法。

在实习时要主动工作,善于沟通。做到"眼勤、脑勤、手快、脚快、耳灵"。从基础做起,从杂事做起,对任何工作不挑剔,对大事小事都力求做到最好。力争让同事和领导喜欢你,认可你,甚至离不开你。

2. 虚心求教——让别人接纳你

不论你的前辈和同事是什么学历,什么背景,他们都是你的师傅。所以实习生一开始要将工作重心放在如何与他们交流和沟通上,虚心求教。只要以诚恳的态度向他们求教,他们一定会愿意为你解答和指导。就算他们对你冷若冰霜,你也一定要尽可能保持微笑,让他们慢慢地愿意和你交流,并最终接纳你。不管你在学校如何优秀,如何有潜力,千万不要高估自己的能力,或总想证明自己比同事懂得多,更能干,以免引起领导和同事的排斥与反感。

3. 不计得失——让别人喜欢你

不计得失,会工作得更快乐,同事和领导会更加信赖和喜欢你,对今后的发展会更为有利。我们是新人,就算我们和别人付出一样多的辛苦,得到的待遇不同也很正常。毕竟前辈为单位付出了比我们更长的时间,更多的心血,我们必须要摆正心态。

4. 发扬创新精神——让别人重视你

理论知识丰富,思维敏捷,善于思考,易于接受新生事物是我们的特长,而这些正是发扬创新精神的重要基础。因此在实习期间一定要多向同事学习,以缩短适应期,减少盲目性,从而更快的进入工作角色,用自己的创造性思维在工作中展示自己的才华,让别人重视你。

5. 重视团队合作——让团队包容你

一个公司所需要的不仅是能够胜任此岗位的员工,还需要他们的团队协作精神和集体荣誉感。因此在实习过程中要真诚对待和信任团队的每一个成员,积极主动地融入团队中。

一起参加顶岗实习的同学构成了一个团队,同学们的表现不仅代表个人,更代表学校的形象,因此要树立集体荣誉感,为学校树立良好的形象,这样才能促进学校各项事业的良好发展,有利于学生个人的职业发展。

操作步骤 2:在职场交往中学会正确相处

1. 调整心态——树立正确的人际交往意识

学生自我意识较强,从相对单纯的学校环境来到错综复杂的社会环境里,很容易感到不适应,这种不适应主要表现为:生存和竞争意识不强,独立生活能力、人际交往能力较差;对企业和社会估计过高,进入实习岗位后容易产生心理落差;心理承受能力不够,容易产生逃避心理;普遍缺乏与人沟通交流的方法和技巧。实习生在人际关系问题上还容易出现两大误区:一是不能充分认识人际关系的重要性,持无所谓的态度;二是过分讲究谋略,精于算计。

这些不适应和问题的存在是正常的,要牢记自己准员工的身份,意识到自己已经步入社会,不再是学生。在工作和生活中,很多事情要自己处理,不能再依赖家长和老师。因此,要树立健康的人际交往意识,对可能出现的矛盾和问题要以正确和积极的方式思考,先从自身找原因,反省自己。学会从对方的角度思考问题,学会尊重人,理解人,善待人。以真诚、谦虚的态度发展和保持融洽的人际关系。

2. 完善自我——掌握良好的人际交往方法

(1)改掉不良习惯,如果自身存在爱否定、爱抱怨、太苛刻、缺乏幽默感、不会倾听、不分场合乱发脾气等问题,请马上改掉它,因为这些习惯会让别人不喜欢你。

(2)可以试着做以下改变:重视别人,主动与人打招呼,礼貌相待,称呼得当,学会倾听,培养幽默风趣的言行,不乱发牢骚。要牢记成功的交往原则:平等、相容、互利、信任、宽容。

3. 讲究技巧——营造融洽的人际交往氛围

在顶岗实习中,实习生要面对上司、同事、客户等不同身份和不同层次的人。那么应该如何处理好人际关系呢?我们只要记住:对上司——先尊重,后磨合;对同事——多理解,慎支持;对客户——善交际,勤联络。

最后要牢记良好的人际关系必须在人际交往的实践中去建立,逃避人际交往而想得到别人的友谊是缘木求鱼。

操作步骤3:讲究职场礼仪礼貌

1. 打招呼不能少

一句简单的问候就能让人感到亲切。在顶岗实习中,与上司和同事们相处,不能由于大家天天见面就将问候省略掉。见面时应主动打招呼,最简单的方式就是点头微笑,同时道声“早”“您好”等问候语。

2. 以礼相待、彼此尊重

与同事和同学相处,应处处以礼相待,不要乱叫外号或称兄道弟。在办公场所不要使用亲密的称呼,而应以姓名相称,最好不要与同事在大庭广众下开玩笑,以免无意中伤害他人。遇到麻烦不好处理时,首先要报告直接上司,而不要越级上报。

3. 保持适当的距离

与同事保持适当距离是指要尊重他人的人格、尊重他人的物品以及尊重他人的工作。同事不在或未经同事允许的情况下,不要擅自动用同事的物品,如文件、计算机等。同时,不要与同事谈论薪水、职位升降或他人隐私问题。办公时间,私人电话过多也会打扰到同事们。与同事聊天要注意分寸,不要聊低级趣味话题。

4. 举止端庄、文雅

在顶岗实习中的行为要端庄大方,符合礼仪规范。在工作中要注意个人仪表,微笑面对他人。讲话要文明,有分寸。进他人的房间一定要先敲门,进出房间时开关门的声音一定要轻,和其他人一起出入时,要讲究顺序,态度谦和。

5. 谈话文明礼貌

一是态度诚恳,说话时的态度是决定谈话成功与否的重要因素。二是措辞文雅,措辞文雅主要表现在对他人多用敬语,对自己多用谦语。三是语调柔和,说话时要注意语速语调,说话不要太快、太大声。交谈中要善于运用眼神,带着真诚的微笑,这样会增加谈话的影响力。

6. 理性地与领导和同事进行沟通

心情不平和时,不要与他人沟通,因为带着情绪沟通,既理不清,也讲不明,很容易因冲动而口不择言,带来不好的后果。

【知识链接】

人际交往小技巧

如果你有以下这些习惯,别人一定不会喜欢你。

(1)喜欢否定。没人喜欢同爱泼冷水的人做同事。

(2)喜欢抱怨。抱怨通常意味着推卸责任,没人愿意和不敢承担责任的人做同事。

(3)太苛刻。如果总认为周围没有对的人,那么你的周围就不会有人了。

(4)缺乏幽默感。缺乏幽默感的人只会让身边的人感到索然无味。

(5)不会倾听。不要惊讶别人对你不感兴趣,因为你对自己太感兴趣了。

(6)自认无所不知。永远都自认为比别人聪明。

(7)不分场合乱发脾气。不管事出何因,只要想发泄一下,你就会毫无顾忌地大闹一通或喋喋不休。

(8)要求过多。要求别人的观点、情绪和感情都要与你一致。可是人们都喜欢自我赏识,而不愿听别人发号施令。谁也不愿别人告诉自己如何思考,如何感受,如何去做。

做好以下几点,可以拥有良好的人际交往关系。

(1)重视别人,记住别人的姓名,主动与人打招呼,礼貌相待,称呼要得当,让别人觉得备受重视,给人以平易近人的印象。

(2)举止大方,坦率真诚,让别人感到轻松自在,激发与你交往的兴趣。

(3)要学会倾听。不要认为自己什么都对,不要随意打断别人的话,对别人的话要有回应或报以微笑。

(4)培养幽默风趣的言行。幽默而不失分寸,风趣而不显轻浮,能给人以美的享受。与人交往要谦虚,待人要和气,要尊重他人。

(5)做到心平气和,不乱发牢骚。这样不仅自己快乐,显得有涵养,也会让别人感到心情愉悦。

(6)要注意语言的魅力。安慰受创伤的人,鼓励失败的人,赞美真正取得成就的人,帮助有困难的人。

(7)处事果断、富有主见、精神饱满、充满自信的人容易激发别人与之交往的兴趣,从而获得别人的信任,产生使人乐意交往的魅力。

任务3:掌握顶岗实习标准

【案例导入】

教育部办公厅关于公布首批《职业学校专业(类)顶岗实习标准》目录的通知

教职成厅函〔2016〕29号

各省、自治区、直辖市教育厅(教委),计划单列市教育局,新疆生产建设兵团教育局,有关单位:

为贯彻落实全国职业教育工作会议精神和《国务院关于加快发展现代职业教育的决定》,深化产教融合、协同育人,建立健全职业教育质量保障体系,进一步规范和加强职业学校顶岗实习教学、管理和服务,我部组织制定了首批涉及30个专业(类)的70个《职业学校专业(类)顶岗实习标准》(以下简称顶岗实习标准),现将目录予以公布,顶岗实习标准具体内容以中国教育出版传媒集团(高等教育出版社)出版的文本为准。

顶岗实习是职业教育专业教学的重要组成部分，是培养学生良好职业道德，强化学生实践能力和职业技能，提高综合职业能力的重要环节。顶岗实习标准是组织开展专业顶岗实习的教学基本文件，是明确实习目标与任务、内容与要求、考核与评价等的基本依据。请各地教育行政部门、各级职业学校按照顶岗实习标准要求，结合实际认真贯彻执行。

附件：首批《职业学校专业(类)顶岗实习标准》目录

教育部办公厅

2016 年 7 月 8 日

引导问题 5：查阅本专业顶岗实习标准，至少说出三条有关本岗位顶岗实习的工作任务和相关的职业技能与职业素养要求。

____

____

____

【操作提示】

顶岗实习是专业教学的重要形式，是培养学生良好的职业道德，强化学生职业技能，提高全面素质和综合职业能力的重要环节。2016 年教育部办公厅印发并公布了首批《职业学校专业(类)顶岗实习标准》目录的通知，公布了首批涉及 30 个专业 70 个顶岗实习标准，并把广大家长和学生们高度关注的顶岗实习期间学生的权益保障明确了出来，对学生顶岗实习的安全保障、工作时长、工作环境、企业资质等作出了明确规定，为学生安全有效的进行顶岗实习提供了保障。

操作步骤 1：提升安全认知，从熟悉《标准》开始。

《顶岗实习标准》有以下 5 个方面的特点：

1. 强化顶岗实习规范化管理

专业顶岗实习标准要求学校完善顶岗实习管理制度，明确学校责任和实习企业责任。对从确定实行目标、任务下达、计划安排、组织实施、过程监控及考核到多元成绩评定等制度、流程、规范都有明确要求。此外，专业顶岗实习标准还提供了顶岗实习任务书和任务计划、顶岗实习总结报告、顶岗实习三方协议书等规范性文件，为职业学校顶岗实习工作规范化管理提供参考。

2. 对接职业标准和企业岗位规范

专业顶岗实习标准充分对接相关职业标准或企业岗位规范，结合生产过程和典型工作任务，合理确定实习条件、实习内容等。

3. 突出实习的职业性和针对性

专业顶岗实习标准规定了相对应专业的顶岗实习岗位范围，强调学生在顶岗实习期间要进入企业真实生产环境，开展实际生产操作。

4. 注重顶岗实习学生权益保障

专业顶岗实习标准均把保障学生实习安全及相关权益作为重要内容。按照《职业学校学生实习管理规定》要求对学生顶岗实习的安全保障、工作时长、工作环境、企业资质等做了明确规定，为学生安全有效地进行顶岗实习提供保障。

5. 积极构建校企协同育人模式

各专业顶岗实习标准均对学校与企业在学生实习中的责任和义务提出了明确要求。强调要充分发挥企业的重要办学主体作用，积极推动产教融合、校企协同育人。

操作步骤 2：查阅本专业顶岗实习标准

打开中华人民共和国教育部网站，查找《职业学校专业（类）顶岗实习标准》，搜索本专业高职顶岗实习标准，《职业学校专业（类）顶岗实习标准》包括适用范围、实习目标、时间安排、实习条件、实习内容、实习成果、考核评价、实习管理和附件（包括顶岗实习任务书和实习计划、顶岗实习总结报告、顶岗实习三方协议书）等九个部分。

适用范围：主要介绍《顶岗实习标准》面向的企业、行业、岗位群及技术领域。

实习目标：包含学生通过顶岗实习应该达到的知识、能力和素质目标。

实习条件：针对顶岗实习过程中的实习企业、设施设备、岗位设置、师资提出明确要求。

实习内容：主要包括实习项目、工作任务和相关的职业技能与素养要求。

实习成果：明确规定了顶岗实习后，应提交的实习成果资料。

考核评价：明确规定了考核内容、组织方式和评价体系。

实习管理：明确了顶岗实习过程中，学校的责任和实习企业及学生的相关责任。

操作步骤 3：认真研读本专业顶岗实习标准，回答以下问题。

（1）在查阅了本专业顶岗实习标准后，获悉本专业顶岗实习的目标是__________？

（2）我的专业到企业实习，一般都安排在__________年级__________学期，共有__________周，共计__________学分，这次属于__________实习（认识，岗位）。

任务4：树立正确的职业价值观

【案例导入】

案例一：顶岗实习，我该怎样选择？

某职业学校计算机及应用专业的学生李某，在校期间专业成绩优秀，还是校学生会干部，沟通能力、协调能力很强，是大家眼中的优秀学生。在顶岗实习过程中，李某被学校安排到某计算机销售公司从事计算机设备及相关产品的销售与售后服务工作。工作几天后，李某觉得公司给的实习报酬太低，提出主动离职。学校就业服务中心在了解情况后，又多次推荐他到其他单位进行顶岗实习，可他或是觉得实习单位离家远，或是觉得实习岗位不合心意，或是父母认为实习岗位不合适，直到同届的大部分学生都已经完成顶岗实习了，他还没有选择好实习单位。李某应该如何选择顶岗实习的单位呢？

引导问题 6：阅读案例，你认为李某应该依据什么来选择实习岗位？

案例二：兴趣与职业

对于职业学校毕业生而言，由于缺乏工作实践机会，往往很容易把个人爱好误认为是自己的职业兴趣所在。至于根据个人爱好去寻找的工作是不是自己的职业兴趣所在，只能在工作实践中去进行检验。

某计算机专业的毕业生,当年之所以选择计算机专业是迫于家庭压力。他一直都认定自己的职业兴趣绝不在计算机上。在学习读书期间,一直没有好好静下心来读书。毕业时找的工作单位是家计算机公司,只好硬着头皮干下去。在工作过程中,他发现计算机越来越"可爱",成天跟计算机待在一起,后来成为公司骨干。由此可见,兴趣来源于职业实践活动,只有在职业实践活动中才能有效检验出个人爱好是否是自己的职业兴趣。

引导问题7:阅读案例,当兴趣与职业不统一时,应当何取舍?

【操作提示】

实习单位是学生入职的第一个学习、工作、发展平台,选择合适的顶岗实习单位是提高就业质量的重要保障。每个人的人生都要面临许多选择,选择是艰难的,一次错误的选择可能会把人生由喜剧变成悲剧。职业学校学生进行顶岗实习就是职业生涯的第一次选择。顶岗实习单位一定要选择一家适合自己专业发展的,只有这样才能在实践中提升自己的专业素养,巩固专业知识,促进职业发展。

操作步骤1:了解顶岗实习的形式与途径

职业学校学生顶岗实习主要包括两种形式:一种是由学校统一安排的实习,另一种是学生通过自主选择进行的顶岗实习。因此职业学校学生顶岗实习的单位选择也分为两种途径:一种是由学校实习管理部门统一安排;一种是由学生利用自身的资源,结合毕业后的工作意向自主选择。

操作步骤2:了解学校统一安排顶岗实习单位的流程

学校统一安排的顶岗实习一般会根据学校的专业特点,结合学生的需要,通过校园面试使顶岗实习单位与学生见面,在进行双向选择确定人员后,组织学生到相关企事业单位进行顶岗实习,这是职业学校顶岗实习工作选择顶岗实习单位的主要途径。原则上职业学校学生应通过这种方式选择顶岗实习单位。

操作步骤3:了解自主选择顶岗实习单位的一般流程

自主选择顶岗实习单位是指学生因个人原因无法从学校提供的实习单位中选择合适的企事业单位,或者根据自身的需要,利用自身的资源,经过自己的努力寻找顶岗实习单位。这种选择是学校统一安排顶岗实习单位的补充形式,通常与未来的就业紧密相连。自主选择实习单位一般由学生提出申请,经由学校相关部门审核批准后才能进行。

操作步骤4:了解实习岗位选择的一般性原则

职业学校学生无论是通过学校选择顶岗实习单位还是自主选择顶岗实习单位,都要对顶岗实习单位进行考察和评定,职业学校学生在考察和选择合适的顶岗实习单位时应遵循以下原则:

1. 一致性原则

一致性原则是指所选择的顶岗实习单位和实习岗位原则上应与所学的专业对口或接近。顶岗实习不是提前就业,其主要功能在于帮助职业学校学生提高实践能力,进一步强化在学校所学的专业理论知识,全面提升职业素养,以有效适应未来工作的需要,所以顶岗实习单位和实习岗位应与所学专业对口。当然企业不是学校,企业的生产岗位是具有单一功能的生产性岗位,学校的专业具有一个宽泛的专业覆盖面，可能会涵盖企业的若干生产岗位。顶岗实习的选择对口指的是所选择的生产岗位是处于专业教学范围内的生产岗位。

2. 规范性原则

规范性原则是指职业学校学生应选择正规的企业进行专业顶岗实习。所选择的实习单位要具有独立法人资格，要依法经营，管理规范，有一定规模，技术先进，有较高的社会信誉，或具有较高资质等级，提供的实习岗位与学生所学的专业对口或接近。

3. 安全性原则

安全性原则是指职业学校学生在选择顶岗实习单位时，应着重注意所选择的顶岗实习单位的生产安全责任制度是否健全，是否执行相关安全生产标准，安全生产规章制度和操作规程是否健全，是否制定了安全生产事故应急救援预案，配备了必要的安全保障器材和劳动防护用具。

4. 稳定性原则

稳定性原则是指顶岗实习期间的实习单位要相对稳定。专业知识的巩固深化和专业能力的提升需要经历一定的过程，需要有一定的时间，实习学生对工作环境的熟悉和对专业技能的掌握同样需要时间，只有实习单位稳定，学生才能通过一段相对稳定的工作，巩固深化专业知识，锻炼提升专业能力，走好职业生涯第一步。

操作步骤5：树立正确的职业价值观

1. 处理好职业价值观与薪酬的关系

薪酬是在确定职业价值观时首先要面对的问题。有些家庭经济条件不好的大学毕业生，在求职时将薪酬作为首选价值观，从本质上讲这并未有错，但是对于一些人来说，拥有的知识、能力、经验和阅历还不足以使其一走上社会就能获得大量的薪酬回报。因此怀有一夜暴富的心理是不正常的，更是危险的，容易被社会上的不法分子利用，甚至误入歧途。特别是面对严峻的就业形势，更应理性地降低对薪酬的期望值，把眼光放远一些，尽可能地将自我成长和自我实现作为在毕业求职时的首选价值观。

2. 处理好职业价值观与个人兴趣和特长的关系

职业价值观、个人兴趣和特长是人们在择业时需要考虑的最重要的三个因素。在确定价值观时，一定要考虑它是否与自己的兴趣和特长相适应。据调查，如果从事自己不喜欢的工作，有80%的人难以在自己选择的职业上获得成功；而如果选择了自己喜欢的工作则可以充分调动人的潜能，获得职业发展的源动力。此外，选择一项自己擅长的工作，也会事半功倍。

3. 处理好职业价值观的排序与取舍问题

职业价值观的特性决定人们不会只有唯一的职业价值观，人性的本能也会驱使人们希望什么都能得到，但在现实生活中“鱼和熊掌是不可兼得的”。然而在职业选择中，人们却不能理性对待。既然是选择，就要付出代价，只有舍，才能得。所以，要对自己的职业价值观进行排序，找出自己认为最重要、次重要的方面，并提醒自己不可能什么都得到，否则就会患得患失，终其一生也不清楚自己到底想要什么，更谈不上职业生涯的成功和对社会的贡献。

四、任务评价

学生将岗位实习的照片或视频上传到指定位置，通过自评、互评、教师或家长评价相结合的方式完成评价，将评价结果填入表4－1－3。

表4-1-3 “岗位实习”考核评价表

学生姓名：　　　　　　　　小组名称：　　　　　　　班级：

类别	标准	等级(优、良、中、差)
劳动素养	1. 爱岗敬业,态度积极,有责任感。 2. 诚实守信,团队合作,具有良好的沟通交流能力。 3. 有创新意识和探究精神。 4. 遵守劳动纪律,服从管理	
劳动成果	1. 掌握本专业知识,能够运用专业知识和技能解决问题。 2. 掌握本专业技能,能够完整、规范地完成工作任务。 3. 工作质量合格,符合岗位要求	
总体评价		
学习存在哪些问题？哪些技能需要进一步夯实： 考核评价人： 年　　月　　日		

五、任务延伸

结合本学习情境内容,根据学校安排参加岗位实习,完成岗位任务,将工作过程拍摄成图片或视频上传到平台,并填写任务书。

表4-1-4 “岗位实习”生活化任务书

活动名称	我的岗位实习	
活动时间	______年______月______日	
活动项目		
活动过程		
活动感悟	收获	
	不足	
	改进措施	
自我评价	A. 优秀　　B. 良好　　C. 合格　　D. 不合格	

学习情境4－2　撰写顶岗实习日志(周志)和顶岗实习报告

撰写顶岗实习日志(周志)和顶岗实习报告是岗位实习过程中促进学生反思提升的重要手段,使学生经历由理论到实践、由实践到认知提升的螺旋式成长过程。顶岗实习日志(周志)的内容一般包括实习内容、感受体会、存在的问题、改进措施等,以便于实习指导教师检查督促并针对问题进行指导。顶岗实习报告是实习过程的概括总结,学生对自己的实习目标、实习过程、实习方法、实习效果、实习态度等进行实事求是的全面总结和自我诊断,明确经验和不足,提出改进意见。

一、学习情境设计

依据教育部、省市教育主管部门对在校学生实习工作的有关要求,根据学校的学生实习管理制度,学生需要认真学习顶岗实习日志(周志)和顶岗实习报告的撰写要求,实事求是地撰写,并进行展示交流,达到提升职业素养、强化职业认同感和成就感的教育目标。

表4－2－1　“撰写顶岗实习日志(周志)和顶岗实习报告”学习情境设计

学习情境	撰写实习日志(周志)和实习报告		学时建议:2学时
学习情境描述	学生根据教师下发的学习任务书,从了解顶岗实习日志(周志)、顶岗实习报告的格式开始,掌握相关文献的写作要求,深入思考与总结顶岗实习的目的与意义、方法与措施、实习经验、不足与改进。完成对顶岗实习日志(周志)和顶岗实习报告的撰写任务		
学习环境要求	1. 多媒体教室。 2. 企业工作环境		
学习目标	知识目标	1. 顶岗实习日志(周志)和顶岗实习报告的目的与意义。 2. 顶岗实习日志(周志)和顶岗实习报告的基本格式。 3. 顶岗实习日志(周志)和顶岗顶岗实习报告的写作要求	
	能力目标	1. 能够熟练撰写顶岗实习日志(周志)。 2. 能够熟练撰写顶岗实习报告	
	素质目标	1. 通过思考、总结、记录实习过程,加深学生对专业的认识和看法。 2. 促进学生自我认识,增强自信心。 3. 提升学生全面反思、全面总结能力。 4. 提升学生的表达和写作能力	
学习内容	1. 撰写顶岗实习日志(周志)。 2. 撰写顶岗实习报告		
学习方式方法与组织形式	1. 学习方式方法:演示教学法、任务驱动法、小组教学法。 2. 学习组织形式:与他人研讨,独立或合作完成顶岗实习日志(周志)和顶岗实习报告的撰写。完成后进行小组展示和组间评价		
学习要求	1. 注意在书写顶岗实习日志(周志)和顶岗实习报告时要符合规定的写作格式。 2. 能够正确理解顶岗实习日志(周志)和顶岗实习报告的作用与意义。 3. 深入理解顶岗实习日志(周志)和顶岗实习报告各部分的写作要求与内涵		

续上表

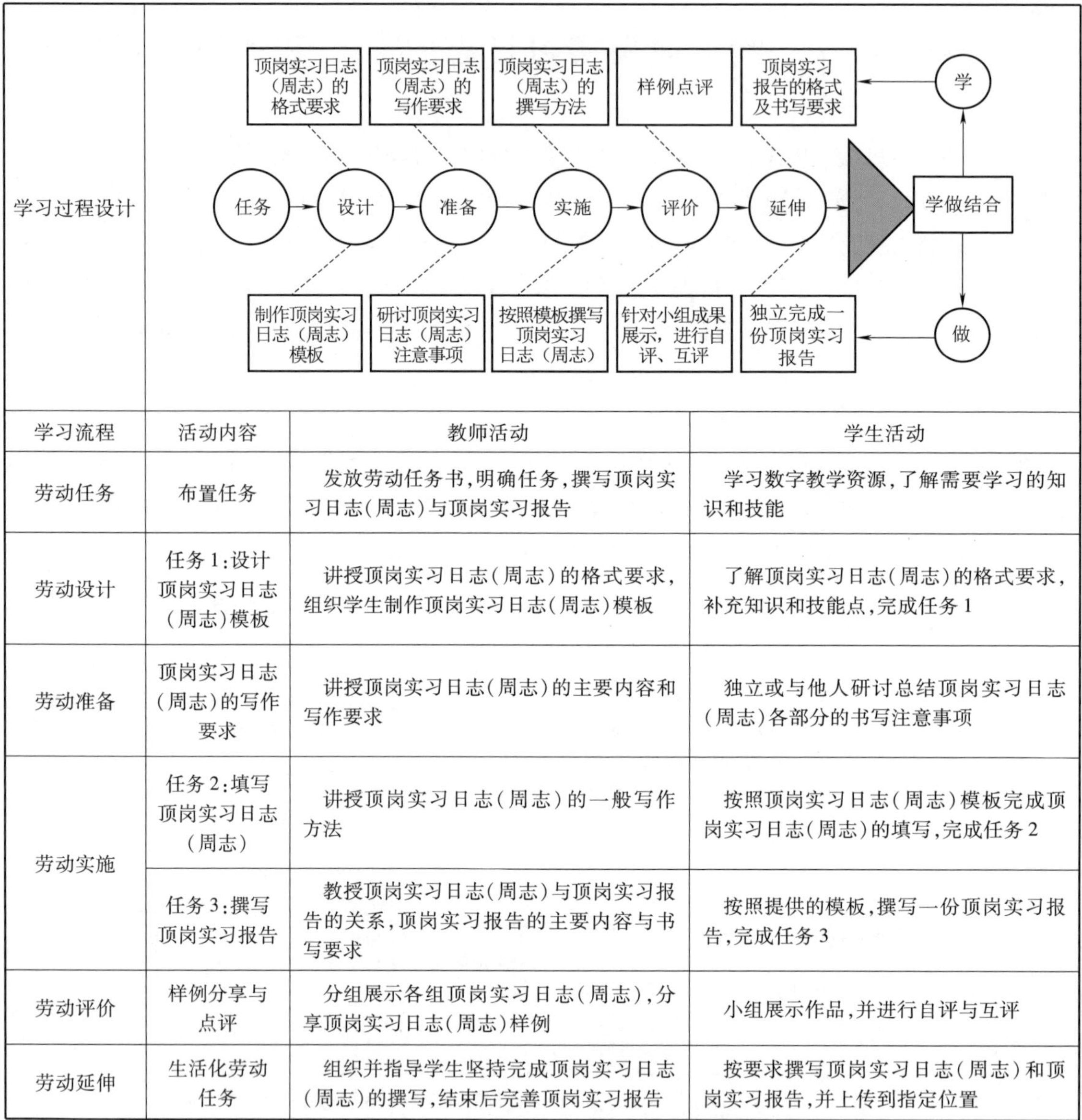

学习过程设计	（见上图）		
学习流程	活动内容	教师活动	学生活动
劳动任务	布置任务	发放劳动任务书，明确任务，撰写顶岗实习日志（周志）与顶岗实习报告	学习数字教学资源，了解需要学习的知识和技能
劳动设计	任务1:设计顶岗实习日志（周志）模板	讲授顶岗实习日志（周志）的格式要求，组织学生制作顶岗实习日志（周志）模板	了解顶岗实习日志（周志）的格式要求，补充知识和技能点，完成任务1
劳动准备	顶岗实习日志（周志）的写作要求	讲授顶岗实习日志（周志）的主要内容和写作要求	独立或与他人研讨总结顶岗实习日志（周志）各部分的书写注意事项
劳动实施	任务2:填写顶岗实习日志（周志）	讲授顶岗实习日志（周志）的一般写作方法	按照顶岗实习日志（周志）模板完成顶岗实习日志（周志）的填写，完成任务2
	任务3:撰写顶岗实习报告	教授顶岗实习日志（周志）与顶岗实习报告的关系，顶岗实习报告的主要内容与书写要求	按照提供的模板，撰写一份顶岗实习报告，完成任务3
劳动评价	样例分享与点评	分组展示各组顶岗实习日志（周志），分享顶岗实习日志（周志）样例	小组展示作品，并进行自评与互评
劳动延伸	生活化劳动任务	组织并指导学生坚持完成顶岗实习日志（周志）的撰写，结束后完善顶岗实习报告	按要求撰写顶岗实习日志（周志）和顶岗实习报告，并上传到指定位置

二、任务布置

表4-2-2 “撰写顶岗实习日志（周志）与顶岗实习报告”劳动任务书

学习环境	撰写顶岗实习日志（周志）与顶岗实习报告		
具体任务	知识点	技能点	教学案例
任务1:设计顶岗实习日志（周志）模板	1. 顶岗实习日志（周志）的作用与意义。 2. 顶岗实习日志（周志）的格式要求	制作顶岗实习日志（周志）的格式模板	
任务2:填写顶岗实习日志（周志）	1. 顶岗实习日志（周志）主要内容。 2. 顶岗实习日志（周志）各部分的写作要求	按照顶岗实习日志（周志）的格式模板，填写顶岗实习日志（周志）	顶岗实习日志（周志）案例分享

续上表

具体任务	知识点	技能点	教学案例
任务3:撰写顶岗实习报告	1. 顶岗实习报告的作用与意义。 2. 顶岗实习报告的主要内容和写作要求	按照给定的顶岗实习报告模板,撰写顶岗实习报告	微课:撰写顶岗实习报告
任务要求	学生需通过任务1到任务3的学习,熟悉顶岗实习日志(周志)与顶岗实习报告的主要内容、格式要求、写作要求与写作方法。能够独立完成顶岗实习日志(周志)和顶岗实习报告的撰写。通过思考、总结、记录实习过程,加深学生对专业的认识和看法,提升全面反思、全面总结能力和表达与写作的能力		

三、任务实施

任务1:设计顶岗实习日志(周志)模板

引导问题1:为什么要填写顶岗实习日志(周志)? 顶岗实习日志(周志)有什么作用?

____

____

【操作提示】

在顶岗实习中,实习生可通过填写顶岗实习日志(周志),来记录实习中的思想心得、工作感受、总结反思等。一份高质量的顶岗实习日志(周志),不仅能够详细记录顶岗实习的经历,架起师生沟通的桥梁,还能够为校企双方评价学生顶岗实习效果提供依据。

操作步骤1:了解顶岗实习日志(周志)的作用

1. 促进实习者的观察

实习日志(周志)的目的之一是促使学生在实习过程中能够细心观察、多听多问、用心感受、锻炼敏锐的观察力,同时也为以后的学习和工作积累更多的资料。

2. 为撰写实习报告和论文积累素材

好记性不如烂笔头,一些灵感和启发,如果不及时记录下来,便会稍瞬即逝。处处留心皆学问,实习学生只要肯做个有心人,留意实习过程中的一些细节,随时把自己的疑问记录下来,对疑问进行持久的观察、思索,并加入理性的探讨,在翻阅大量的文献进行查找、记载、对比、求证后,便能找到最佳解决方案。通过留意身边的问题,进行思索,研究其中的规律,然后得到结论,就会形成有实际意义和实践价值的真课题。

3. 有利于提高实习学生的业务素质

在每天的具体工作中,为什么要这样做? 具体怎么做? 要达到什么目的? 这些本来存在于实习学生头脑中的思路和方法,都将体现在顶岗实习日志(周志)中。实习结束,学生实习的整个过程和收获都将通过日记(周记)的形式形成一个整体。每天的施工日志都是这个过程中计划总结、承上启下的一个环节。如果坚持认真记录顶岗实习日志(周志),就可以把学生头脑中对实习的感性认识转化为理性认识,提高顶岗能力。记录顶岗实习日志(周志)并进行反思,是伴随学生有目的实习的重要环节,可以使实习者对观察和实习内容更感兴趣,更有积极性与主动性。

4. 顶岗实习日志(周志)是校企双方综合评价学生实习效果和成绩的依据

对校方而言,顶岗实习日志(周志)的重要作用还在于为今后的实践性教学改革提供了反馈,为实习模式的不断完善提供了依据。此外,顶岗实习日志(周志)构成了顶岗实习的归档材料,是教育主管部门评价学校实践性教学环节的重要依据。顶岗实习日志(周志)起到了类似飞机黑匣子的作用,它真实记录了学生实习的全过程,使得以后有备可查。顶岗实习日志(周志)的实行在很大程度上增强了实习学生的责任感,促使实习学生更加细致全面地进行实习。顶岗实习日志(周志)有利于学校检查学生的实习情况和实习效果,可以更有效地控制实习环节质量。在实习过程中,指导老师可以检查学生的顶岗实习日志(周志),以便随时掌握学生的实习情况和实习进度,及时对学生的问题进行辅导和对实习内容作出调整。

操作步骤2:了解顶岗实习日志(周志)的格式要求

顶岗实习日志(周志)一般按照表格的形式设计,表格内容要求把自己在一段工作时间中的工作任务、工作完成情况、主要业务流程或操作典型设备程序、心得体会等内容有条理地记录下来。在实习日志(周志)中应明确实习生的姓名、所在的学校、专业、实习单位和工作岗位情况、实习时间、企业或校内指导教师的指导意见等内容。由于顶岗实习日志(周志)属于归档材料,所以应设计实习者和指导教师的签名栏。根据实习者专业性质和岗位特点的不同以及实习时间的长短,可以在工作任务、完成质量、业务流程、思考感悟等方面进行针对性的设计。

操作步骤3:制作顶岗实习日志(周志)模板

参考顶岗实习日志(周志)样表,结合本专业和实习岗位特点,制作本专业(岗位)的顶岗实习日志(周志)。

样表1:____________学校____________专业顶岗实习日志(周志)

实习时间	第____周,____年____月____日——____年____月____日			
实习岗位	单位名称		单位地址	
	联系电话		实习岗位	
实习周志	工作任务描述(任务名称、目标、内容、标准和要求)			
	工作完成情况(指标完成度、完成质量)			
	记录主要业务规程或者操作典型设备规程			
	心得体会(收获、感想) 签名: 年 月 日			
企业指导教师意见	签名: 年 月 日			
校内指导教师意见	签名: 年 月 日			

样表 2:学生顶岗实习日志(周志)(服务类)

系部:__________ 专业:__________ 姓名:__________ 学号:__________

时间		第______周	星期	天气
实习单位		实习岗位		
实习内容				
实习情况				
思考与感悟				
指导教师意见	签名:__________　　年　　月　　日			

任务2:填写顶岗实习日志(周志)

引导问题 2:顶岗实习日志(周志)主要包括哪些内容?

____

____

引导问题 3:顶岗实习日志(周志)应该着重记录哪些实习情况?有哪些注意事项?

____

____

引导问题 4:下面是一位同学写的顶岗实习周志,你认为应该如何修改?

____

____

顶岗实习周志:实习的第一个星期

已经不是第一次实习了,但要论时间,这次却是历时最长的一次,当带着一份既欣喜又紧张的心情踏上实习征程时,我再次感受到了实习难,找实习单位更难。本来跟老师说好了要在北京找实习地点,但由于各种原因没能如愿,最终把顶岗实习的地点落在了张家口。

经过前几天的调整和了解,我正式顶岗实习了。我的主要工作是负责接待顾客,并向他们介绍各种品种质地的板材,进而完成木材销售,虽然我之前每个暑假都会来张家口,但对于当地方言还是一窍不通,这给我的工作造成了极大不便。虽然大家都讲普通话,但由于都操着各自的乡音,在一定程度上影响了交流。有时一句话要反复讲几遍才能把意思传达到,想来就觉很无奈,只能后悔当时没把音发标准。做生意搞销售靠的就是一张嘴,口才好,分寸把握得好,就容易把顾客的心抓住,从而达成交易,这个道理我明白,但自己真正去面对时,却发现由于自己性格内向,再加上缺乏锻炼,想要抓住顾客的心还真有难度。三天下来我没能完成一桩交易,想来真得太差劲了。

尽管如此,我并不气馁,当有顾客来或遇到同事时,我还是微笑着向他们打招呼,并接待他们。前几次实习的经历,帮我养成了一个习惯:对人待物都要讲究礼仪,见到顾客,无论交易是否可以达成,都不能给对方缺乏礼数的感觉。因此只要是踏进店的,我都会真诚地接待、问候,让他们一进来就有被重视的感觉。在平时的工作和生活中,经常有一些细节被我们所忽视,一声问候很简单,但却表现了对同事和朋友的关怀,也能让他们感到被重视、被关心,更是一种基本素质的体现,更何况出校前老师一再强调要以礼待人,不要给学校抹黑。

操作步骤1:填写个人信息

根据表格的设计,填写个人信息,包括所在院系、所学专业、班级名称、学号、姓名等,信息填写注意名称规范、准确,最好使用全称。

操作步骤2:填写实习单位(岗位)信息

实习单位(岗位)信息包括实习单位的名称、地址、联系方式、实习岗位等,也可以增加有关企业的介绍,例如,基本情况、历史沿革、发展方向、业务范围及优势等基本信息,或者企业的建筑、标志、制度、口号、仪式等企业文化内涵。

操作步骤3:填写工作任务描述

在顶岗实习日志(周志)中,工作任务描述填写的主要内容为工作任务名称、工作任务目标、工作任务内容,以及工作内容对学生的标准及要求。工作任务名称和工作任务目标要与本专业顶岗实习标准典型工作任务相吻合。工作任务完成的标准及任务要求,要符合顶岗实习标准中工作任务所对应的职业技能及职业素养的相关要求。

操作步骤4:填写实习工作完成情况

在顶岗实习日志(周志)中,实习工作完成情况填写的主要内容为任务指标的完成情况、任务完成的质量情况,以及按照相关标准的等级评定情况。在顶岗实习日志(周志)中,一定要记录清楚,哪些工作任务完成了?完成得怎么样?哪些工作任务没有完成?为什么没有完成?另外要把工作流程详细记录下来。此外,还应记录工作中使用典型操作设备的名称及典型设备的具体使用规程。

注意不要把周志写成流水账,要选择有价值的事情来写,顶岗实习时要虚心向实习单位的指导老师学习,细心体会开展各项工作的方法与技巧。

操作步骤5:填写心得体会

在顶岗实习日志(周志)中,心得体会填写的主要内容为工作中的心得体会、完成任务过程中遇到的问题和解决办法,以及个人的感受和收获。所写内容必须反映一周都做了哪些工作,有什么心得?其内容必须具体、真实,切勿把心得体会写成抒情散文。

对于实习工作的体会,要深入思考,透彻分析,挖掘根本性原因。例如,有的同学在实习日志中写道:“刚上机时由于动作慢、不熟练经常被领导批评”。在分析原因的时候,不应把原因归结到不熟练。应该认真分析动作慢的根本原因是对操作设备不熟悉?还是理论知识掌握不够?或者是刚刚上岗,心理紧张?显而易见,心得体会需要对自己的实习过程进行认真思考,深度挖掘事情的本质和深层原因。如果你能对学校的实习安排提出有利于学院专业发展的建议,那就更好了。

最后,在写心得体会时,一定要把自己的困惑和问题摆出来,以便让老师给予准确的指导,帮助实习者解决问题。

操作步骤6:签字并填写日期

签名时字迹要工整,在签名的后面或下方写清当前日期。

【知识链接】

顶岗实习日志的写作方法

1. 合理安排、及时记录

避免当天的顶岗实习日志不能及时填写,到第二天甚至晚些时候再写回忆录。以往一些需记录的内容可以随时记下,包括自己的灵感和偶发事件、实习过程中的新发现和体会,以及合理化建设的评论与建议等。

2. 过程清晰、结果有效

顶岗实习日志是不是写得越多越好? 过于频繁的记录会在不同程度上加重学生的负担,导致适得其反的效果,学生可根据实际情况适当控制顶岗实习日志的记录量,养成自觉自愿记录、有感而发记录的习惯,并尽量记录对顶岗实习的确起帮助的。

3. 工学结合、孕育选题

在顶岗实习过程中,发现问题应及时向师傅或老师请教。多翻阅杂志,广泛阅读,了解新技术、新工艺,寻找同类问题的解决方法。在顶岗实习过程中要不断复习学习过的内容,将实际采用的方法和书本中学过的方法进行比较,温故知新,领会精髓,不断将书本知识和实践体会变成自己的经验。顶岗实习日志(周志)所做的记录不单纯是过程的记录,顶岗实习日志(周志)记录的某些思想,经过反思总结后,也可以确定为毕业论文的选题,把理论联系实际的课题孕育出来。

典型案例:实习日志与施工日志的区别(建工专业)

实习日志在具体记录过程中又根据不同专业和学校的要求有所不同。如建工专业的学生往往分不清实习日志和施工日志的区别,将二者混为一谈。实际上,实习日志和施工日志在记录的目的、要求和内容方面均有区别,见表4-2-3、表4-2-4、表4-2-5。

表4-2-3　实习日志与施工日志的目的

施工日志	实习日志
1. 施工日志又称施工日记,由工地施工技术人员记录,是建筑施工资料中一份必不可少的文件,也是处理施工问题的备忘录和总结施工管理经验的基本素材。在整个工程档案中具有非常重要的地位。 2. 施工日志可作为工期顺延的依据。施工日志还是索赔的重要依据。施工日志是反映施工单位综合素质的窗口。 3. 施工日志是对建筑工程整个施工阶段的施工组织管理、施工技术等有关施工活动和现场情况变化的实际综合记录,是对工程从开始到竣工,即整个施工过程中的重要生产和技术活动的连续不断地详实记录,记录着建设施工活动的点点滴滴,担负着记录工程质量、进度、安全的重任	1. 实习日志是学生本人记录实践工作情况和积累专业实践知识的一种方式和方法,也是考核成绩的重要依据。 2. 实习日志是学生积极主动地对自己在实践活动中具有反思和实践价值的各种经验所进行的持续而真实的记录和描写,并在此基础上对其进行新的理解和认识,从而不断消化吸收,增长技能,促进自身专业发展的一种手段。 3. 实习日志是记录学生学习过程,并对自己的实践活动进行回顾和反思,进而调整自己实践行为的一种有效工具

表 4-2-4 实习日志与施工日志的要求

施工日志	实习日志
1. 施工日志由各单位工程专业工长(施工员)填写,应以单位工程进行填写,最好按专业进行分册。 2. 记录时间从开工到竣工验收为止,要求逐日记录,不许中断。应真实、详细的按时记录,中途发生人员变动,应办理交接手续,以保持施工日志的连续性和完整性。 3. 所用词语专业、规范、严谨,书写时一定要字迹工整、清晰,最好用宋体或楷体书写	1. 实习日志由学生本人记录,以学生的实践(实习)对象、感受、收获和体会为记录内容,可以不分单位工程,不按专业。 2. 记录时间从实践开始到实践结束为止,记录实习日志的总天数应不少于实践天数,并逐日记录,且不受工程项目工期的限制。可摘抄部分与实习相关的技术资料作为知识补充,但不得抄袭施工技术人员的施工日志,尤其不得将其直接作为自己的实习日志。 3. 日志内容除文字外,还可用插图和表格,除专业术语外,词语不受规范性要求,字体不受限制

表 4-2-5 实习日志与施工日志的内容

施工日志	实习日志
1. 每日的天气、温度情况,施工日志可作为工期顺延的依据,所以必须把气象情况记录清楚详细。 2. 施工的逐日进度、部位、人员等情况。包括分项工程名称、位置、施工班组工作人数和进度情况。 3. 检查情况包括自检、互检和交接情况,以及项目专业工长、质量员对各专业的检查情况,存在的问题和整改措施。 4. 验收情况包括验收内容、地点、参加单位、验收人员、存在的问题及其解决办法,整改及验收结论。 5. 设计变更,洽商情况。包括设计变更、洽商内容、参加人员文件编号等。 6. 原材料进场情况,包括材料名称、生产厂家、规格型号、数量、报验情况以及检验情况等。 7. 技术交底、技术复检记录。 8. 归档资料交接情况。 9. 原材料名称、事件、事件编号及见证取样送检记录等。 10. 外部会议或内部会议记录。 11. 上级单位领导或部门到工地现场检查和指导的情况。 12. 质量安全设备事故发生的原因、处理意见和处理方法。 13. 其他特殊情况	1. 实习日志应注明日期、气象、实践部位、内容、方法、顺序、施工质量等。 2. 每天工作内容和劳动情况,出现的问题和收获体会,摘抄必要的技术资料、生产会议记录及施工关键部位的建筑工程结构的处理方法、工程质量要求等其他记录。 3. 详细记录实习期间所遇到的对自己触动深刻的人、事、情景,记录在实践中得到的思想感受。 4. 参观的内容、流程和所见所闻,如外出参观的日期、地点、工程项目名称、工程概况、工地现场场景描述。 5. 建筑结构的详细构造情况,某些工程的施工操作过程。 6. 记录具体问题的处理方法和有疑问的问题。 7. 遇到工作例会或报告,应记录并总结这部分内容。 8. 实习期间所经历的各个方面有价值的经验和做法

任务3: 撰写顶岗实习报告

【案例导入】

小王的顶岗实习报告

小王是某职业学校电子商务专业的学生。其为期六个月的顶岗实习马上就要结束了。回顾这六个月的实习,小王觉得确实学到了很多在实践过程中才能学到的知识,受益匪浅。六个月的时间使小王成熟了许多,做人做事、待人接物等方面也更加符合职业人士的要求。按照学校的要求,小王把自己的实习情况、实习内容、实习过程以及实习心得体会进行了一次总结,以便学校老师能够了解他实习时的具体情况,同时也能把自己的成败和得失与同学进行分享。通过实习总结和日常表现,企业领导对他十分满意,让他在学校完成学业后到该企业工作。

引导问题4：你认为顶岗实习报告和顶岗实习日志(周志)有什么关系？如何才能写好顶岗实习报告？

“撰写顶岗实习报告”

____

____

【操作提示】

实习报告是顶岗实习的重要环节，通过实习报告可以帮助学生全面回顾、反思自己在顶岗实习中的得失，以便改进。顶岗实习报告也是学校全面了解学生顶岗实习情况并做出评定的依据。顶岗实习报告是对顶岗实习过程中体会和收获的全面总结，是对整个实习过程的一次系统梳理，既是表述实习成果的方式，也是代表专业综合水平的重要资料。

操作步骤1：了解顶岗实习报告

顶岗实习报告是用书面文字写出来的顶岗实习过程、结果及体会的材料。实习是实践的过程，报告是一种文本，实习报告就是汇报自己在实习中运用所学的知识技能，履行岗位职责情况的书面汇报材料。

操作步骤2：了解顶岗实习报告的格式要求

顶岗实习报告通常包括以下几部分。

1. 报告题目

用简明的文字把实践活动的内容特点概括出来，题目字数要避免冗长。可利用副标题形式表示细节。

2. 学校、作者名字、报告完成时间

学校、作者名字、报告完成时间在题目正下方标注。其中学校名用全称，完成时间用“××年××月××日”。

3. 摘要

有英文摘要的，中文在前，英文在后。摘要反映的是报告的主要内容，包括企业实践活动的基本观点、实践方法、取得的成果和结论。一般以200字左右为宜。

4. 关键词

关键词是用以表示报告全文主要内容信息的单词或术语。一般为3~8个。

5. 正文

正文是顶岗实习活动的详细表述。主要包括实习目的、实习时间、实习单位和部门、实习内容及实习总结，侧重于实习单位的部门职责发挥、自己专业知识的灵活运用、体验社会生活等内容，要求字数不低于3 000字。正文可以分为三个部分：

(1)引言。以实习时间、地点、任务做引子，或把实习的感受和结果用高度概括的语言描述出来，以引出后面的内容。此外，引言中还应包括实习单位介绍及岗位介绍。实习单位介绍要说明所在单位的地理位置、规模、行业及生产情况。要求简洁明了，从宏观角度描述。岗位介绍是重点内容，应详细阐述在顶岗实习期间所从事岗位的工作内容、包括岗位名称、岗位需要从事的工作任务及岗位职责。

(2)实习过程。包括把学校中学到的理论、方法、方式变成实践的行为,以及通过顶岗实习体验了哪些学校里没有接触的东西,它们是以什么方式出现的?

(3)实习体会、实习收获、经验教训,以及今后努力的方向。

6. 谢辞

通常以简短的文字,对在实习过程以及报告撰写过程中给予帮助的指导老师、答疑老师以及其他人员表示感谢。

7. 参考文献

参考文献反映的是实习报告的取材来源、材料的广博度和材料的可靠度,也是作者对他人知识成果的承认和尊重。

8. 附录

附录一般包括无意放在文中但具有参考价值的内容。例如,实验成果、技术资料等。

操作步骤3:了解撰写顶岗实习报告的步骤

(1)收集资料。其途径有实地调查、实习中的各类文件资料、实习日志(周志)、实习单位官方网站等。

(2)拟定报告提纲。

(3)起草撰写初稿,注意要详略得当。

(4)修改,定稿。

操作步骤4:了解顶岗实习报告的打印稿要求

(1)页面设置规格。上下左右边距均为2.5 cm,页眉页脚均为1.5 cm。正文页码居中。

(2)顶岗实习报告的封面按统一格式书写。题目三号宋体字,可以分为一行或两行居中。专业名称填写本专业的全称。其他项目用宋体四号字。作者、指导教师均填写在封面上,要有本人签名,装订放在首页左侧。

(3)标题。标题"顶岗实习报告"以四号宋体字居中打印,上下各空一行的间距。段落标题为小四号宋体,左起打印,上下间距均为0.5行。

(4)正文。采用小四号宋体字打印。如果存在图、表和公式,则按照图、表和公式的要求进行编写。表的名称用中文标注,中文字体为五号宋体字加粗,表名放在图片上面,表内文字采用小五号宋体字,表号按从小到大依次标注,如表1,表2,表3……。

【知识链接】

专业顶岗实习报告样式,以建工专业顶岗实习报告为例。

建工专业顶岗实习报告

1. 顶岗实习报告的框架

顶岗实习报告主要是对个人认识实践的全面总结。顶岗实习报告按摘要、目录、正文、致谢的顺序撰写。摘要是对实习过程的概括、介绍与说明,是对实践收获总的评价,要求写的简明扼要,高度概括,突出要领,让读者一看就知道实习了什么内容,有没有起到作用。目录可按照给定格式的样本自动生成。

2. 顶岗实习报告正文内容

顶岗实习报告正文内容通常包括以下四个方面:

(1)实习概况。包括实习者概况和工程概况两部分内容。

实习者概况:写明班级、学号、姓名、具体的实习单位和岗位。介绍进入实习工地的时间、地点、实习的目的等。可以插入实习者在工地的照片。

工程概况:对实习对象一些基本数据进行总的概括和介绍。包括工程建设概况、建设工地地点特征、建筑设计概况、结构设计概况、施工条件以及施工特点分析等内容。

(2)实习内容。说明实习的主要工作内容和亲身参加了哪些具体工作,现场采用的新设备、新材料、新技术、新工艺。这部分可以按工种的划分来写,也可以按技术工作的划分来写。

(3)重点技术及管理问题探析。此部分为顶岗实习报告的核心部分。要求学生结合顶岗实习过程中发现的具有典型性的重点技术及管理问题,进行深入的分析和探讨。在撰写过程中,要求能结合工程实际发现问题,并充分利用已学知识开展问题的研究和分析,此部分是对学生顶岗实习工作的理论提升,一般包括以下内容:

问题的提出:结合实习工程实际,提出需要探讨和分析的问题。该问题要求具有工程典型性或者普遍性,同时要具有可研究性,一般应为细节性技术或管理问题。问题的提出要结合工程实际以及学生的实践工作内容。

问题的分析:此部分主要通过对发现的问题进行实践分析和理论分析,通过查阅技术资料及科学研究资料,分析问题存在的原因以及存在的影响等。

问题的解决:该问题的解决可以是工程实习的解决情况,也可以是通过分析自主形成的理论假设设计,并进行相应的分析。

结论:通过对重点技术及管理问题的探析,总结、提炼出在面对类似问题时应采取的方法及注意事项。

(4)认识和收获。此部分也是顶岗实习报告的核心部分,是对实习认识与收获的具体阐述。围绕施工项目的工作内容和实习者自身所参与的工作内容,指出个人工作所取得的成绩以及存在的不足,并对照自己每天记录的实习日志,分别举例说明。报告的结尾部分要进一步肯定成绩,明确方向,激励自己增强信心,发奋努力,同时针对存在的问题提出改正方法。

3. 顶岗实习报告的要求

顶岗实习报告应图文并茂,文字要求准确、简明,内容应密切联系、脉络分明。要求学生以实事求是的态度,科学严谨的作风完成顶岗实习报告。要有科学的求实精神,从顶岗实习报告中找出有规律的东西。顶岗实习报告应严格按照格式要求撰写,其具体内容缺一不可。实习概况部分要求简明扼要,报告内容必须结合自身实习情况撰写。要言之有物,重点技术及管理问题探析要结合工程实际和自身实习情况进行探析,对于实习过程中问题的分析要有一定的专业深度。顶岗实习报告定稿必须经指导老师同意,电子文档和打印稿缺一不可,且完全对应。

四、任务评价

学生将顶岗实习日志(周志)、顶岗实习报告上传到指定位置,通过自评、互评、校内指导教师与企业指导教师评价相结合的方式完成评价,将评价结果填入表4-2-3。

表4-2-6 “撰写顶岗实习日志(周志)与顶岗实习报告”考核评价表

学生姓名： 小组名称： 班级：

类别	标准	等级(优、良、中、差)
劳动素养	1. 态度积极,认真对待工作任务,有责任感。 2. 诚实守信,具有良好的团队合作和沟通交流能力。 3. 有创新意识和探究精神,能够进行创造性劳动。 4. 具备质量意识,肯钻研,精益求精,追求卓越	
劳动成果	1. 了解撰写顶岗实习日志(周志)和顶岗实习报告的目的与意义。 2. 掌握顶岗实习日志(周志)和顶岗实习报告的基本格式、撰写要求和方法。 3. 按要求完成顶岗实习日志(周志)和顶岗实习报告的撰写	
总体评价		
学习存在哪些问题？哪些技能需要进一步夯实： 考核评价人： 年 月 日		

五、任务延伸

结合本学习情境内容,根据顶岗实习情况完成顶岗实习报告,要求不得少于3 000字。按照顶岗实习报告的打印稿要求将任务成果上传到平台。

________学校顶岗实习报告(简样)

系部：________________

专业：________________

班级：________________

姓名：________________

学号：________________

年 月 日

前言

____

____

____

____

1. 实习单位简介(包括实习单位介绍、实习岗位、指导教师)。

2. 顶岗实习报告(包括顶岗工作完成情况、专业知识应用情况、对企业发展的建议、实习的收获、不足及努力方向)。

附件一:实习成果(实习期间获得的奖励证书及其他证明材料)。
附件二:技术资料(与实习相关的文献资料)。

学习情境 4 - 3　创新创业

创业、就业是学生入职的两个主要渠道,促进学生高质量就业、高水平创业是高等学校促进学生顺利入职的双驱动引擎。大学生创新创业教育的目的是以创新为核心,让学生经历企业申请、企业初创、企业运营直至创业成功的完整过程,引导学生肯思考、能表达、善组织、敢创新,弘扬学生开拓创新、砥砺奋进的时代精神,帮助学生敢于突破思维定势推陈出新,敢于面对未知困难艰苦创业。

一、学习情境设计

根据企业运营的基本规律,学生需要完成撰写创业计划书、模拟企业运营等过程,达到增强体力、智力和创造力的教育目标,使学生领会“幸福是奋斗出来的”内涵与意义,能够开拓创新,敢于艰苦创业,用劳动创造美好生活。

表 4 - 3 - 1　“创新创业”学习情境设计

学习情境	创新创业	学时建议:4 学时
学习情境描述	学生根据教师下发的学习任务书,以小组团队为基本单元模拟企业构建,撰写创业计划书,模拟企业运营	
学习环境要求	总体环境:创新创业实训室。 工具准备:创业沙盘	

续上表

<table>
<tr><td rowspan="3">学习目标</td><td>知识目标</td><td colspan="2">1. 了解创业计划书的结构及撰写内容。
2. 掌握创业计划书的写作方法和技巧。
3. 熟悉企业组织结构和经营管理策略</td></tr>
<tr><td>能力目标</td><td colspan="2">1. 能撰写创业计划书。
2. 能够组建小组，模拟企业经营管理。
3. 能够模拟物流、财务、团队管理。
4. 能够对模拟企业组织结构和经营管理进操作</td></tr>
<tr><td>素质目标</td><td colspan="2">1. 提高团队合作能力和交流沟通能力。
2. 培养创新意识、创新思维和创造性劳动的能力。
3. 培养勇敢坚韧、开拓创新的创业精神。
4. 培养大学生的务实精神、吃苦精神及诚信态度</td></tr>
<tr><td>学习内容</td><td colspan="3">1. 创业计划书的结构和撰写方法。
2. 企业创立流程。
3. 企业运营流程</td></tr>
<tr><td>学习方式方法与组织形式</td><td colspan="3">1. 学习方式方法：项目教学法、任务驱动法、讲授法。
2. 学习组织形式：学生自行组成团队，模拟企业运营</td></tr>
<tr><td>学习要求</td><td colspan="3">1. 注意团队人数构成和角色分配。
2. 能够撰写创业计划书</td></tr>
<tr><td>学习过程设计</td><td colspan="3">创业计划书结构　知识准备　企业运营流程　熟练撰写创业计划书完整流程 ← 学
任务 → 设计 → 准备 → 实施 → 评价 → 延伸 → 学做结合
创业设计　经验准备　撰写计划书及模拟企业经营　完成创业计划书的撰写 ← 做</td></tr>
<tr><td>学习流程</td><td>活动内容</td><td>教师活动</td><td>学生活动</td></tr>
<tr><td>劳动任务</td><td>布置劳动任务</td><td>发放劳动任务书，明确劳动任务</td><td>学习数字教学资源，了解需要学习的知识和技能</td></tr>
<tr><td>劳动设计</td><td>任务1：撰写创业计划书</td><td>教师讲述创业计划书的内涵、作用、结构和撰写方法</td><td>组建团队，讨论创业计划，完成任务1</td></tr>
<tr><td>劳动准备</td><td>准备劳动用品</td><td>准备企业模拟沙盘，做好环境准备、物品准备、经验准备</td><td>协助教师或独立做好相关准备，学习相关知识，做好经验准备</td></tr>
<tr><td>劳动实施</td><td>任务2：企业运营模拟</td><td>组织学生模拟创建六年的企业的运营</td><td>小组分工协作，模拟企业运营过程，完成任务2</td></tr>
<tr><td>劳动评价</td><td>成果展示与评价</td><td>组织学生展示创业计划书，根据模拟企业运营的结果，评定学生成绩</td><td>展示学生团队成员，根据自己评、同学评、教师评，评定学习成绩，填写评价表</td></tr>
<tr><td>任务延伸</td><td>创业孵化</td><td>鼓励学生参加创新创业大赛，培育创业团队，进行创业孵化</td><td>积极参加创新创业大赛，有意愿的同学组建创业团队，进行创业孵化</td></tr>
</table>

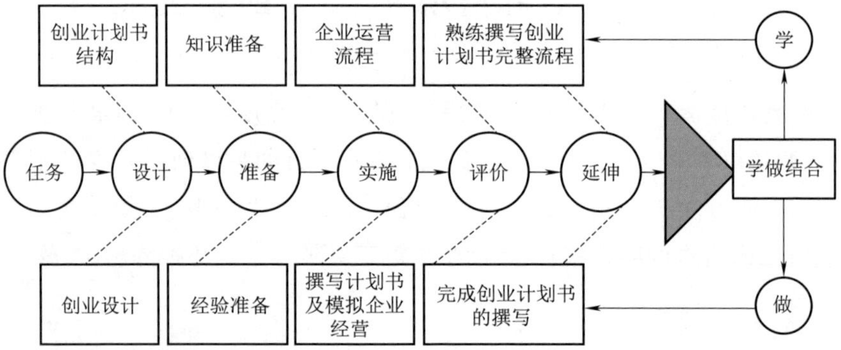

二、任务布置

表 4－3－2　“创新创业”劳动任务书

项目名称	创新创业		
具体任务	知识点	技能点	教学案例
任务 1： 撰写创业计划书	1. 封面设计的注意事项。 2. 项目介绍方法。 3. 市场分析、财务分析方法	能够撰写创业计划书	
任务 2： 企业模拟运营	1. 企业创建选址原则。 2. 企业设立流程。 3. 企业管理、营销策略	能够模拟完成创建 6 年的企业的运营过程	
任务要求	1. 学生自行组建团队，5~6 人为一组，分别代表不同的自主经营的虚拟公司。完成创业计划书的撰写任务，并进行路演。 2. 每个小组的成员组成虚拟公司的管理团队，分别担任虚拟公司的 CEO（首席执行官）、CFO（首席财务官/财务总监）、CMO（市场总监或营销总监）、CPO（生产总监）等重要职位，模拟完成虚拟企业 6 年的运营过程		

三、任务实施

任务1：撰写创业计划书

引导问题 1：观看微课“撰写创业计划书”，了解创业计划书主要包括哪几部分，思考各部分的撰写方法？

____

____

____

____

撰写创业计划书

【操作提示】

创业计划书是一份全方位的商业计划，其主要用途是递交给投资人，便于投资人对企业或项目做出评判，决定对企业是否进行投资。创业计划书是综合描述企业成长经历、产品服务、市场开拓、营销策略、管理团队、账务管理等情况的文案，是描述与拟创办企业相关的内外部环境条件和要素特点，为业务的发展提供指示图和衡量企业发展情况的标准。

操作步骤 1：设计封面

封面是首先呈现在投资者面前的，因此一定要有独特的风格。封面是最简洁的形式表达，一般以简约、明确为主，忌晦涩、怪异。封面要突出项目的主题，让投资人在还没有翻开计划书时就已知道你是做哪个行业的。

操作步骤2:项目介绍

项目介绍包括产品名称、特性、市场竞争力、研发过程、品牌、专利、市场前景等。其中,产品的特性是产品之间或同类产品之间相互区别的标志,反映了产品的特色和优势,要翔实且通俗易懂地表述出本产品或服务与同类产品或服务相比有哪些独特之处。如果产品还在设计中,最好提供相应的设计方案并证明自己的生产能力;如果产品已经生产出来了,就要附上原型介绍及图片。如果产品是创新型产品,那么创新就成了该产品的特性。

项目介绍要说明名称、特性、用途、价格。如果涉及法律方面的要求,要说明已经获得、已经申请或者将要申请的各种许可证,要详细说明创业项目的经营范围、赢利模式、本企业主营产品竞争及优势。较好地回答以下问题:

产品定义:产品是什么?属于什么品类?产品有哪些功能?

目标市场:该产品或服务如何拥有稳定的顾客群?

核心产品:企业拥有哪些专利与许可?企业为自己的产品采取了哪些保护措施?

产品创新:与市场已有的产品有何差异?

竞争优势:与竞争对手相比,企业提供的产品或服务有哪些优势与劣势?企业采取何种办法取长补短?

技术改进:是否有核心技术。

操作步骤3:市场分析

详细的目标市场分析能够帮助投资者判断企业目标的合理程度和投资的风险程度。市场分析包括目标市场分析、行业分析、竞争对手分析,一般应重视以下问题:

(1)你的细分市场是什么?

(2)你所拥有的市场有多大?

(3)你的市场份额是多少?

(4)你的目标顾客群是哪些或哪类人?

(5)你的五年生产计划、收入和利润是多少?

(6)你的营销策略是什么?

操作步骤4:财务分析

财务分析是创业计划书的核心内容之一,能够帮助投资者判断企业未来的经营状况,判断能否确保自己的投资,获得预期的理想回报。常见的融资方式有参与企业经营股权融资和不参与企业经营股权融资两种。融资方式有自筹资金、向亲友筹措资金、银行贷款、政策资金、其他资金等途径。财务分析应注意吸纳专业人员的加入,计算创业资金需求要留有足够的余量,充分计划和完备的财务记录会增加成功获取资金的可能性。财务分析要对项目进行经营业绩预测,要对财务报表、融资需求、投资说明进行详细分析:

(1)单位产品的生产成本是多少?利润是多少?

(2)产品定价是多少?在固定时间段内产品的销售量有多少?

(3)雇佣哪些人生产、加工、销售产品?

操作步骤5:创业者介绍

创业团队的高效率能激发投资者的信心,在向投资人展示和讲解创业计划书时,要重点描述关键管理人员的才能和职责。他们起着带队引领、示范表率的作用。一方面,创业者需要建立一个团结向上、责权明晰的团队;另一方面,在创业计划书的写作中要凸显创业团队的风采。

任务2: 企业模拟运营

引导问题2:观看微课“企业模拟运营”,思考怎样申办新企业?在企业管理运营过程中需要注意什么?

企业模拟运营

____

____

____

【操作提示】

操作步骤1:企业的选址

企业的选址会受企业的产业成本、市场、政府等因素的影响。企业的产业成本主要由生产成本、运输成本、交易成本构成,这些成本的综合作用牵动着企业的成本利润率,影响着企业的投资意向;市场需求是确定市场供应量的先决因素,因而产品的销路会指引企业的资金投向;而政府的服务效率、透明程度,以及产业政策的导向和限制,又会作用于产业的区域发展环境,进而影响企业的选址决策。

由于土地、人力、技术、信息、资本等生产要素成本在总成本中的占比不同,重要性也不同,因而企业的选址决策还要依企业所处产业、企业所处价值链的环节,考虑不同的影响因素和各因素的权重差异。具体分析如下:

产业成本因素。例如,钢铁业的部分原料成本占整个钢铁生产成本的比例高达75%,光伏产业硅料的提纯生产过程需要巨大的能耗,因而钢铁厂和光伏厂的选址偏好就应是接近原料、燃料动力的供应地;一些劳动密集型的制造业不断向人工供应充沛、人员素质高、工资低、综合运价成本更低的地区转移。

市场因素。将企业选址在产品投放的市场或服务对象密集的地方,便于接近和服务客户,降低运输成本,缩短交货期,减少分销费用,可有效降低企业运营成本;同时又可以及时获取顾客的反馈意见,根据用户意见改进产品设计和生产流程。如仓储物流业选址,就应该以服务目标的需求作为约束条件,通过建立选址模型,评估交通便捷程度等手段,完成企业选址。

政府因素。地方优惠政策是影响企业选址的重要因素之一,为了促进地方经济发展,有些地区的政府会颁布鼓励企业在当地落户的土地优惠政策,在各地划出特区或经济开发区,低价出租土地或出售厂房、仓库等。在融资、贷款、纳税等方面提供金融优惠政策。在人才引进、技术培训等各个方面提供人力优惠政策。这些优惠政策,能为企业带来不少红利,有利于企业快速壮大发展。

总之,企业选址需要权衡产业成本、市场、政府因素,随着物流产业的发展和电子商务的兴盛,运输成本和交易成本在一定程度上得以降低,而生产成本则因区域不同有着较大差异。市场的前景、市场的需求始终引导着企业的走向,政府因素又会与产业成本、市场因素共同作用于企业的选址。

操作步骤2:企业的设立流程

注册公司的流程包括:

(1)办理企业名称核准;

(2)确定公司住所;

(3)形成公司章程(可以在工商局网站下载“公司章程”的样本,并进行修改,章程的最后由所有股东签名,并署名日期);

(4)刻私章(刻法人代表和其他股东的私章);

(5)办理验资(凭会计师事务所出具的“银行询征函”选择银行,开立公司验资户);

(6)办理验资报告(银行出具的股东缴款单、银行盖章后的询征函由银行寄至会计师事务所,公司章程和名称、预先核准通知书、房租合同、房产证复印件送到会计师事务所办理验资报告);

(7)报送工商登记机关要求的企业登记表格;

(8)刻章(凭营业执照,到公安局指定的刻章社,去刻公章、合同章、财务章。在后面的步骤中,均需用到公章或财务章);

(9)办理营业执照。

操作步骤3:企业的管理和营销

在企业的日常管理中还需掌握新企业管理的特殊性,新企业管理面临的挑战与应对策略,以及新企业面临的主要风险及风险控制技巧。

市场营销是在创造、沟通、传播和交换产品中,为客户带来价值的一系列活动。营销管理是在市场预测和调研的基础上,识别客户的需求或尚未满足的需求,并通过产品研发、定价、促销等手段,促进产品销售,达到提高企业竞争力目的的管理活动。

操作步骤4:企业模拟运营

在ERP沙盘模拟中,通过模拟企业几年的市场竞争,学生将学会如何分析市场、定位目标市场、制定营销战略,并有效实施销售计划,实现企业的战略目标。

(1)把学生分成若干小组,每个小组4~6人,分别代表不同的一个自主经营的虚拟公司。每个小组的成员组成虚拟公司的管理团队,分别担任虚拟公司的CEO(首席执行官)、CFO(首席财务官/财务总监)、CMO(市场总监或营销总监)、CPO(生产总监)等重要职位。

(2)每个虚拟公司都是同行业中的竞争对手,它们在特定的市场环境与经营环境中亲身体验商业竞争。

(3)每个管理团队必须根据市场需求预测和竞争对手的动向,决定本公司的产品、市场、销售、融资、生产等方面的长、中、短期策略。

(4)通过模拟企业6年左右的经营,使学生在分析市场、制定战略、营销策划、组织生产、财务管理等一系列活动中,亲身体验一个企业运作的完整流程,亲自操作企业资金流、物流、信息流并协同工作,理解企业实际运作中各个部门的协同工作,参悟科学的管理规律,全面提升管理能力。在瞬息万变的环境中为自己的企业制定规划,付诸实施,并在生存中求得发展,使学生们身临其境,真正感受到市场竞争的激烈和残酷,在游戏般的竞赛中体现完整的企业经营过程,感悟管理的真谛。

四、任务评价

学生将自己团队的企业模拟运营情况，向其他小组分享，通过自评、互评、教师与家长评价相结合的方式完成评价，将评价结果填入表4－3－3。

表4－3－3　“创新创业”考核评价表

学生姓名：　　　　　　　　小组名称：　　　　　　　　班级：

<table>
<tr><th>类别</th><th colspan="2">标准</th><th>等级(优、良、中、差)</th></tr>
<tr><td>劳动素养</td><td colspan="2">1. 态度积极，认真对待工作，有责任感。
2. 团队合作，具有良好的沟通交流能力。
3. 有创新意识和探究精神，能够创造性劳动。
4. 遵守纪律，服从管理</td><td></td></tr>
<tr><td rowspan="2">劳动成果</td><td>创业计划书</td><td>1. 及时完成创业计划书撰写任务，内容完整，格式规范。
2. 能够认真进行市场分析，制定营销战略，并有效实施销售计划，实现企业的战略目标。
3. 掌握资产负债表、利润表的编制，学会预测现金需求，合理选择筹资方式，并深刻理解现金流对企业的重要性。
4. 充分利用所学知识，使生产运作同战略管理、营销管理、财务管理的目标协同一致</td><td></td></tr>
<tr><td>企业模拟运营</td><td>1. 目标明确，生产运作切实可行。
2. 能够清楚界定所提供的产品或服务，有创意，产品成熟。
3. 商业模式确实可行且不易被模仿。
4. 财务运作具有可行性，公司具有可持续性</td><td></td></tr>
<tr><td colspan="4">总体评价</td></tr>
<tr><td colspan="4">学习存在哪些问题？哪些方面需要进一步夯实：

考核评价人：
年　　月　　日</td></tr>
</table>

五、任务延伸

结合本学习情境内容，完善和改进创业计划书，积极参加学校组织的大学生创新创业大赛，有意愿的同学可以组建团队，孵化创业项目，将照片或视频上传平台，并填写任务书。

表 4-3-4 “创新创业”生活化任务书

活动名称	模拟企业运营	
活动时间	________年________月________日	
前期准备		
活动过程		
活动感悟	收获	
	不足	
	改进措施	
自我评价	A. 优秀 B. 良好 C. 合格 D. 不合格	

模块五

农耕劳动

劳动任务描述

农耕劳动是人类劳动的原始形态,是人类获取基本生产生活资料的第一产业劳动,是人类生存的基本保障。农耕劳动的教育目标是让学生亲身经历物质财富的原始创造过程,体验从简单劳动、原始劳动向复杂劳动、创造性劳动的发展过程,学会使用基本农业生产工具,体验“粒粒皆辛苦”的艰辛,体会平凡劳动的伟大,体会劳动不分贵贱,增强对劳动和劳动人民的情感,能够尊重劳动、尊重普通劳动者、爱惜劳动成果。

学习情境 5-1　土地基础整理

土地就像空气、水、阳光一样,是人类赖以生存和发展的物质基础,是社会生产的基本劳动资料。土地基础整理是种植前的必备工作,是保证作物生长良好的前提条件。让学生参加土地基础整理劳动,就是要让学生参与原始体力劳动,真正在田野中出力流汗,得到锻炼。

一、学习情境设计

学生需要学会基本农具的使用方法,学习土地翻整的方法,以便改变土壤结构,改变土壤的物理性状;压灭杂草及作物根茬,肥沃土壤;改变、破坏害虫的越冬环境、场所,杀灭害虫。挖掘传统农业生产劳动的育人功能,引导学生感悟劳动中的艰辛和收获的快乐,培养对劳动和劳动人民的朴素感情,达到热爱劳动、尊重劳动、尊重普通劳动者的教育目标。

表 5-1-1　“土地基础整理”学习情境设计

学习情境	土地基础整理	学时建议:2 学时
学习情境描述	学生根据教师下发的学习任务书,整理校园农场的土地,安全熟练地使用劳动工具,能够与他人共同或独立完成小块农田的基础整理工作	
学习环境要求	总体环境:校园农场。 工具准备:铁锹、耙子、锄头、水管(喷壶)等基本农具	

续上表

<table>
<tr><td rowspan="3">学习目标</td><td>知识目标</td><td colspan="2">1. 认识铁锹、耙子、锄头等常见农具，了解其使用方法。
2. 了解土地基础整理的作用。
3. 掌握土地基础整理的步骤和方法</td></tr>
<tr><td>能力目标</td><td colspan="2">1. 能够安全使用铁锹、耙子、锄头等常见农具。
2. 能够正确处理土地整理过程中遇到的各种杂物。
3. 能够与他人共同或独立完成小块农田的基础整理工作</td></tr>
<tr><td>素质目标</td><td colspan="2">1. 培养不怕脏、不怕累、诚实劳动、辛勤劳动的品质，体会一分辛劳一分收获的涵义。
2. 养成积极参与劳动的习惯，增强互助合作意识。
3. 培养精工细作、踏实耐心、坚持不懈的精神，提高正确处理集体劳动与个人学习关系的能力。
4. 树立田园劳动意识，培养热爱土地、珍惜劳动成果的良好品质</td></tr>
<tr><td>学习内容</td><td colspan="3">1. 土地与耕地的基本常识。
2. 铁锹、耙子、锄头等常见农具的使用方法。
3. 土地基础整理的步骤和方法</td></tr>
<tr><td>学习方式方法与组织形式</td><td colspan="3">1. 学习方式方法：演示教学法、任务驱动法、小组教学法。
2. 学习组织形式：在教师的指导下，与小组成员合作完成土地基础整理任务，熟练后可以独立操作</td></tr>
<tr><td>学习要求</td><td colspan="3">1. 注意农具的使用安全。
2. 能够有条不紊、相互配合地进行劳动。
3. 养成细心踏实、坚持不懈的劳动习惯，维护校园农场的干净整洁</td></tr>
<tr><td>学习过程设计</td><td colspan="3"> 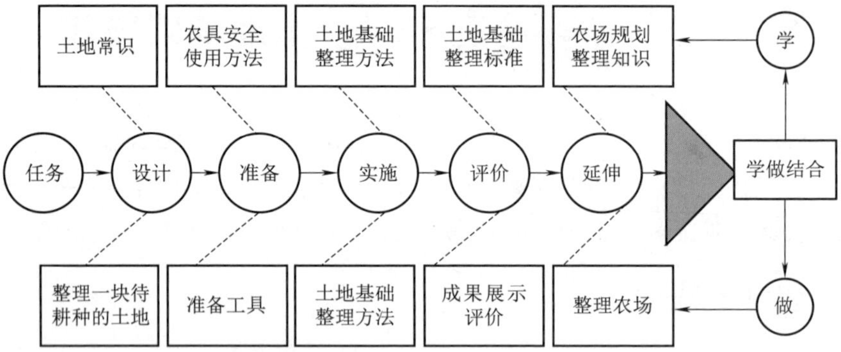土地常识 | 农具安全使用方法 | 土地基础整理方法 | 土地基础整理标准 | 农场规划整理知识 ← 学
任务 → 设计 → 准备 → 实施 → 评价 → 延伸 → 学做结合
整理一块待耕种的土地 | 准备工具 | 土地基础整理方法 | 成果展示评价 | 整理农场 ← 做</td></tr>
<tr><td>学习流程</td><td>活动内容</td><td>教师活动</td><td>学生活动</td></tr>
<tr><td>劳动任务</td><td>布置劳动任务</td><td>发放劳动任务书，明确劳动任务：完成小块农田的土地基础整理</td><td>学习数字教学资源，了解需要学习的知识和技能</td></tr>
<tr><td>劳动准备</td><td>准备劳动用品</td><td>事前准备所用农具，做好环境准备、物品准备、经验准备</td><td>协助教师或独立做好相关准备</td></tr>
<tr><td>劳动实施</td><td>土地基础整理</td><td>教授土地基础整理的步骤和方法，指导学生完成土地基础整理</td><td>学习土地基础整理的知识，掌握相关步骤和方法，正确选择和使用农具，完成任务</td></tr>
<tr><td>劳动评价</td><td>成品展示与评价</td><td>组织学生展示劳动成果，评定学生成绩</td><td>展示自己的作品，根据自己评、同学评、教师评，评定学习成绩，填写评价表</td></tr>
<tr><td>劳动延伸</td><td>生活化劳动任务</td><td>指导学生正确使用基本农具，将技能生活化</td><td>有条件的同学到田野参加农业生产劳动</td></tr>
</table>

二、任务布置

表 5－1－2　“土地基础整理”劳动任务书

学习情境	土地基础整理		
具体任务	知识点	技能点	教学案例
土地基础整理	1. 铁锹、耙子、锄头等常见农具的使用方法。 2. 土地基础整理基本常识。 3. 土地基础整理的步骤和方法	1. 能够安全正确地使用农具。 2. 能够正确处理土地整理过程中遇到的各种杂物。 3. 能够独立完成土地基础整理工作	校园农场土地基础整理
任务要求	1. 劳动要求：学生完成土地整理的基本过程，能够独立进行土地翻整等工作，为后续作物种植做准备。提高学生的田园劳动能力，培养生产劳动习惯。 2. 安全要求：学生使用农具需由老师或家长协助指导，保证安全。 3. 操作要求：学生需掌握不同农具的正确使用方法，养成认真细致、踏实耐心的劳动习惯，保持农场清洁		

三、任务实施

任务：土地基础整理

引导问题 1：简单分析土地的基本特性，一块待耕种的土地应具备怎样的特性？

____

____

引导问题 2：观看微课“土地基础整理”，了解其有哪些基本步骤？

____

____

____

土地基础整理

【操作提示】

操作步骤 1：翻

用铁锹将土层深挖翻出，使土松动，上下土交换，一般以 30 cm 左右为宜，大概一铁锹头深（见图 5－1－1）。待整理的土地坚硬、不松软、透气性差、杂草丛生，不利于作物生长；已深翻的土地松软、透气、杂草连根铲起。

对于大面积的土地，现代农业已经开始广泛使用先进的机器进行大规模机械化操作（见图 5－1－2）。

图 5－1－1　翻地

图 5－1－2　翻地的机械化操作

操作步骤 2:清

用铁锹或耙子平整翻后的地面,保证土质细碎,无明显的大土块。清出石子、杂草、树枝、垃圾等杂物,击碎硬土。清理出的废物要统一堆放,不要随意乱扔。例如,乱扔杂草,可能会导致草籽散落在田间,重新生长出来,与种植的农作物争夺养分。看似简单的体力劳动,实际上需要认真严谨的态度才能做好,细节决定成败。

操作步骤 3:平

使用铁锹或锄头、耙子将翻后的土地进行平整,无深坑,无"鸡窝"现象。平的过程需要很大的耐心,如果土地不平,就会导致将来的肥水不均匀,影响种植,所以要将每一处都平整好,不要留死角。

操作步骤 4:浇

根据土壤湿润程度,进行浇灌,使土壤上松下实、紧密适中。校园农场的面积较小,可采用大型喷壶或水管进行(见图 5 - 1 - 3),在真正的农业生产中,经常使用大型的现代化灌溉设备以及科学的灌溉系统。劳动的过程凝结了人类无穷的汗水和智慧,推动着农业生产的快速发展。

操作步骤 5:归

农具清理归位,妥善保管(见图 5 - 1 - 4)。通常农民会利用身边的小石子或小树枝刮掉农具上的泥土杂物。

图 5 - 1 - 3　土地基础灌溉

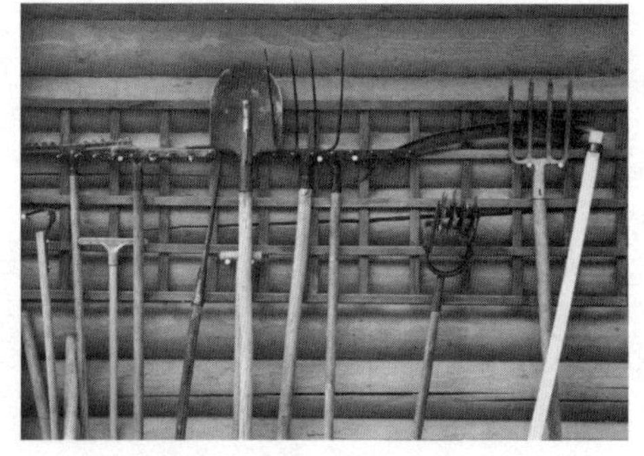

图 5 - 1 - 4　农具归位

【知识链接】

1. 土地日的由来

土地是人类赖以生存的基础,中国历史经历了漫长的农业社会,使土地崇拜情结成为深厚、凝重的历史文化底蕴。中国古代土地的纪念日叫"社日",春有春社,秋有秋社,每年的这两个日子,都是人们感恩土地、祈祝丰收的欢庆日。

1991 年 5 月 24 日,国务院第 83 次常务会议决定,为了深入贯彻《中华人民共和国土地管理法》,坚定不移地施行"十分珍惜和合理利用每一寸土地,切实保护耕地"的基本国策,确定每年的 6 月25 日(即《土地管理法》颁布日)为全国土地日。

2. 我国土地资源的国情

我国地域辽阔,土地资源总量大,但人均占有土地少、人均占有耕地更少。土地类型多,山地多于平地。土地资源的地区分布不平衡,耕地资源总体水平差。难以利用的土地资源面积大,后备土地资源潜力不足,特别是耕地后备资源不足。土地资源利用程度低,土地浪费严重,人地矛盾尖锐。因此,保护土地资源,特别是保护基本农田,具有十分重要的意义。

民以食为天,保护耕地就是保护我们的生命线。14 亿人口的吃饭问题,始终是我国的头等大事。保证国家粮食安全,最根本的是保护耕地。保护耕地资源的主要措施有:

(1)因地制宜地安排用地。作出科学的利用规划,因地制宜地利用土地。

(2)适宜的土地开发和利用强度。对土地开发利用要适度,考虑投入产出效益。

(3)应用生物技术保护生态环境。不断丰富和发展保护生态环境的生物技术措施。如利用害虫的天敌防治害虫,利用生物农药防治病虫害和草害,逐步取代化学农药,发展无公害农业等。

(4)合理利用水资源。水是土地构成因素之一,水量和水质使用是否恰当,对土地质量会产生显著影响,因此应防止水污染,保护农田不受污染水的危害。

3. 认识常用农具

“工欲善其事,必先利其器”。农具是农民在从事农业生产过程中用来改变劳动对象的器具,常用农具可分为传统农具和现代农具。

1)传统农具

传统农具是指农业生产中使用的非机械化工具,也称农用工具、农业生产工具,如铁锹、锄头、耙子、镰刀、簸箕等。常见传统农具见表 5-1-3。

表 5-1-3　常见传统农具

序号	名称	基本特征	图示
1	镰刀	镰刀一般由木柄和刀片构成,外观呈月牙形状,有的刀片上带有斜细的小锯齿,常用于收割庄稼和牧草	
2	耙子	通常由耙体、柄头和手柄构成,主要作用是在晒谷子、柴草的时候,归拢或者是散开谷物、柴草;或者是在犁地结束后,用于平整土地	
3	铁锹	又称铁锨,由木柄和锹头组成,有的铁锹头呈扁平长方形,半圆尖头,常用于翻土;有的前端较宽,中间较凹,常用于挖或抛掷物料	

续上表

序号	名称	基本特征	图示
4	锄头	由锄刃和木柄(或铁柄)构成,锄刃由铁制成,常设计为扁扁长长的形状(长方形、狭长形、梯形)。常用于收获、挖穴、作垄、耕垦、盖土、除草、碎土、中耕、培土等	
5	木犁	木犁又称犁铧,由犁尖、犁镜、犁床、犁托、犁柱等多部件组成,木犁的下端有着用来翻土的铁器(普遍为三角形),称作犁铧。常由牛作为原动力,牵引犁来翻土	
6	石磨	由两块尺寸相同的磨盘构成,两层的接合处都有排列整齐的磨齿,使用时将粮食从磨盘上方小孔倒入,然后转动磨盘即可。常用于把米、麦、豆等粮食加工成粉或者浆	
7	打谷机	在收割机未广泛使用时,农民常常使用打谷机来将谷子和禾苗分离开来	

中国农业历史悠久,地域广阔,不同的地域、不同的环境、不同的农业生产方式,使用的传统农具各不相同。历朝历代的农具都不断得到创新、改造,为人类文明进步做出了贡献。2000年前西汉时的中国劳动农民制造的木犁现在仍在发挥作用(见图5-1-5),已经达到了相当完善的水平,无论是入土角度,还是翻土曲线的牵引点的选择,都完全符合力学原则。当今世界,各国制造了几百种机引犁,它们的主要结构、基本设计,都跳不出西汉木犁的基本原理(见图5-1-6)。

图5-1-5 传统木犁

图5-1-6 现代机引犁

2）现代农具

现代农具是指机械化农具，通常有拖拉机、插秧机、收割机，浇水要用水泵，打农药要用喷雾器等。现代农机见表5－1－4。

表5－1－4　现代农具

序号	名称	基本特征	图示
1	微耕机	微耕机以小型柴油机或汽油机为动力，具有质量轻、体积小、结构简单等特点。微耕机广泛适用于平原、山区、丘陵的旱地、水田、果园等。配上相应机具可进行抽水、发电、喷药、喷淋等作业，还可牵引拖挂车进行短途运输。微耕机可以在田间自由行驶，便于用户使用和存放，省去了大型农用机械无法进入山区田块的烦恼，是广大农民替代牛耕的最佳选择	
2	联合收割机	联合收割机是一种能够同时完成谷物的收割、脱粒、分离和清选等各项作业并最终获得清洁谷粒的机械	
3	农业拖拉机	拖拉机是牵引或驱动的动力设备。农业拖拉机被用于拖拽农业机械或拖车，用以完成耕作、收割或其他类似的任务	

四、任务评价

学生将成品照片上传指定位置，并对劳动过程进行简要介绍，通过自评、互评、教师或家长评相结合的方式完成评价，将评价结果填入表5－1－5。

表5－1－5　“土地基础整理”考核评价表

学生姓名：　　　　　　　　　小组名称：　　　　　　　　班级：

类别	标准	等级（优、良、中、差）
劳动素养	1. 劳动态度积极认真，自觉自愿参加劳动。 2. 不怕脏、不怕累，诚信劳动，认真完成劳动任务。 3. 具有自觉、诚信的劳动意识。 4. 具有安全和质量意识，爱护劳动工具。 5. 与他人分工协作，具备较好的团队合作能力。 6. 体验劳动的辛苦，体认劳动不分贵贱，尊重劳动成果和劳动者	

续上表

类别	标准	等级(优、良、中、差)
劳动成果	1. 土地外观平整、松软、无大石块及杂物。 2. 按时完成任务。 3. 农具干净,摆放整齐。 4. 杂物集中放置,及时清理	
总体评价		
学习存在哪些问题？哪些技能需要进一步夯实： 考核评价人： 年　　月　　日		

五、任务延伸

结合本学习情境内容,与同学进行校园农场土地整理,有条件的同学可以到乡村参加田野劳动,将劳动过程拍摄成图片或视频上传到平台,并填写任务书。

表 5-1-6 “土地基础整理”生活化任务书

活动名称	校园农场土地整理			
活动时间	________年________月________日			
活动人员		重点工作内容		
活动过程				
活动感悟	收获			
	不足			
	改进措施			
自我评价	A. 优秀　B. 良好　C. 合格　D. 不合格			

学习情境 5－2　主要农作物种植

农作物是指农业上栽培的各种植物，包括粮食作物和经济作物。本书主要介绍作为人类基本食物来源的粮食作物。我国的主要农作物有水稻、小麦、玉米、棉花、大豆、油菜、马铃薯等。民为国基，谷为民命，粮食生产不仅关系着百姓民生，粮食安全更是国家安全的重要基础。当代大学生了解粮食的重要意义，参与粮食生产的过程具有重要意义。

一、学习情境设计

本学习情境以小麦为例，基于小麦种植和生产的流程，要求学生掌握基本农具的使用方法，了解当代机械化农业生产的前沿技术，亲自参加农业生产过程，出力流汗，体验农业丰收的喜悦，达到感受劳动艰辛，珍惜劳动成果，杜绝浪费，养成诚实守信、吃苦耐劳等良好品质的劳动教育目标。

表 5－2－1　“主要农作物种植”学习情境设计

<table>
<tr><td>学习情境</td><td colspan="2">主要农作物种植</td><td>学时建议:2 学时</td></tr>
<tr><td>学习情境描述</td><td colspan="3">学生根据教师下发的学习任务书，了解小麦种植的全过程，能够使用基本农具，在校园农场中与同学完成种植任务</td></tr>
<tr><td>学习环境要求</td><td colspan="3">总体环境：校园农场。
工具准备：铁锹、耙子、锄头、水管（喷壶）等基本农具</td></tr>
<tr><td rowspan="3">学习目标</td><td>知识目标</td><td colspan="2">1. 了解铁锹、耙子、锄头等常见农具的使用方法。
2. 了解主要农作物的种类和用途。
3. 了解主要农作物的种植方法</td></tr>
<tr><td>能力目标</td><td colspan="2">1. 能够安全地使用铁锹、耙子、锄头等常见农具。
2. 能够制定种植方案，解决种植时遇到的各类问题。
3. 能够与他人共同完成一种主要农作物的种植</td></tr>
<tr><td>素质目标</td><td colspan="2">1. 提高对粮食安全的认识，增强对土地和粮食的情感。
2. 养成积极参与劳动的习惯，增强工作学习的计划能力。
3. 培养精工细作、踏实耐心、坚持不懈的精神，提高正确处理集体劳动与个人学习关系的能力。
4. 树立劳动意识，培养热爱土地、珍惜劳动成果的良好品质</td></tr>
<tr><td>学习内容</td><td colspan="3">1. 农作物的基本常识。
2. 铁锹、耙子、锄头等常见农具的使用方法。
3. 主要农作物的种植方法与步骤</td></tr>
<tr><td>学习方式方法与组织形式</td><td colspan="3">1. 学习方式方法：演示教学法、任务驱动法、小组教学法。
2. 学习组织形式：与他人合作分工，第一次操作需要在老师协助下完成，掌握之后可以独立操作</td></tr>
<tr><td>学习要求</td><td colspan="3">1. 注意农具的使用安全。
2. 认真区分不同农作物的种植要求。
3. 养成踏实细心、诚实劳动、坚持不懈的劳动习惯，维护校园农场的干净整洁</td></tr>
</table>

续上表

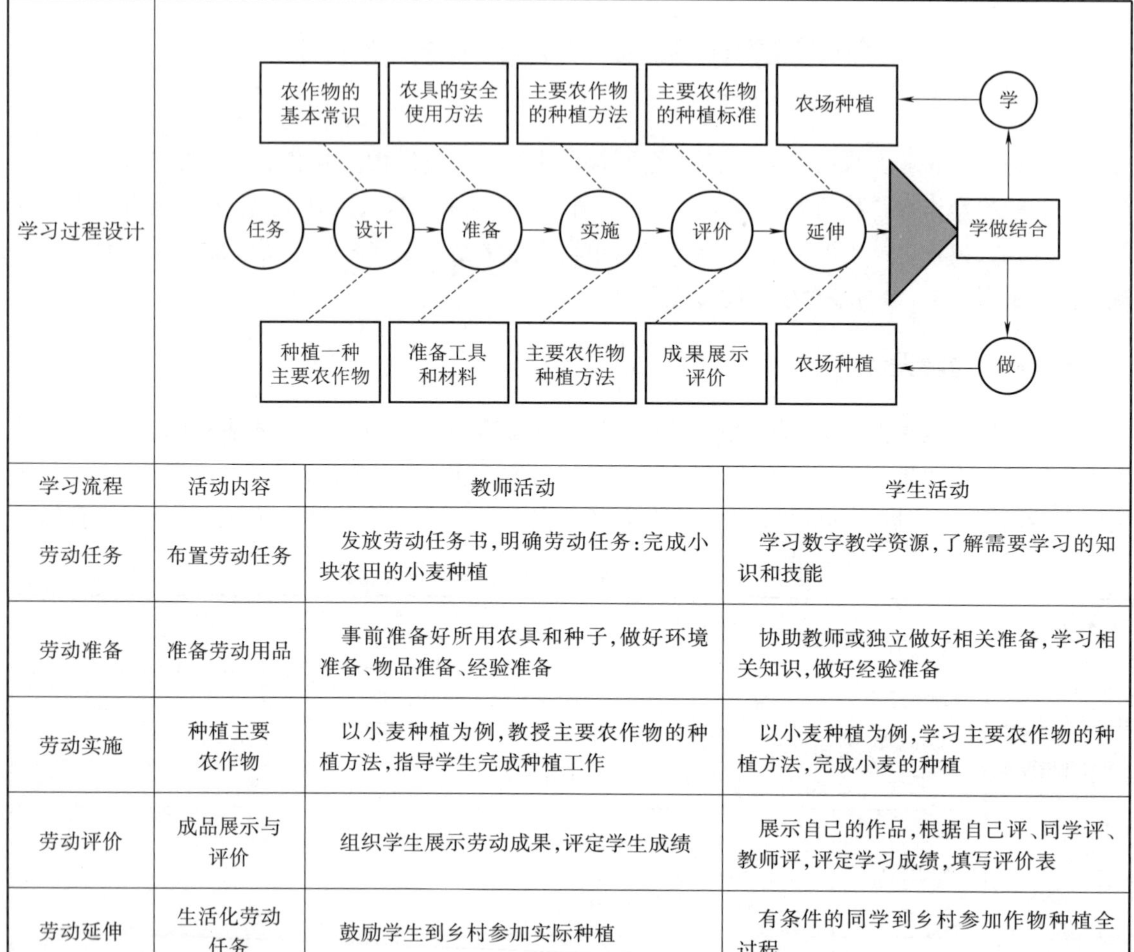

学习流程	活动内容	教师活动	学生活动
劳动任务	布置劳动任务	发放劳动任务书，明确劳动任务：完成小块农田的小麦种植	学习数字教学资源，了解需要学习的知识和技能
劳动准备	准备劳动用品	事前准备好所用农具和种子，做好环境准备、物品准备、经验准备	协助教师或独立做好相关准备，学习相关知识，做好经验准备
劳动实施	种植主要农作物	以小麦种植为例，教授主要农作物的种植方法，指导学生完成种植工作	以小麦种植为例，学习主要农作物的种植方法，完成小麦的种植
劳动评价	成品展示与评价	组织学生展示劳动成果，评定学生成绩	展示自己的作品，根据自己评、同学评、教师评，评定学习成绩，填写评价表
劳动延伸	生活化劳动任务	鼓励学生到乡村参加实际种植	有条件的同学到乡村参加作物种植全过程

二、任务布置

表 5-2-2 “主要农作物种植”劳动任务书

学习情境	主要农作物种植		
具体任务	知识点	技能点	教学案例
主要农作物种植	1. 农作物的基本常识。 2. 铁锹、耙子、锄头等常见农具的使用方法。 3. 主要农作物的种植方法	1. 能够安全正确地使用农具。 2. 能够独立完成主要农作物的种植工作	校园农场小麦种植
任务要求	1. 劳动要求：学生能够独立完成主要农作物的种植，提高劳动能力，培养生产劳动习惯。 2. 安全要求：学生使用农具需由老师协助指导，保证安全。 3. 操作要求：学生需掌握一种农作物的正确种植方法，养成认真细致、踏实耐心、勤于思考、善于探究的劳动习惯，同时保持农场清洁		

三、任务实施

任务:主要农作物种植

引导问题1:观看微课“主要农作物种植”,了解农作物的重要性是什么。

主要农作物种植

引导问题2:小麦种植有哪些基本步骤?

【操作提示】

操作步骤1:土地基础整理

土地基础整理是为了使土壤疏松透气、上下层互换、养分均匀,杀死害虫。使用铁锹等农具进行深挖,铲除石子,碎土,平整的具体步骤是:

(1)翻。深挖翻土。

(2)清。保证土质细碎干净,清出石子、杂草、树枝、垃圾等杂物。

(3)平。平整土地,无深坑,无“鸡窝”现象。

(4)浇。根据土壤湿润程度,进行浇灌,使土壤上松下实、紧密适中。

操作步骤2:施底肥

在种植小麦前最好施足底肥,保证土壤中的养分充足,解决土壤酸化、板结、有机质匮乏、地力变差等问题,给土壤以生命力。底肥又称基肥,主要作用是供给植物整个生长期所需养分,包括有机肥和无机肥两种。底肥应施到整个耕层之内,按照每亩10 kg左右肥料进行施加,人们常用的是尿素和二铵。

将肥料均匀散播到土壤表面,再用铁锹深翻一下(也可以在土地基础整理时进行),以20 cm左右的深度为宜,使肥料与土壤充分混合,以改善土壤的肥沃度,使植物生长得更好。

土地基础整理和施底肥的过程对于大多数作物来说都是类似的。农民们都习惯春天翻地,不过现在也鼓励秋天翻地,这样更有利于利用冬天的寒冷杀死病虫。翻地可以使表层土壤与深层土壤互换位置,有利于土壤养分的均匀分布,还可以为春天播种争取时间。土地基础整理和施底肥是很繁琐的劳动过程,现代农业取而代之的是深松、免耕、旋耕等保护性耕作措施,劳动也是不断发展进步的,我们要加强学习,才能跟上时代的步伐。校园农场面积较小,我们还使用老办法翻地,让土地深呼吸,这两个过程相当于给种子准备了一个舒适的温床,让它们自然健康地生发。

操作步骤3:播种

播种时要注意天气变化,不宜在中午或恶劣天气下进行。

用铁锹或锄头在田间按30 cm左右的行距,挖深3 ~4 cm的沟,由于株距可以很近,所以播种较密。农民在劳动中随身带尺子很不方便，他们会巧妙地利用自己的身体进行测量，这个深度大约就是两横指深。我们要把整片土地都挖好浅沟，并且要时时注意相互间的距离。随着劳动经验的丰富，同学会发现种子的大小与播种时挖沟的深浅有着密切的关系，通常种子越小，沟就要越浅，以便顺利出苗。

将选好的小麦种子播撒在已挖好的沟中，覆土压实。

操作步骤4：浇水

水分是作物生长的要素，播种后要及时浇水。这里我们使用传统的水管灌溉方式，使水缓慢注入田间，后期麦苗浇水不宜太多，2～5天浇一次水即可，可用水管，也可用喷壶或蓬头状的洒水器进行喷洒，不要用太强的水柱冲刷土壤或作物。

操作步骤5：除草

在田园里很容易滋生杂草，当麦苗长出后，要将杂草拔除，这样才不会让杂草和作物争夺养分。首先要区分杂草和作物，不可错将作物当作杂草拔除。然后将杂草从根部连根拔起，有时可使用小铁铲进行铲除。有些杂草已经长出种子且已成熟，尽量不让这些种子掉落在麦田中。

操作步骤6：收获

一般冬小麦在国庆节左右播种，第二年的6月下旬7月上旬收割；春小麦在3月下旬至4月上旬播种，7月中旬至8月下旬收割。收割后要进行脱粒、干燥、贮藏等环节。小麦收获后，田间残有大量秸秆，可以做还田处理。沉甸甸的麦穗和金黄的小麦不仅能带来丰收的喜悦，还能告诉人们“人勤地不懒”的朴素道理，辛勤且诚实的劳动一定会带来收获。

【知识链接】

1. 小麦一般种植技术

1）选用良种技术

生产中应根据本地区的气候、土壤、地力、种植制度、产量水平和病虫害情况等，选用最适宜的优良品种种植。

（1）根据本地区的气候条件，特别是气温条件选用冬性、半冬性或春性品种。

（2）根据生产水平选用良种。如在旱薄地应选用抗旱耐瘠品种；在土层较厚、肥力较高的旱肥地，应种植抗旱耐肥品种；而在肥水条件良好的高产田，应选用丰产潜力大的耐肥、抗倒品种。

（3）根据不同耕作制度选用良种。如麦、棉套种，不但要求小麦品种具有适宜晚播、早熟的特点，以缩短麦、棉共生期，同时要求小麦品种具有植株较矮、株型紧凑、边行优势强等特点，以充分利用光能，提高光合效率。

（4）根据当地自然灾害的特点选用良种。

（5）籽粒品质和商品性好。包括营养品质好，加工品质符合制成品的要求，籽粒饱满、容重高、销售价格高。

（6）选用良种要经过试验、示范。在生产上既要根据生产条件的变化和产量的提高，不断更换新品种，又要防止不经过试验就大量引种、调种及频繁更换良种；在种植当地主要推广的良种时，要注意积极引进新品种进行试验、示范，并做好种子繁殖工作，以便确定“接班”品种，保持生产用种的高质量。选用的良种要进行种子包衣或播前药剂拌种。

2)精细整地技术

耕作整地的目的是使麦田达到耕层深厚,土壤中水、肥、气、热状况协调,土壤松紧适度,保水、保肥能力强。总的原则是以耕翻(机耕)或少免耕(旋耕)为基础,耙、耱(耢)、压、起垄、开沟、作畦等作业相结合,正确掌握宜耕、宜耙等作业时机,减少耕作费用和能源消耗,做到合理耕作,保证作业质量。

为改善土壤结构,增强土壤蓄水保墒能力,应在播前进行精耕细整,翻耕 23 ~ 25 cm,还可进行秸秆还田,不但能增强土壤肥力,而且可以打破犁底层,达到深、细、透、平、实、足(水)的标准,即耕作层要深(旱地 20 ~ 25 cm,稻茬地 15 ~ 20 cm),耕后将土地耙细(碎)、耙透、整平、踏实,达到上松下实、蓄水保墒。

土地平整后要做畦开沟,垒筑田埂,建立麦田灌、排水相配套的设施,挖好“三沟”(墒沟、腰沟、地头沟),开春后及时疏通“三沟”,使沟渠相通,以满足灌、排水的要求。

3)平衡施肥技术

根据土壤综合肥力制定施肥方案,以有机肥为主,有机肥、无机肥结合施用,以改善土壤中的有机质含量,从而达到均衡施肥的目的。在耕地的同时要施足基肥,施有机肥 30 ~ 45 t/公顷,纯 N 225.0 kg/公顷,P_2O_5 90.0 ~ 112.5 kg/公顷,K20 75.0 ~ 112.5 kg/公顷,为减少冬雪春雨造成的化肥流失损耗,避免小麦中后期脱肥早衰,应将 50% 左右的氮素化肥后移到拔节至孕穗期间,并分 2 次追施,使小麦籽粒中赖氨酸、蛋白质含量提高。

4)浇水造墒技术

墒情是指作物耕层土壤中含水量多寡的情况。墒指土壤的湿度;墒情指土壤湿度的情况。小麦播种时耕层的适宜墒情为土壤相对含水量 75% ~80% 。在适宜墒情的条件下播种,能保证一次全苗,使种子根和次生根及时长出,并下扎到深层土壤中,提高抗旱能力,所以小麦播种前墒情不足时要提前浇水造墒。

5)适期适量播种技术

为培育壮苗,形成根系发达、茎蘖数较多的小麦生产群体,充分利用热量资源,要适期播种,从而为小麦高产奠定基础。一般小麦在田间持水量为 70% ~80% 时最有利于出苗。因此,当播期、土壤墒情发生冲突时,一定要做到适墒播种,可晚播 3 ~5 天,从而使小麦全苗。

根据小麦品种特性、播种期确定小麦的播种量,一般半冬性、弱冬性品种分别在 10 月上中旬、9 月底播种,播种量为 90 ~105 kg/公顷;弱春性、春性品种分别在 10 月中下旬、10 月下旬至 11 月上旬进行播种比较适宜,播种量为 120 ~150 kg/公顷,随着播种期推迟可适当增加播种量。7 500 kg/公顷以上的高产田块,基本苗可控制在 180 万 ~225 万株/公顷,9 月底 10 月初播种可降到 150 万 ~180 万株/公顷。对于分蘖成穗低的大穗型品种,适宜基本苗为 195 万 ~270 万株/公顷。

6)小麦种植的科学田间管理技术

为防止发生缺苗断垄现象,保证小麦安全越冬,要及时进行灌水,使小麦形成壮根。为使杂草防治效果较好,可在 1 月中旬至 2 月下旬进行化学除草。2 月中旬至 2 月底,3 月中下旬分别追施化肥 75 ~120 kg/公顷、120 ~150 kg/公顷,促进小麦返青拔节,提高小麦的分蘖率。3 月初要浇返青水，肥力中等、群体偏少的麦田在拔节期稍前或拔节初期追肥浇水，肥力高、群体适宜或偏大的麦田在拔节后期进行追肥浇水。

小麦倒伏分为根倒伏和茎倒伏两种，一般是茎倒伏，主要是由于前期氮肥施用量较大，造成小麦群体过大，田间郁闭，通风透光不好，小麦徒长旺长，基部节间过长，后期出现大风天气小麦就易发生倒伏。因此，在小麦生产中，应根据土壤的肥力状况进行科学施肥浇水。

小麦抽穗扬花期(4 月中下旬)，为防治小麦蚜虫、吸浆虫、粘虫、锈病、白粉病和赤毒病等，延长小麦生长期，提高产量，可喷施杀虫剂，并连续使用 1 ~ 2 次。同时，灌水 1 ~ 2 次，第 1 次灌水在初穗扬花期进行，以保花增粒促灌浆，达到粒大、粒重、防止根系早衰的目的；第 2 次灌麦黄水，以补充水分，并为复播第 2 茬作物做前期准备。

7)小麦种植的适时收获

一般在 6 月上中旬小麦基本成熟、整个麦田 2/3 的麦穗发黄时收割，小麦蜡熟末期是最佳收获期，但小麦不可过于成熟，以免籽粒脱落而减少收成。小麦要分品种进行单收、单晒、单储，以免品种混杂，降低小麦的商品性和经济价值。

2. 大豆种植及管理技术

1)选地与选茬

选择地势平坦、土壤深厚、肥力较高的土壤，前茬以玉米、小麦为首选。没有深翻深松基础的地块要进行秋季浅翻深松整地，垄作地块要起好垄，平作地块要整平耙细，达到待播状态。

去年秋季没来得及整地的玉米茬，在融雪后、土壤未解冻时用灭茬机械灭除地面上部秸秆，土壤化冻达到耙地标准时及时进行对角耙地，耙深 15 ~ 18 cm，耙平耙细后镇压一遍达待播状态，适时播种，出苗后深松起垄；小麦茬在土壤化冻达到耙地标准时及时对角耙地，耙深 15 ~ 18 cm，耙平耙细后镇压一遍达待播状态，适时播种，出苗后深松起垄。

2)主体栽培技术

(1)垄三栽培技术：垄距 60 ~ 70 cm，垄上双行精量点播，小行距 15 ~ 18 cm。

(2)密植栽培技术：包括大垄密植栽培、小垄密植栽培、30 cm 平作窄行密植三种模式。

(3)大垄密植栽培技术：垄距 110 cm，垄上种植 4 行。

(4)小垄密植栽培技术：垄距 45 cm，垄上双行栽培。

(5)30 厘米平作窄行密植：行距 30 cm，平播。

3)种子及其处理

(1)品种选择。第四积温带主栽黑河 43、克山 1 号，搭配种植北豆 10、黑河 53、金源 55。第五积温带选择华疆 4 号、北豆 42 号、黑河 45、黑河 50。第六积温带选择黑河 35、华疆 2 号、北豆 36、北豆 26。

(2)种子质量及处理。种子播前要进行精选，纯度不低于 98.0%，净度不低于 98.0%，发芽率不低于 85.0%(成苗率)，含水量不高于 13.0%。选用 35% 的多克福大豆种衣剂按药种比 1:60 ~ 80 拌种。

4)施肥

首先是增施农肥，中等肥力地块每公顷施用量为 22.5 t 以上。化肥测土配方施肥的推荐施肥量为：一般中等肥力地块垄三栽培时施氮肥25～35 kg，施磷酸二铵150～225 kg，施钾肥50～75 kg。采用密植栽培时施肥量增加10%～15%。大豆在初花期每公顷用磷酸二氢钾1.5 kg，将其溶于200 kg水中进行喷施。

5）播种

（1）播期：当地温稳定在7～8 ℃后可以适时播种。一般情况下平原乡镇5月1日－5月15日；山区乡镇5月10日－5月25日。

（2）密度：垄三栽培公顷保苗30～33万株为宜，密植栽培公顷保苗40～45万株为宜。

6）田间管理

（1）及时趟地。当大豆拱土时及时趟蒙头土，深度1 cm左右。于大豆第一片复叶展开时进行深松，深度25 cm左右为宜。大豆株高25～30 cm时进行第二次趟地，深度8～12 cm为宜；大豆封垄前进行最后一遍趟地，深度8～12 cm为宜。

（2）化学除草。土壤墒情好可采取土壤封闭处理，春季干旱区提倡苗后除草。

①土壤封闭处理。在大豆播种后出苗前5～7天进行，常用配方有：

90%乙草胺1.7～1.95 L+72% 2,4-D丁酯0.8～1.0 L或72%异丙草胺2.1～2.8 L或90% 2,4-D异辛酯0.45～0.6 L，兑水均匀喷雾。

90%乙草胺1.7～1.95 L+75%噻吩磺隆25～30 g（或15%噻吩磺隆150～220 g）兑水225～300 L均匀喷雾。

②苗后茎叶处理。在大豆出苗后，杂草处于2～4叶期进行。

当田间杂草主要有稗草、藜、苋、蓼时采用如下配方：

25%氟磺胺草醚1.5～2.0 L+ 12.5%烯禾定1.0～1.5 L（或5%精喹禾灵1.0～1.5 L或10.8%高效盖草能0.5～0.8 L或5%精稳杀得1.0 L）。

田间杂草主要有稗草、藜、苋、蓼、伴生刺儿菜、苣荬菜等时采用如下配方：

25%氟磺胺草醚1.0～1.5 L+48%苯达松1.5～2.0 L+12.5%拿捕净1.0～1.5 L（或5%精喹禾灵1.0～1.5 L或10.8%高效盖草能0.5～0.8 L或5%精稳杀得1.0 L）。

48%异恶草松0.75 L+25%氟磺胺草醚0.75～1.0 L+12.5%拿捕净1.0～1.5 L（或5%精喹禾灵1.0～1.5 L或10.8%高效盖草能0.5～0.8 L或5%精稳杀得1.0 L）。

7）病虫害防治

（1）大豆食心虫：对大豆外观品质和商品等级影响严重，必须加强统一防治工作，常用的药剂是1 500倍48%天达毒死蜱液+1 500倍2.5%高效氯氟氰菊酯液+3 000倍天达有机硅混合液喷雾，一次即可。

（2）蚜虫和红蜘蛛：每公顷用35%赛丹乳油1 000～1 500 mL，或用10%的吡虫啉1 500 g，或用1.8%阿维菌素制剂150 mL，兑水450～500 kg喷施。

（3）灰斑病：在大豆花荚期，当叶片30%以上出现病斑时，用50%多菌灵可湿性粉剂或40%多菌灵胶悬剂，每公顷用量1.5 kg，兑水450 kg喷施。

（4）大豆茎折病：选用抗病品种，用35%多克福种衣剂按照药种比1∶60～80进行包衣。均衡施肥。施肥时注意氮磷钾的配方，避免偏施氮肥，应增施磷钾肥。合理施用化学除草剂，不使用残留除草剂,不过量施用除草剂。

8)收获

叶片全部落净、豆粒归圆时采用机械联合收割。割茬高度以不留底荚为准,一般为4~5 cm。收割时应达到以下标准:收割损失率小于1%,脱粒损失率小于2%,破碎率小于5%,泥花脸率小于5%,清洁率大于95%。

3. 夏红薯种植技术

近年来,随着红薯的深加工,其本身经济价值不断增长。红薯的种植面积逐年增大,尤其夏红薯的种植面积增长更快。要想夏红薯获得高产,其种植应采取以下五项措施。

1)夏红薯种植适时抢栽

夏红薯早栽,可促使早生长,早结薯,早封垄,延长薯块膨胀期。夏红薯自6月20日至6月30日起,每晚栽一天,平均减产3%。因此,夏红薯要抢时早栽,力争在7月上旬栽完,使其生长期达到110天以上,只有这样,才能获得较高产量。

2)夏红薯种植打好薯垄

薯垄是影响夏红薯产量的一个重要因素,故要打好薯垄。要避免雨后打垄,雨后打垄会造成土壤板结,不利薯块膨大,故应抢晴天干打薯垄,力求暄、透、短。暄、透可加大土壤空隙,增加渗透性和保水能力;短垄有利于排水,可防止土壤水分饱和,既能抗旱防涝,又能保持薯垄的透气性。

3)夏红薯种植施足底肥

夏红薯生育期短,增施底肥特别是施好催苗肥,可促使茎蔓迅速生长。茎肥一般每1/15公顷施土杂肥2 500~3 000 kg,最好多施些草木灰等速效钾肥,并于打垄时每1/15公顷施磷酸二铵10~15 kg。为了促进薯苗早发,可于栽秧时穴施一些氮肥,一般每1/15公顷施3~4 kg。要注意苗、肥隔离。最后浇水封穴。

4)夏红薯种植选栽蔓头

夏红薯的蔓头,营养发达,抗逆性强,扎根早,结薯早,产量高。据试验,夏红薯栽蔓头,比栽蔓节增产14.1%,比栽冷薯芽增产18.7%,比栽火炕芽增产22%。栽蔓头时要保持顶叶不干枯,要做到三点:一是随剪蔓,随栽植,随浇水,防止蔓叶失水萎蔫;二是地上留叶要适度,若留有7叶,则晴天,上午栽时,可留3叶埋4叶,阴天,下午栽时,可留4叶埋3叶,最好是下午或傍晚栽;三是栽后浇水,封严穴。

5)夏红薯种植合理密植

夏红薯单株产量较低,一般采用小垄密植,才能发挥群体增产的作用,获得高产。可选用蔓短、结薯集中的品种,注意合理密植,采用小垄栽植,一般垄距60~70 cm,株距15~20 cm,每1/15公顷栽5 000~6 000株,种薯还可更密些,可达7 000株。栽时短苗深插斜栽,浇足水,封严穴,使其早还苗,早发棵,早结薯,多结薯,创高产。

四、任务评价

学生将劳动过程拍照,上传到指定位置,并进行简要介绍,通过自评、互评、教师与家长评价相结合的方式完成评价,将评价结果填入表5-2-3。

表5-2-3　“主要农作物种植”考核评价表

学生姓名：　　　　　　　　　小组名称：　　　　　　　班级：

<table>
<tr><th>类别</th><th>标准</th><th>等级(优、良、中、差)</th></tr>
<tr><td>劳动素养</td><td>1. 劳动态度积极认真，自觉自愿参加劳动。
2. 不怕脏、不怕累，诚信劳动，认真完成劳动任务。
3. 具有自觉、诚信的劳动意识。
4. 具有安全和质量意识，爱护劳动工具。
5. 与他人分工协作，具备较好的团结协作能力。
6. 体验劳动的辛苦，体认劳动不分贵贱，尊重劳动成果和劳动者</td><td></td></tr>
<tr><td>劳动成果</td><td>1. 挖沟整齐，行距相等，符合要求。
2. 田间土壤松软、无大石块及杂物，浇水均匀。
3. 农具干净，摆放整齐，视觉舒适。
4. 杂物集中放置，及时清理</td><td></td></tr>
<tr><td colspan="3">总体评价</td></tr>
<tr><td colspan="3">学习存在哪些问题？哪些技能需要进一步夯实：

考核评价人：
年　　月　　日</td></tr>
</table>

五、任务延伸

结合本学习情境内容，与同学参加校园农场的劳动，有条件的同学可以到乡村参加田野劳动，体验主要农作物种植的全过程，将过程拍摄成图片或视频上传到平台，并填写任务书。

表5-2-4　“主要农作物种植”生活化任务书

<table>
<tr><td>活动名称</td><td colspan="3">农场种植</td></tr>
<tr><td>活动时间</td><td colspan="3">________年________月________日</td></tr>
<tr><td>活动人员</td><td></td><td>重点工作内容</td><td></td></tr>
<tr><td>活动过程</td><td colspan="3"></td></tr>
<tr><td rowspan="3">活动感悟</td><td>收获</td><td colspan="2"></td></tr>
<tr><td>不足</td><td colspan="2"></td></tr>
<tr><td>改进措施</td><td colspan="2"></td></tr>
<tr><td>自我评价</td><td colspan="3">A. 优秀　　B. 良好　　C. 合格　　D. 不合格</td></tr>
</table>

学习情境 5-3　蔬菜种植

蔬菜是指可以烹饪成为食品的一类植物或菌类,能提供矿物质、维生素、纤维等大量人体必须的营养物质,是人们日常饮食中必不可少的食物之一。蔬菜种植产业能够满足人类日常的食物需求,还可以增加农民收入,促进城乡居民就业,同时我国在蔬菜种植产业方面所具有的优势,在平衡农产品国际贸易方面也发挥了重要作用。

一、学习情境设计

本学习情境以我国北方大白菜的种植为例,依据白菜种植和生长的流程,学生需要学习基本农具的使用,掌握蔬菜种植和生长的流程,亲自到田间出力流汗。达到体验劳动艰辛、珍惜劳动成果的教育目标。

表 5-3-1　“蔬菜种植”学习情境设计

学习情境	蔬菜种植	学时建议:2 学时
学习情境描述	学生根据教师下发的学习任务书,了解蔬菜种植的全过程,能够制订种植的方案,与他人合作完成校园蔬菜种植任务	
学习环境要求	总体环境:校园农场。 工具准备:铁锹、耙子、锄头、水管(喷壶)等基本农具	
学习目标	知识目标	1. 了解铁锹、耙子、锄头等常见农具的使用方法。 2. 了解蔬菜的种类和用途。 3. 了解常见蔬菜的种植方法
	能力目标	1. 能够安全地使用铁锹、耙子、锄头等常见农具。 2. 能够制定种植方案,解决种植时的各类问题。 3. 能够与他人共同完成一种蔬菜的种植
	素质目标	1. 体验劳动的艰辛,培养尊重劳动者、珍惜劳动成果的品质。 2. 养成积极参与劳动的习惯,增强工作学习的计划能力。 3. 培养精工细作、踏实耐心、坚持不懈的精神,提高正确处理集体劳动与个人学习关系的能力。 4. 树立劳动意识,培养热爱土地、珍惜劳动成果的良好品质
学习内容	1. 农作物的基本常识。 2. 铁锹、耙子、锄头等常见农具的使用方法。 3. 常见蔬菜的种植方法和步骤	
学习方式方法与组织形式	1. 学习方式方法:演示教学法、任务驱动法、小组教学法。 2. 学习组织形式:与他人研讨制订蔬菜种植的方案,第一次操作需要在老师协助下完成,掌握之后可以独立操作	
学习要求	1. 注意农具的使用安全。 2. 认真区分不同农作物的种植要求。 3. 养成细心踏实、坚持不懈的劳动习惯,维护校园农场的干净整洁	

续上表

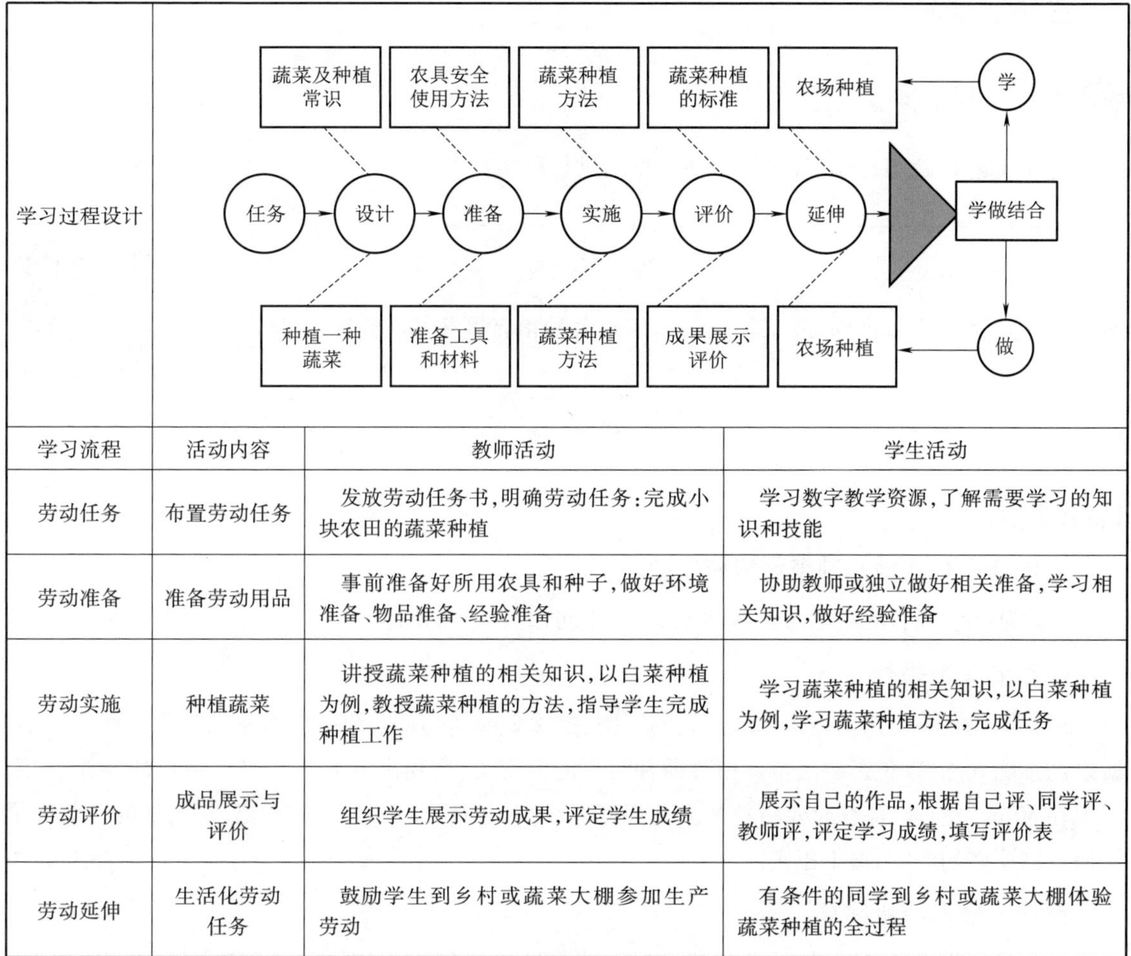

学习过程设计			
学习流程	活动内容	教师活动	学生活动
劳动任务	布置劳动任务	发放劳动任务书,明确劳动任务:完成小块农田的蔬菜种植	学习数字教学资源,了解需要学习的知识和技能
劳动准备	准备劳动用品	事前准备好所用农具和种子,做好环境准备、物品准备、经验准备	协助教师或独立做好相关准备,学习相关知识,做好经验准备
劳动实施	种植蔬菜	讲授蔬菜种植的相关知识,以白菜种植为例,教授蔬菜种植的方法,指导学生完成种植工作	学习蔬菜种植的相关知识,以白菜种植为例,学习蔬菜种植方法,完成任务
劳动评价	成品展示与评价	组织学生展示劳动成果,评定学生成绩	展示自己的作品,根据自己评、同学评、教师评,评定学习成绩,填写评价表
劳动延伸	生活化劳动任务	鼓励学生到乡村或蔬菜大棚参加生产劳动	有条件的同学到乡村或蔬菜大棚体验蔬菜种植的全过程

二、任务布置

表 5-3-2 “蔬菜种植”劳动任务书

学习情境	蔬菜种植		
具体任务	知识点	技能点	教学案例
蔬菜种植	1. 蔬菜的基本常识。 2. 铁锹、耙子、锄头等常见农具的使用方法。 3. 常见蔬菜的种植方法	1. 能够安全正确地使用农具。 2. 能够独立完成蔬菜的种植工作	校园农场白菜种植
任务要求	1. 劳动要求:学生能够与他人合作完成蔬菜种植的基本过程,提高劳动能力,培养生产劳动习惯。 2. 安全要求:学生所用农具需由老师指导使用,保证安全。 3. 操作要求:学生需掌握一种蔬菜的种植方法,养成认真细致、踏实耐心、勤于思考、善于提问的劳动习惯,同时保持农场清洁		

三、任务实施

任务：蔬菜种植

引导问题1：蔬菜有哪些，选择一种常见的进行种植？

____

____

引导问题2：观看微课“蔬菜种植”，了解蔬菜种植有哪些基本步骤。

蔬菜种植

____

____

【操作提示】

操作步骤1：土地基础整理和施底肥

土地基础整理和施底肥与学习情境5－2相同，此处不再赘述。

操作步骤2：播种

用铁锹或锄头在田间按40 cm左右的行距，挖深2 cm的沟，大约一横指深。白菜的种子很小，所以沟不能太深，以免影响出苗。白菜播种时不能太密实，后期出苗后还要进行定苗的操作，株距一般在30 cm左右。播种时要将整片土地都挖好浅沟，并且目测相互间的距离，将选好的白菜种子播撒在已挖好的沟中，覆土压实。

操作步骤3：浇水除草

水分是作物生长的要素，播种后要及时浇水。这里我们使用传统的水管灌溉方式，使水缓慢注入田间。出苗后浇水需要注意结合白菜的生长阶段进行，前期白菜需水量一般，保持土壤湿润即可。白菜进入莲座期后需要适当的进行控水，以促进白菜结球，防止徒长。

除草操作与学习情境5－2相同，此处不再赘述。

【知识链接】

1. 蔬菜的分类

蔬菜一般可分为叶菜类、根茎类、瓜茄类、鲜豆类等四大类。根茎类蔬菜主要有胡萝卜、白萝卜、土豆、藕、山药、红薯、葱、大蒜、竹笋、芋头等。这类蔬菜以淀粉为主，含糖量较高，如胡萝卜、红薯、芋头、土豆、山药等，能部分替代主食。其他营养成分又各有不同，如胡萝卜含碘、溴、淀粉酶；土豆中含钾盐和维生素。

2. 常见蔬菜的种植技术

1）阳台上如何种植白菜

俗话说“百菜不如白菜”，白菜营养丰富，生长期短，易于栽种，可进行阳台小菜园种植，白菜的栽培季节一般在春秋季节。

工具及材料：大型容器。

种植的方法与步骤：

(1)开壕：浇足底水，将土层表面弄平，开深约 1.5 cm、宽 1～1.5 cm 的小壕沟，壕间距 15 cm 左右。

(2)撒种：每隔 3～4 cm 放置 2～3 粒种子。

(3)培土：白菜种子小，顶土力弱，因此要薄薄松松盖土，发芽之前保证充足光照和水分。

(4)间苗：白菜种子一般在 6 天左右破土发芽，在幼叶拉成十字花形时，可进行分苗、间苗，将长势较弱的小苗连根拔去，保持间距在 10～15 cm；也可选择在大容器中集体培植出的长势良好的幼苗，将其单个移植到花盆中。

温馨提示：被淘汰的小幼苗可做汤或拌菜，甜嫩爽口。

(5)浇水：为防止倒苗，浇水后应在根部适量培土。白菜幼苗每天保证浇水一次，使土壤充分湿润。

(6)施肥：幼苗成长半个月后，可以开始第一次施肥。将含氮、磷、钾的肥料颗粒撒在土壤中充分混合。

(7)收获：白菜长到 15～20 cm 时可收获，此时白菜最为鲜嫩。

2)早春胡萝卜种植技术

(1)品种选择。早春栽培胡萝卜，要选择生长期较短、耐寒性较强、春季栽培不易抽薹的品种，如“新黑田 5 寸人参”“春秋三红五寸人参”“超级红冠”等，为促进早发芽、出苗，播前应进行浸种催芽。

(2)种植准备。胡萝卜发芽的最低温度为 7 度，胡萝卜肉质根膨大的适宜温度在 18～25 ℃，据此确定当地播期。选择土质疏松、土层深厚、排灌良好，富含有机质的沙壤土或壤土进行胡萝卜栽培。土壤进行深耕 30～50 cm，并结合深耕施入底肥，每 667 m^2 施优质腐熟好的圈肥 3 000～5 000 kg，磷酸二铵 20 kg，尿素 15 kg。

(3)播种。播种的方式有起垄条播和平畦撒播两种。起垄条播的优点是排灌良好，产量高；缺点是操作较为繁琐，不便机械化操作。一般在肥水条件较好的情况下，采用平畦撒播时，胡萝卜的株行距以 10～12 cm 为宜；采用起垄条播时，垄距为 6 cm，垄宽为 6 cm，株距为 10 cm。覆土厚 1.5 cm左右，轻轻镇压畦面，使种子与土壤结合紧密。在播种当天或第二天，每 667 m^2 用 50% 扑草净 450 g，兑水 75 kg 喷洒畦面，除草效果较好。

(4)播后管理。早春胡萝卜的苗期需进行间苗和中耕，间苗时最好采用断苗的方法。间苗后即定苗，定苗株距 10 cm，行距 10～12 cm。胡萝卜喜磷、钾肥，不宜过多施氮肥，在生长期一般追肥 2～3 次，第 1 次在定苗后 5～7 天进行，结合浇水每 667 m^2 施硫酸铵 3 kg，磷钾肥各 3 kg，或者冲施腐熟的人类尿 500 kg。以后每隔 20 天左右追施第二或第三次肥。胡萝卜耐旱，除配合追肥浇水后，一般很少再浇水。

(5)病虫害的防治。早春胡萝卜病虫害较少，据观察除了苗期有蛴螬危害以外，基本无其他病虫危害。防治蛴螬可用敌百虫、辛硫磷与麦麸配制成毒饵，于傍晚前撒于田间。

(6)采收。早春胡萝卜从播种到收获约 90 天，一般在 6 月底至 7 月初收获，成熟时表现为叶片不再生长，不见新叶，下部叶片变黄。采收得过早过晚，都会影响胡萝卜的商品性状，从而影响产量。

3）有机韭菜种植技术

本标准适用于高寒地区塑料薄膜大棚韭菜种植。

（1）品种选择。选用抗寒性强、较耐高温高湿的竹杆青、马莲韭。汉中韭适宜温室秋延后种植。

（2）整地与施肥。秋末冬前或4月下旬在欲建大棚地块上深翻整地，耕翻以25～30 cm为宜。整地前撒施基肥，每666.7 m^2 施腐熟有机肥5 000～7 500 kg，过磷酸钙100～150 kg，碳酸铵50 kg。在整地时使肥料与土壤充分混匀。耕翻耙细，整平做畦，畦长10～21 m。

（3）浸种催芽。将种子放在30～35 ℃温水中浸泡24 h后，搓洗掉种子表面的黏液，放在15～20 ℃温度下催芽2～4 d，每天用清水淘洗2遍。出芽后挪到较低温处，芽出齐后即可播种。

（4）播种。开沟撒播，沟宽13 cm，沟深6～7 cm，沟间距10 cm。播前沟内灌水，水渗后撒种芽，播后覆土1～1.5 cm，轻轻镇压1次，播种后搂平畦面。

（5）浇水。幼苗出土前保持土壤湿润，勤浇少浇。雨季水分大时注意排水。

（6）除草保苗。每666.7 m^2 用50%扑草净100～150 g，或敌草隆400 g，或除草剂1号200 g，在播种后3 d，进行畦面喷雾。喷药后3～5 d内不宜灌水。

4）盆栽辣椒品种及种植技术

辣椒中维生素C的含量在蔬菜中居第一位，自己种植的盆栽辣椒是无公害的绿色食品，可观赏、可食用。

（1）品种选择。多彩小尖椒、红鹰、迷你鹰、紫水晶观赏椒、风铃椒、朝天彩椒等。

（2）盆栽容器和土壤准备。

①根据品种、株高、造型、商品性要求选择容器类别和大小。

②盆栽土壤选择优质塘泥加粗椰糠或蘑菇棒末，按1∶1比例混配。每1 m^3 营养土加3 kg过磷酸钙、15-15-15复合肥1.5 kg。移栽前喷施多菌灵750倍液消毒，或直接使用辣椒专用栽培基质。

（3）育苗移盆。春季1～2月播种，3月移植，5～7月为最佳观赏期；秋季7～8月播种，8月下旬9月上旬移植，11月至次年春节为最佳观赏期。将种子分装入袋，先用55 ℃温水浸种10 min，再用0.1%高锰酸钾溶液消毒20 min，清水浸8～12 h捞起，洗净甩干后用湿毛巾包裹放30 ℃恒温箱催芽，出芽后播于50孔育苗盆中，每孔放2粒。待2片真叶长出后，每孔保留1株壮苗，待长出4～6片真叶后移栽，每盆种1株。

（4）肥水管理。保持盆土湿润而不积水，浇水时要沿盆边浇入，不能向叶面喷洒，否则会导致植株头重脚轻倒伏，失去观赏性。移栽5天后喷施100倍复合肥水溶液、1 500倍巧绿甲壳素生根抗腐宁，连续3次，每次间隔5天，以促进植株生长。始花期每盆施复合肥2～5 g，间隔10天一次；结果期增施磷钾肥（复合肥、硫酸钾肥、过磷酸钙比例为10∶1∶2），每盆施5～10 g，每隔7天一次，并增加浇水次数，同时在叶面喷施磷酸二氢钾500倍液2～3次，以提高坐果率，并使果色鲜亮。

（5）固定整枝。为增强观赏性，对植株进行整枝、修理、固定尤为重要。由于观赏辣椒株幅大、挂果多，盆内基质土少且疏松，不能承受自身的重量，容易倒伏折断，影响观赏效果，因此必须及时固定。一般始花期插入细竹竿或粗铁丝，并用细铁线绑扎固定。随着植株生长，株幅增大、挂果增多，要及时加插竹竿固定，否则枝芽折断，影响美观，失去观赏性；及时摘除老叶、黄叶、病叶和分杈以下侧芽，保持营养供给、保持通风，以减少病虫害发生。

（6）病虫害防治。病害主要是枯萎病、茎腐病、疫病、病毒病等；虫害主要有茶黄螨、蓟马、烟粉虱、蚜虫等。盆栽辣椒以预防为主，长出真叶后每隔 5 ~ 7 天喷施 70% 丙森锌（安泰生）可湿性粉剂 1 200 倍液；移盆后每隔 7 ~ 10 天喷施 72% 农用链霉素可溶性粉剂等。

四、任务评价

学生将劳动过程或劳动成果拍照，上传到指定位置，并进行简要介绍，通过自评、互评、教师与家长评价相结合的方式完成评价，将评价结果填入表 5 − 3 − 3。

表 5 − 3 − 3　“蔬菜种植”考核评价表

学生姓名：　　　　　　　　小组名称：　　　　　　班级：

类别	标准	等级（优、良、中、差）
劳动素养	1. 劳动态度积极认真，自觉自愿参加劳动。 2. 不怕脏、不怕累，诚信劳动，认真完成劳动任务。 3. 具有自觉、诚信的劳动意识。 4. 具有安全和质量意识，爱护劳动工具。 5. 与他人分工协作，具备较好的团队合作能力。 6. 体验劳动的辛苦，体认劳动不分贵贱，尊重劳动成果和劳动者	
劳动成果	1. 挖沟整齐，行距相等，符合要求。 2. 田间土壤松软，无大石块及杂物，浇水均匀。 3. 农具干净，摆放整齐，视觉舒适。 4. 杂物集中放置，及时清理	
总体评价		
学习存在哪些问题？哪些技能需要进一步夯实： 考核评价人： 年　月　日		

五、任务延伸

结合本学习情境内容，与同学到学校农场进行蔬菜种植劳动，有条件的同学可以到乡村或蔬菜大棚，体验蔬菜种植的全过程，感受收获的喜悦，将过程拍摄成图片或视频上传到平台，并填写任务书。

表 5-3-4 “蔬菜种植”生活化任务书

<table>
<tr><td>活动名称</td><td colspan="3">蔬菜种植</td></tr>
<tr><td>活动时间</td><td colspan="3">________年________月________日</td></tr>
<tr><td>活动人员</td><td></td><td>重点工作内容</td><td></td></tr>
<tr><td>活动过程</td><td colspan="3"></td></tr>
<tr><td rowspan="3">活动感悟</td><td>收获</td><td colspan="2"></td></tr>
<tr><td>不足</td><td colspan="2"></td></tr>
<tr><td>改进措施</td><td colspan="2"></td></tr>
<tr><td>自我评价</td><td colspan="3">A. 优秀　　B. 良好　　C. 合格　　D. 不合格</td></tr>
</table>

学习情境 5-4　水果种植

水果是可食用的植物果实,含有丰富的维生素和营养成分,能够促进消化,补充维生素和微量元素,丰富人类的食物种类。本学习情境以张家口的宣化葡萄种植为例。宣化葡萄拥有上千年的种植历史,在 2013 年被联合国粮农组织评为“全球重要农业文化遗产”。“宣化城市传统葡萄园”中漏斗型庭院式葡萄架别具特色,成为全球唯一的“城市农业文化遗产”。

一、学习情境设计

依据葡萄种植和生产的流程,学生需要了解葡萄种植和生产的完整流程,能够使用基本农具,能够完成葡萄生产过程各个环节的基本劳动,感受劳动创造价值、获取劳动成果的喜悦,达到热爱劳动、珍惜劳动成果的教育目标。

表 5-4-1 “水果种植”学习情境设计

<table>
<tr><td>学习情境</td><td>水果种植</td><td>学时建议:2 学时</td></tr>
<tr><td>学习情境描述</td><td colspan="2">学生根据教师下发的学习任务书,学习种植葡萄的常见方法,与他人共同完成校园葡萄种植的基本操作</td></tr>
<tr><td>学习环境要求</td><td colspan="2">总体环境:校园农场。
工具及材料准备:铁锹、剪刀、细绳、果袋、肥料等</td></tr>
</table>

续上表

<table>
<tr><td rowspan="3">学习目标</td><td>知识目标</td><td colspan="2">1. 葡萄种植的部分工具和材料的用法。
2. 葡萄的种类和用途。
3. 常见葡萄的种植方法</td></tr>
<tr><td>能力目标</td><td colspan="2">1. 能够安全地进行种植管理劳动。
2. 能够主动学习种植方法，解决种植时的各类问题。
3. 能够与他人共同完成一种常见葡萄的种植</td></tr>
<tr><td>素质目标</td><td colspan="2">1. 体验劳动的艰辛，培养尊重劳动、珍惜劳动成果的品质。
2. 养成细心踏实、严谨认真的劳动习惯，提高正确处理集体劳动与个人学习关系的能力。
3. 树立田园劳动意识，培养热爱田园、珍惜劳动成果的良好品质</td></tr>
<tr><td>学习内容</td><td colspan="3">1. 了解本地常见葡萄。
2. 工具和材料的使用常识。
3. 常见葡萄的种植方法和步骤</td></tr>
<tr><td>学习方式方法与组织形式</td><td colspan="3">1. 学习方式方法：演示教学法、任务驱动法、小组教学法。
2. 学习组织形式：向他人学习葡萄种植的方法，第一次种植需要在老师协助下完成，掌握之后可以独立种植</td></tr>
<tr><td>学习要求</td><td colspan="3">1. 注意劳动工具的使用安全。
2. 认真学习种植方法，不能盲目尝试。
3. 养成细心踏实、严谨认真的劳动习惯，维护校园农场的干净整洁</td></tr>
<tr><td>学习过程设计</td><td colspan="3"> 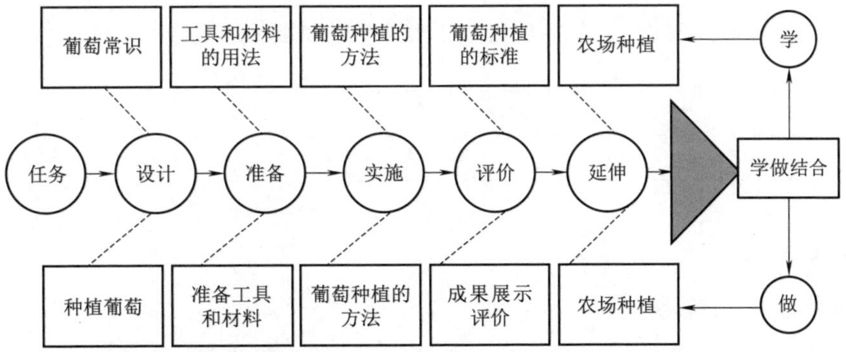葡萄常识
工具和材料的用法
葡萄种植的方法
葡萄种植的标准
农场种植
学
任务
设计
准备
实施
评价
延伸
学做结合
种植葡萄
准备工具和材料
葡萄种植的方法
成果展示评价
农场种植
做</td></tr>
<tr><td>学习流程</td><td>活动内容</td><td>教师活动</td><td>学生活动</td></tr>
<tr><td>劳动任务</td><td>布置劳动任务</td><td>发放劳动任务书，明确劳动任务：完成葡萄种植</td><td>学习数字教学资源，了解需要学习的知识和技能</td></tr>
<tr><td>劳动准备</td><td>准备劳动用品</td><td>事前准备好所用农具，做好环境准备、物品准备、经验准备</td><td>协助教师或独立做好相关准备，学习相关知识，做好经验准备</td></tr>
<tr><td>劳动实施</td><td>种植葡萄</td><td>讲授葡萄种植的相关知识，教授葡萄种植的方法，指导学生完成种植工作</td><td>学习葡萄种植的相关知识，学习葡萄种植的方法，完成任务</td></tr>
<tr><td>劳动评价</td><td>成品展示与评价</td><td>组织学生展示劳动成果，评定学生成绩</td><td>展示自己的作品，根据自己评、同学评、教师评，评定学习成绩，填写评价表</td></tr>
<tr><td>劳动延伸</td><td>生活化劳动任务</td><td>鼓励学生到乡村或农场参加水果种植劳动</td><td>有条件的同学可以到乡村或农场体验水果种植的全过程</td></tr>
</table>

二、任务布置

表 5-4-2 “水果种植”劳动任务书

学习情境	种植		
具体任务	知识点	技能点	教学案例
葡萄种植	1. 葡萄的基本常识。 2. 铁锹、耙子、锄头等常见农具的使用方法。 3. 常见葡萄的种植方法	1. 能够安全正确地使用农具。 2. 能够完成葡萄的种植	葡萄种植
任务要求	1. 劳动要求:学生能够体验葡萄种植的基本过程,提高田园劳动能力,培养生产劳动习惯。 2. 安全要求:学生所用农具需由老师指导使用,保证安全。 3. 操作要求:学生需掌握一种葡萄的种植方法,养成认真细致、踏实耐心、勤于思考、善于提问的劳动习惯,同时保持农场清洁		

三、任务实施

任务:葡萄种植

引导问题 1:葡萄有哪些种类,本地常见的品种有何特点?

____

____

引导问题 2:观看微课“葡萄种植”,了解葡萄的重要性。

____

____

____

葡萄种植

【操作提示】

操作步骤 1:起藤

起藤又称起架或下土,就是把冬天埋藏在地下的葡萄藤蔓从土里取出,搭到葡萄架上的过程。一般庭院葡萄种植,要选择根系发达的葡萄幼苗进行移栽,而宣化葡萄则是百年老藤,无需移栽,所以宣化葡萄春天种植的第一步工作是起藤,即把去年冬天埋藏在地下葡萄沟里粗大的藤蔓,在清明后挖出,搭到已经准备好的葡萄架上,并且用干枯的马莲或细绳固定,等待发芽新生。

起藤时,先将最上面覆盖的土层去掉,所以又称去土,然后掀开防雨布,就会看到冬眠了一个寒冬的葡萄藤蔓,将这些藤蔓小心地搭到提前支好的葡萄架上,用细绳或马莲进行固定。起藤需要几个人配合,要顺着藤蔓的生长方向,小心地一根根地搭上去。

操作步骤 2:施肥

宣化葡萄的葡萄架别具特色,像一个漏斗形状,根系粗大集中,藤蔓由中心向四周伸展,方便施肥和采光。施肥主要施在葡萄根部集中的漏斗中心即可。宣化葡萄的肥料主要采用传统农家肥，每年当葡萄下架埋进土里冬藏时，果农们就开始储存农家肥，以备来年之用。

操作步骤3：套袋

葡萄套袋栽培已成为当前生产优质绿色高档果品的一项重要技术。葡萄套袋可以明显提高葡萄外观品质，减少农药污染，防病防虫，减少日烧，防止鸟害，提高果品质量和安全。对果实的成熟期和色泽也有一定的调节作用。

套袋时，手尽量不要触碰到葡萄果粒，首先用手把纸袋撑开，让纸袋鼓起，之后需要由下往上的将整个果穗全部套进袋内，然后把袋口收缩到穗柄上，用另外一侧的封口丝将其紧紧扎住，不得用手揉搓以防烂果。

操作步骤4：采摘

葡萄的采摘是整个种植过程中最值得期待的环节，每年9月中下旬就是葡萄成熟的季节，采摘时要选择颗粒饱满、色泽微黄的葡萄，看上去翠绿的葡萄通常还需要再经过一两周的日晒，增加糖分才会有好的口感。葡萄表面的白霜是保护葡萄的果粉，可减少葡萄表面水分的蒸发，减少细菌入侵，采摘时尽量不要触碰葡萄珠儿，以免蹭掉果粉，可用剪子从每串葡萄的主枝上剪下，轻放入纸箱或竹筐中，保持通风。

只有细心地打理成熟的葡萄，妥善地保存摆放，才能避免磕碰，到市场上卖个好价钱，使一年辛苦的劳动能有丰厚的回报，换来幸福的生活。

操作步骤5：冬藏

冬藏就是葡萄在秋天采摘完成后，其藤蔓越冬埋藏的方法，宣化葡萄使用的是空心埋土防寒法，既环保又防冻。

入冬前，农户会对葡萄藤蔓进行修剪，只保留必要的主枝粗条。然后在葡萄架周围挖出一个深约80 cm、宽约70 cm的防寒沟，要顺着葡萄藤的生长方向挖沟，长度要能够放得下所有藤蔓才行，一般都有几十米长。

将葡萄枝蔓放在沟内，覆上秸秆、树枝、防水布，再覆一层土，类似我们小时候做游戏时挖的陷阱，形成一个蛇形中空的“地下温室”，葡萄藤蔓在里面就可以抵御室外零下20～30 ℃的严寒，这种方法巧妙地将空气用作了防寒材料，比实心埋土防寒，沟底温度为5 ℃左右，防寒效果好，土用量少，春天出土时也不易伤枝蔓和芽子，非常科学。

劳动中凝结着大量的聪明才智，蕴含着丰富的科学道理，与我们的生活息息相关。

葡萄的种植工作从每年的3月开始，直到年底冬藏，持续近十个月，每一步的劳动操作都需要极大的耐心和长期积累的精湛技术，十分不易。田园劳动是很注重时令和传统的，到了什么时间就得抓紧时间进行什么劳动，一旦错过，可能就会影响一年的收成。实际上这与人的成长一样，在适合的年龄做适合的事情，珍惜时光，不付韶华。

【知识链接】

1. 了解葡萄

葡萄为葡萄科落叶木质藤本植物的果实，又名草龙珠、水晶明珠、蒲桃、蒲陶、李桃、山葫芦。葡萄被人们视为珍果，被誉为世界四大水果之首。葡萄营养丰富、色美、气香，味可口，是果中佳品，既可鲜食又可加工成各种产品，如葡萄酒、葡萄汁、葡萄干等，而且果实、根、叶皆可入药，全身都是宝。

据测定，葡萄浆果除含水分外，还含有约15% ~30% 的糖类（主要是葡萄糖、果糖和戊糖），各种有机酸（苹果酸、酒石酸以及少量的柠檬酸、琥珀酸、草酸、水杨酸等）和矿物质，以及各种维生素、氨基酸、蛋白质、碳水化合物、粗纤维、钙、磷、铁、胡萝卜素、硫胺素、核黄素、尼克酸、抗坏血酸、卵磷脂等。特别是现代医学发现，葡萄皮和葡萄籽中含有一种抗氧化物质——白藜芦醇，对心脑血管病有积极的预防和治疗作用。多吃葡萄、喝葡萄汁和适量饮用葡萄酒对人体健康很有好处。

2. 盆栽葡萄种植

在生活中，想盆栽葡萄，可从果实中获取葡萄的种子，选用疏松、透气、排水性强的土壤种植，如果想盆栽葡萄，还要选用大小合适的泥瓦盆，播种发芽后保持土壤的湿润度，给它适当的光照，一个月后搭架处理。

1）种子处理

首先从葡萄的果实中获取种子，将种子的表面杂质清洗干净，放入清水中浸泡10 小时左右，然后将浸泡的种子放在湿布中，保持湿布的湿润度，等待三天，种子的发芽率就会提高。

2）土壤需求

葡萄一般喜欢在疏松、透气、排水性强、蕴含丰富有机质的土壤中生长。人们可以用园土添加适量的有机肥进行种植，也可直接种植到腐叶土里，或选择培养土种植葡萄。

3）选择容器

根据空间大小，选择一个合适的容器，葡萄的根部比较发达，应当选用大点的泥瓦盆种植，使葡萄的根部在土壤中更好的生长，还能给葡萄提供大量的养分。

4）播种发芽

葡萄可在春季3 ~5 月时播种繁殖，将处理好的种子种植到土壤里，铺盖一层土壤压实，并适量的喷洒点水分，将温度控制在20 ℃左右，放在阴凉处半个月后种子生根发芽，随后适量进行松土即可。

5）播种管理

葡萄播种后需保持土壤的湿润度，等待生根发芽后，每隔一个月施一次有机肥，还要给它适当的阳光，不要放在强烈的阳光下暴晒，每年春季2 ~3 月时，可翻盆换土一次，以保证土壤的肥沃度。

6）搭架处理

葡萄属于攀爬性植物，每次播种一个月后，还要给它进行搭架处理，千万不要用铁质的物品搭架，最好用优质的木材搭架，有利于葡萄更好的生长，促使葡萄能够结出美味的果实。

7）期间管理

盆栽葡萄应注意好光线照射，可将其移到光线明亮的位置进行生养，生长期时不定期移到室外见见阳光。定期给葡萄浇水，保持土壤湿润，隔半月施次稀薄肥料，生长期施氮肥，花果期施磷钾肥。葡萄喜欢湿润，但是盆栽养护很难控制好水分，万一出现积水会导致生长受到影响。一般情况下，可在观察到土壤表层发白时浇水，一次性浇透。如果不小心浇水过多，需要及时排水，移到通风好的地方促进水分蒸发。同时，应注意喷施药物来防治病虫害。

四、任务评价

学生将劳动过程拍照，上传到指定位置，并对劳动过程进行简要介绍，通过自评、互评、教师或家长评价相结合的方式完成评价，将评价结果填入表5 -4 -3。

表 5-4-3　"葡萄种植"考核评价表

学生姓名：　　　　　　　小组名称：　　　　　　　班级：

类别	标准	等级(优、良、中、差)
劳动素养	1. 劳动态度积极认真,自觉自愿参加劳动。 2. 不怕脏、不怕累,诚信劳动,认真完成劳动任务。 3. 具有自觉、诚信的劳动意识。 4. 具有安全和质量意识,爱护劳动工具。 5. 与他人分工协作,具备较好的团队合作能力。 6. 体验劳动的辛苦,体认劳动不分贵贱,尊重劳动成果和劳动者	
劳动成果	1. 操作符合葡萄种植规范要求。 2. 劳动环境整洁有序。 3. 工具干净,摆放整齐,视觉舒适。 4. 杂物集中放置,及时清理	
总体评价		
学习存在哪些问题？哪些技能需要进一步夯实： 考核评价人： 年　月　日		

五、任务延伸

结合本学习情境内容,进行庭院或盆栽葡萄的种植,有条件的同学可以到乡村参加田野水果种植,体验水果种植的全过程和收获的喜悦,将过程拍摄成图片或视频上传到平台,并填写任务书。

表 5-4-4　"葡萄种植"生活化任务书

活动名称	葡萄种植		
活动时间	________年________月________日		
活动人员		重点工作内容	
活动过程			
活动感悟	收获		
	不足		
	改进措施		
自我评价	A. 优秀　　B. 良好　　C. 合格　　D. 不合格		

学习情境5－5　花卉种植

花卉即花草。狭义上指有观赏价值的草本植物，如凤仙、菊花、一串红、鸡冠花等；广义上还包括草本或木本的地被植物、花灌木、开花乔木以及盆景，如麦冬类、景天类、梅花、桃花、月季、山茶、橡皮树、棕榈、竹类等。中国是世界上花卉栽培面积最大的国家，劳动人民用勤劳的双手和丰富的经验，栽培种植出各种美丽的花卉，不仅美化了人们的生活，还成为花农家庭收入的重要来源。

一、学习情境设计

花卉种类繁多，栽种方法不一，与蔬菜的种植有很多相似之处。在本学习情境中，学生需要掌握幼苗种植（移栽）的基本方法，学会使用基本农具，完成幼苗移栽过程，提高用劳动创造美好生活的认识，达到不怕脏、不怕累，养成诚实守信、吃苦耐劳等优秀品质的教育目标。

表5－5－1　“花卉种植”学习情境设计

学习情境	花卉种植	学时建议：2学时
学习情境描述	学生根据教师下发的学习任务书种植花卉，独立或与他人共同完成校园花圃的摆放，通过劳动营造美观舒适的生活学习环境	
学习环境要求	总体环境：校园农场。 工具及材料准备：小铁铲、水桶、水瓢、塑料花盘、垫片	
学习目标	知识目标	1. 花卉的种类和用途。 2. 常见花卉的种植方法
	能力目标	1. 能够安全使用工具。 2. 按要求操作，不伤苗、毁苗。 3. 能够与他人共同完成花卉种植、摆放的工作
	素质目标	1. 树立为集体服务的意识，增强向往美好生活的情感。 2. 养成积极参与、不怕脏累的劳动习惯。 3. 培养精工细作、踏实耐心、坚持不懈的精神，提高正确处理集体劳动与个人学习关系的能力。 4. 树立劳动意识，培养热爱生命、珍惜劳动成果的良好品质
学习内容	1. 花卉的基本常识及种植方法。 2. 常见花卉的种植方法与步骤	
学习方式方法与组织形式	1. 学习方式方法：演示教学法、任务驱动法、小组教学法。 2. 学习组织形式：与他人研讨花圃摆放的方法，进行花卉的种植培养，第一次操作需要在老师协助下完成，掌握之后可以独立操作	
学习要求	1. 认真操作，不伤苗、毁苗。 2. 养成细心踏实、坚持不懈的劳动习惯，维护校园农场的干净整洁	

续上表

学习过程设计

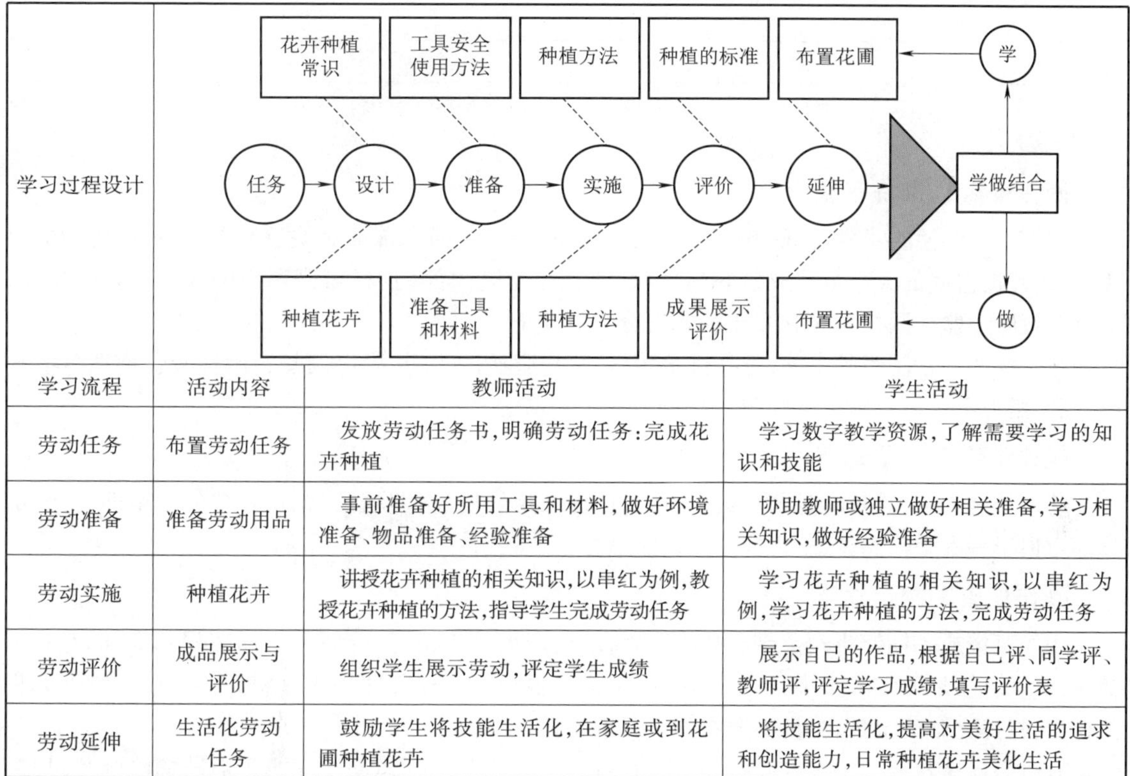

学习流程	活动内容	教师活动	学生活动
劳动任务	布置劳动任务	发放劳动任务书，明确劳动任务：完成花卉种植	学习数字教学资源，了解需要学习的知识和技能
劳动准备	准备劳动用品	事前准备好所用工具和材料，做好环境准备、物品准备、经验准备	协助教师或独立做好相关准备，学习相关知识，做好经验准备
劳动实施	种植花卉	讲授花卉种植的相关知识，以串红为例，教授花卉种植的方法，指导学生完成劳动任务	学习花卉种植的相关知识，以串红为例，学习花卉种植的方法，完成劳动任务
劳动评价	成品展示与评价	组织学生展示劳动，评定学生成绩	展示自己的作品，根据自己评、同学评、教师评，评定学习成绩，填写评价表
劳动延伸	生活化劳动任务	鼓励学生将技能生活化，在家庭或到花圃种植花卉	将技能生活化，提高对美好生活的追求和创造能力，日常种植花卉美化生活

二、任务布置

表 5－5－2　“花卉种植”劳动任务书

学习情境	花卉种植		
具体任务	知识点	技能点	教学案例
花卉种植	1. 花卉的基本常识及种植的方法。 2. 常见花卉的种植方法与步骤	1. 能够安全使用工具。 2. 按要求操作，不伤苗、毁苗。 3. 能够与他人共同完成花卉种植、摆放的工作	校园串红种植（移栽）
任务要求	1. 认真操作，不伤苗、毁苗，提高田园劳动能力，培养生产劳动习惯。 2. 养成细心踏实、坚持不懈的劳动习惯，维护校园农场的干净整洁。 3. 养成认真细致、踏实耐心、勤于思考、善于提问的劳动习惯，同时保持农场清洁		

三、任务实施

任务：花卉种植

引导问题 1：常见花卉有哪些？

花卉种植

引导问题2:观看微课“花卉种植”,了解种植花卉有哪些基本步骤。

【操作提示】

操作步骤1:准备花盆

选12 cm口径的营养钵(塑料盆),为防止漏土,一般用薄海绵或小块遮阳网、纱窗网等做成垫片,将垫片按盆底的大小裁剪成盆底的形状,放置在盆底内部(这样做既不影响通风、透气、排水,又可有效防止盆土漏掉),再在盆中放入三分之一花土。

花土要选用含基肥的土壤,选择排水较好、疏松肥沃的土质,可以用复合肥在装盆前适量混合作基肥,肥力不足可追施水溶性肥。

操作步骤2:选取幼苗

幼苗长至2~3对真叶时即可进行移栽,选择叶片舒展、根茎粗壮、花苞较多的幼苗即可,大部分都习惯于一次上盆到位,不再换盆。

操作步骤3:挖出幼苗

用挖菜铲或小铁铲将幼苗带土挖出,再将幼苗四周的土铲开,此时须沿幼苗根部7 cm左右下铲,将铲垂直于地面铲入土中,不可倾斜,以免伤到根须。在根部四周垂直铲3~4下,从侧下方将苗挖出,保持完整的土球,尽量不要在烈日下进行。

有时为保持水分的平衡,在花苗起出后,可摘除一部分叶片以减少蒸腾。但若摘除叶片过多,由于减少光合作用面积,会影响新根的生长和幼苗以后的生长。

操作步骤4: 移栽入盆

将带土的幼苗放入盆中,保持直立,覆土至盆口2 cm处,使植物根部与土壤接触密切,便于吸收养分、水分,将土压实。

操作步骤5:浇水

移栽后需要补水,用水瓢或喷壶适当补水即可,大量移栽可使用水管或大型喷灌设备,将移栽后的幼苗挪移到阴凉处,再进行统一摆放。串红喜欢湿润的环境,可经常向周围环境喷水,降低温度,增加空气湿度。

【知识链接】

1. 了解串红

串红又名一串红、墙下红、西洋红,花序修长,花萼、花冠呈鲜红色,形似鞭炮,故又称爆竹红。串红的自然花期从夏至秋开花不绝,通过移栽可以缩短缓苗期,早活早发,常用于大型花坛、花境成片布置的栽种,摆于盛大的会场,场景壮观,也可作阶前、屋旁的摆设。它适应性强,鲜艳喜庆,是我国园林中普遍栽种的花。

2. 常见花坛摆放的方法

大型花坛常常用花卉摆成数字、汉字、图案、各种立体造型等,烘托气氛、美化环境。花坛的布局与摆放随地形、环境的变化而异,摆放中需要注意以下四点:

1)株高配合

花坛中的内侧植物要略高于外侧,由内而外,自然、平滑过渡。若高度相差较大,可以采用垫板或垫盆的办法来弥补,使整个花坛表面线条流畅。

2)花色协调

用于摆放花坛的花卉不拘品种、颜色的限制,但同一花坛中的花卉颜色应对比鲜明,互相映衬,在对比中展示各自夺目的色彩。同一花坛中,避免采用同一色调中不同颜色的花卉,若一定要用,应间隔配置,选好过渡花色。

3)图案设计的简洁明快、线条流畅

花坛摆放的图案,一定要采用大色块构图,在粗线条、大色块中突现各品种的魅力。简单轻松的流线造型,有时可以收到令人意想不到的效果。

4)选好镶边植物

镶边植物是花坛摆放的收笔,这一笔收得好与坏,直接影响到整个花坛的摆放效果。鲜花的镶边植物应低于内侧花卉,可一圈,也可两圈,外圈宜采用整齐一致的塑料套盆,其品种选配视整个花坛的风格而定:若花坛中的花卉株型规整、色彩简洁,可采用枝条自由舒展的天门冬作镶边植物;若花坛中的花卉株型较松散,花坛图案较复杂,可采用五色草或整齐的麦冬作镶边植物,以使整个花坛显得协调、自然。总之,镶边植物不只是陪衬,搭配得好,就等于是给花坛画上了一个完美的句号。

另外,在花坛摆放中还可采用绿色的低矮植物(如五色草)作为衬底,鲜花摆放在不同品种、不同色块之间,形成高度差,产生立体感。

四、任务评价

学生将劳动过程拍照,上传到指定位置,并对劳动过程进行简要介绍,通过自评、互评、教师与家长评价相结合的方式完成评价,将评价结果填入表5-5-3。

表5-5-3　“花卉种植”考核评价表

学生姓名:　　　　　　　　小组名称:　　　　　　　班级:

类别	标准	等级(优、良、中、差)
劳动素养	1. 劳动态度积极认真,自觉自愿参加劳动。 2. 不怕脏、不怕累,诚信劳动,认真完成劳动任务。 3. 具有自觉、诚信的劳动意识。 4. 具有安全和质量意识,爱护劳动工具。 5. 与他人分工协作,具备较好的团队合作能力。 6. 体验劳动的辛苦,体认劳动不分贵贱,尊重劳动成果和劳动者	
劳动成果	1. 苗直盆净,符合要求。 2. 摆放整齐,视觉舒适。 3. 操作场地干净,花木摆放整齐,视觉舒适。 4. 杂物集中放置,及时清理	
总体评价		
学习存在哪些问题?哪些技能需要进一步夯实: 考核评价人: 年　　月　　日		

五、任务延伸

结合本学习情境内容，进行家庭花卉种植，有条件的同学可以到花圃体验花卉种植的全过程，将劳动过程拍摄成图片或视频上传到平台，并填写任务书。

表 5－5－4 "花卉种植"生活化任务书

<table>
<tr><td>活动名称</td><td colspan="3">农场花卉种植</td></tr>
<tr><td>活动时间</td><td colspan="3">______年______月______日</td></tr>
<tr><td>活动人员</td><td></td><td>重点工作内容</td><td></td></tr>
<tr><td>活动过程</td><td colspan="3"></td></tr>
<tr><td rowspan="3">活动感悟</td><td>收获</td><td colspan="2"></td></tr>
<tr><td>不足</td><td colspan="2"></td></tr>
<tr><td>改进措施</td><td colspan="2"></td></tr>
<tr><td>自我评价</td><td colspan="3">A. 优秀　　B. 良好　　C. 合格　　D. 不合格</td></tr>
</table>

模块六 手工劳动

劳动任务描述

第二次社会大分工中，原始手工业与农业分离，成为一种独立的劳动形态，发展到今天，手工业兼具生产和美化生活职能，成为人类劳动的主要形态之一。手工劳动的教育目的是让学生亲身经历物质财富的原始创造过程，体验从简单劳动、原始劳动向复杂劳动、创造性劳动的发展过程，体验用双手创造物质财富和美好生活的快乐，促进体力、智力、创造力的有机结合，使学生感受劳动人民的勤劳智慧，传承中华民族优秀传统文化，培养爱岗敬业、精益求精、追求卓越的工匠精神和创新精神。

学习情境6－1　编织

编织是人类最古老的手工艺之一，人们使用工具或者双手使条状物互相交错或钩连而形成条形或块状类的工艺，不仅起到美化装饰的作用，而且为手工艺人带来经济效益。编织按材料可分为绳编、藤编、草编等。中国结是我国传统的手工艺编织作品之一，其寓意深刻，种类繁多，如吉祥结、盘长结、琵琶结、猴拳结等，都表示热烈浓郁的美好祝福。下面我们就以吉祥结为例来进行学习。

一、学习情境设计

根据绳编的基本方法和流程，学生需要完成作品设计、选材、编织的完整过程，促进体力、智力、创造力的有机结合，能够发现美、欣赏美、用劳动创造美，达到热爱劳动、培育积极的生活心态、提高用劳动创造美好生活能力的教育目标。

表6－1－1　“编织”学习情境设计

学习情境	编织	学时建议:2 学时
学习情境描述	学生根据教师下发的学习任务书，设计作品造型和用途，选择适宜材料和工具编织成型，完成作品创作	

续上表

<table>
<tr><td>学习环境要求</td><td colspan="3">总体环境：劳动实训教室。
工具和材料准备：绳材（一般选择较粗的绳，太细或太软的线都不好编织）、固定针、泡沫板、剪刀、打火机、配饰（例如，装饰珠、流苏、铜钱、手机挂绳等）</td></tr>
<tr><td rowspan="3">学习目标</td><td>知识目标</td><td colspan="2">1. 编织的种类和用途。
2. 所用工具和材料的使用方法</td></tr>
<tr><td>能力目标</td><td colspan="2">1. 能够正确选择和使用工具及材料。
2. 能够完成编织工作，解决出现的各类问题</td></tr>
<tr><td>素质目标</td><td colspan="2">1. 养成积极的生活心态，树立热爱劳动，勤动手、勤动脑，用劳动创造美好事物的意识。
2. 培养精工细作、踏实耐心、坚持不懈的精神。
3. 树立手工劳动意识，培养热爱生活、美化生活的良好习惯</td></tr>
<tr><td>学习内容</td><td colspan="3">1. 编织的基本常识。
2. 所需工具和材料的使用方法。
3. 吉祥结编织的方法与步骤</td></tr>
<tr><td>学习方式方法与组织形式</td><td colspan="3">1. 学习方式方法：演示教学法、任务驱动法、小组教学法。
2. 学习组织形式：与他人研讨编织步骤图示方法，熟悉操作流程，第一次操作需要在老师协助下完成，掌握之后可以独立操作并推陈出新</td></tr>
<tr><td>学习要求</td><td colspan="3">1. 注意操作安全。
2. 耐心按照图示步骤进行操作。
3. 养成细心踏实、坚持不懈的劳动习惯，保持室内干净整洁</td></tr>
<tr><td>学习过程设计</td><td colspan="3"> 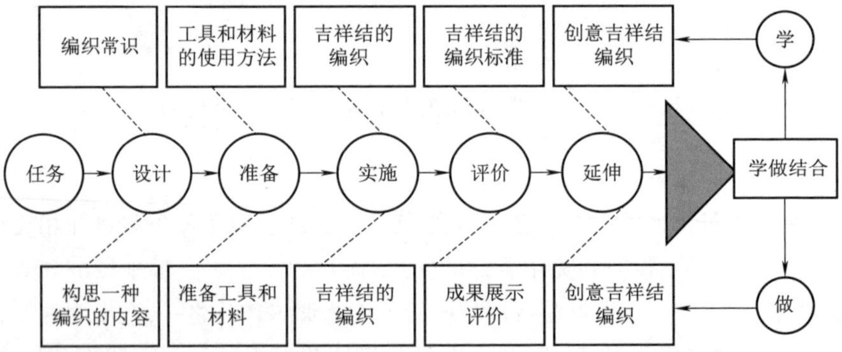编织常识　工具和材料的使用方法　吉祥结的编织　吉祥结的编织标准　创意吉祥结编织　学
任务 → 设计 → 准备 → 实施 → 评价 → 延伸 → 学做结合
构思一种编织的内容　准备工具和材料　吉祥结的编织　成果展示评价　创意吉祥结编织　做</td></tr>
<tr><td>学习流程</td><td>活动内容</td><td>教师活动</td><td>学生活动</td></tr>
<tr><td>劳动任务</td><td>布置任务：编织吉祥结</td><td>发放劳动任务书，明确劳动任务：完成吉祥结的编织</td><td>学习数字教学资源，了解需要学习的知识和技能，补充知识点和技能点</td></tr>
<tr><td>劳动设计</td><td>成品形状设计</td><td>组织学生设计编织物品的形状</td><td>讨论设计编织作品的形状、寓意、用途</td></tr>
<tr><td>劳动准备</td><td>准备劳动用品</td><td>事前准备好所用工具和材料，做好环境准备、物品准备、经验准备</td><td>协助教师或独立做好相关准备，做好经验准备</td></tr>
<tr><td>劳动实施</td><td>编织</td><td>教授编织方法，指导学生完成编织工作</td><td>以吉祥结为例，学习编织的方法，完成编织工作</td></tr>
<tr><td>劳动评价</td><td>成品展示与评价</td><td>组织学生展示作品，评定学生成绩</td><td>展示自己的作品，根据自己评、同学评、教师评，评定学习成绩，填写评价表</td></tr>
<tr><td>劳动延伸</td><td>生活化劳动任务</td><td>鼓励学生将手工技能生活化，用双手创造美好事物</td><td>热爱生活，保持对编织的兴趣，经常性地用双手编织新物品</td></tr>
</table>

二、任务布置

表 6－1－2　“编织”劳动任务书

学习情境	编织		
具体任务	知识点	技能点	教学案例
编织	1. 编织的基本常识。 2. 吉祥结编织的方法与步骤	吉祥结编织的手工操作技巧	编织吉祥结
任务要求	1. 劳动要求：学生能正确选择和使用工具材料，完成吉祥结的编织，积极拓宽劳动思路，进行创新思考。提高手工劳动能力，培养生产劳动习惯。 2. 安全要求：学生所用工具需由老师指导，保证安全。 3. 操作要求：学生需掌握编织吉祥结的方法，养成认真细致、踏实耐心、不怕繁琐的劳动习惯，同时保持教室整洁		

三、任务实施

任务：编织

引导问题 1：你见过的编织物有哪些？

____

引导问题 2：观看微课“编织”，自己动手为家人朋友编织一个吉祥结。

____

____

编织

【操作提示】

操作步骤 1：筹

筹即编织前的准备工作，包括进行构想设计、选择喜爱的色绳及饰物、明确制作的主题等。具体包括编织作品的用途（如做项链、车内挂饰、壁饰或发饰等）；长短大小（如车内挂饰不可挡住视线，长度不可太长）；色绳材质和颜色（如跟所用的配饰色彩是否协调，软硬是否合适等）。应重点考虑以下两点：

1. 色绳的选择

色绳就是我们所说的线材，在选择时需特别注意以下三点：

种类：通常的线材有结线、玉线、股线，都各有粗细。结线从 1#到 7#，号数越大，线越细。玉线分 A 玉线、B 玉线、C 玉线等。A 最细，C 最粗。股线有三股、六股、九股、十二股和十五股。

质地：线材的质地对编织很重要。吉祥结的特点是用线盘绕交叠，产生有规律的纹理效果。初学者可以选择质地紧密、稍硬一点的尼龙线。选线的简单方法是用打火机点燃线头，然后捏一下，发黑的是质量较差的线，不发黑且和线颜色一致的就是尼龙线。如果线太硬，不但在编结时操作不便，结形也不易把握；如果线太软，编出的结形不挺拔，轮廓不显著；如果想使结与器物合而为一，在摇曳中具有动态的韵律美，线就不能太硬。不同质地的线，可以编出不同风格的作品。

色彩:选线也要注意色彩,为古玉一类古雅物件编装饰结时,线宜选择较为含蓄的色调,诸如咖色或墨绿;为一些形制单调、色彩深沉的物件编装饰结时,可适当选择活泼一些的色调。

2. 饰物的选择

饰物就是吉祥结所用的搭配饰品,大到墙上挂的,小到身上带的,都可根据造型需要进行设计选择,常用的有玉佩、各种材质的装饰珠、铜钱、生肖吊坠等。穗子(即流苏)是最常见的,可用流苏线制作,也可换用其他线制作,玉线和股线都可用来做流苏。

操作步骤 2:编

(1)取 1 m 左右的线绳将其对折,开口向下,置于泡沫板上,摆成十字造型,用大头针进行固定。这样就形成 3 个同等大小的椭圆环,根据环的大小不同,编出的吉祥结造型也会不同(见图 6-1-1)。这个过程考验大家的细心和耐心,初学者可以将环适当留长些,以便于操作。

(2)将下面两根绳搭在右环上(预留一个出口,并记住出口的位置),如图 6-1-2 所示。

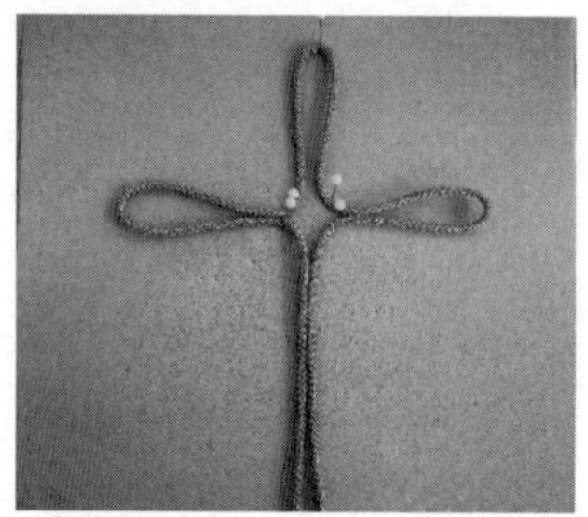

图 6-1-1　编吉祥结步骤一

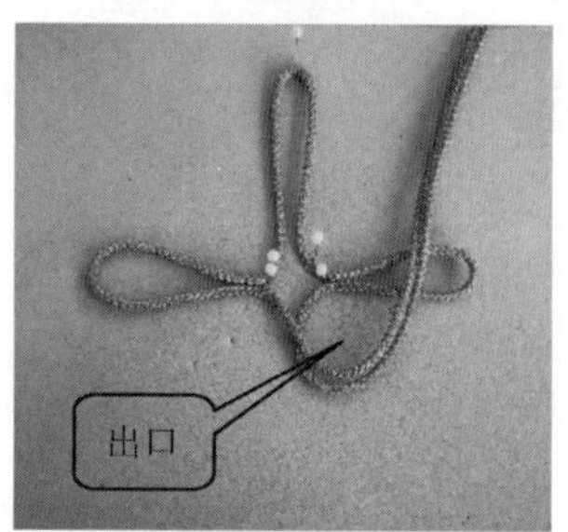

图 6-1-2　编吉祥结步骤二

(3)将右环搭在上环上(见图 6-1-3),上环搭在左环上(见图 6-1-4)。

图 6-1-3　编吉祥结步骤三

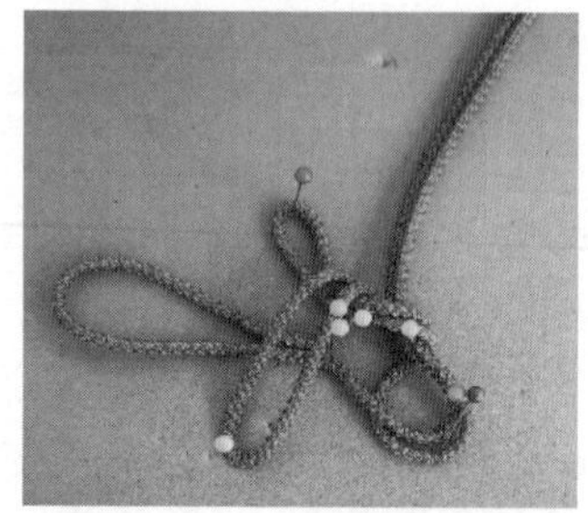

图 6-1-4　编吉祥结步骤四

(4)将左环从开口处穿过,穿的时候一定要找对刚才预留的出口,然后将各个环向外拉紧,这样第一轮的编织就完成了,如图 6-1-5 和图 6-1-6 所示。

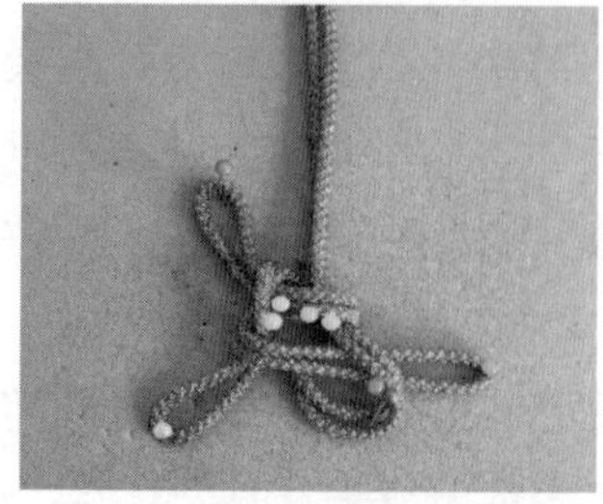

图 6-1-5　编吉祥结步骤五

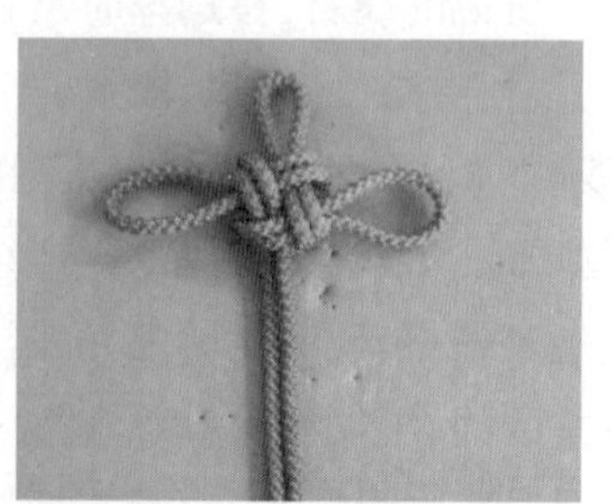

图 6-1-6　编吉祥结步骤六

(5)将泡沫板旋转180°,重复以上2~4的步骤,注意不要让结散掉,将大头针拔出,向外拉紧,这样就出现了4个耳朵。

操作步骤3:抽

抽即调整,调整环和耳朵的形状,使之对称,造型美观。两边都可以做为正面使用。

操作步骤4:饰

饰即装饰,将多余的线剪掉,用打火机将线头连在一起,用流苏进行装饰,这样一个完整的吉祥结就编织完成了。

【知识链接】

1. 编织的来历

人类早在远古时期,就利用大自然中的线形材料,如草、藤、麻、棕、竹、枝条等,经过拧扭、交叉,来进行穿系、捆扎等,这时最原始的编织就产生了。

2. 编织的分类

(1)传统的植物编织,如竹、藤、草、棕、柳、麻等。

(2)丝线编织品,如麻、丝、毛、棉等。

(3)铁艺编织,如铁丝、铁线等。

(4)其他编织,如编头发、工程上的搭网架,都用到了编织的方法。

3. 中国结的介绍

中国结的种类:各色各类的线能编出许多形态与韵致各异的结。主要有双钱、纽扣、琵琶、团锦、十字、吉祥、万字、盘长、藻井、双联、蝴蝶等结式。中国结从头到尾都是用一根丝线编结而成,每一个基本结又根据其形、意命名。把不同的结饰互相结合在一起,或用其他具有吉祥图案的饰物搭配组合,就形成了中国传统的吉祥装饰物品。中国结的主要材料是线绳,以红色为多,线的种类包括丝、棉、麻、尼龙、混纺等。

四、任务评价

学生将成品拍照,并上传到指定位置,请家长或教师、同学欣赏,并对成品进行简要介绍,通过自评、互评、教师与家长评价相结合的方式完成评价,将评价结果填入表6-1-3。

表6-1-3　"编织"考核评价表

学生姓名:　　　　　　　小组名称:　　　　　　　班级:

类别	标准	等级(优、良、中、差)
劳动素养	1. 劳动态度积极,认真完成劳动任务。 2. 具有自觉、诚信的劳动意识,爱护劳动工具。 3. 具备创造性劳动能力,用劳动创造美好生活。 4. 与他人分工协作,具备较好的团队合作能力。 5. 有质量意识,培养精益求精、追求卓越的工匠精神。 6. 增强热爱劳动的情感,体验劳动带来的幸福	

续上表

类别	标准	等级(优、良、中、差)
劳动成果	1. 能够认真对待编织任务,完成成品制作。 2. 成品美观匀称、符合要求。 3. 成品配饰搭配协调,有设计感,连接自然。 4. 各种工具材料用完及时收纳,针状物品及剪刀等安全摆放,整体视觉舒适。 5. 劳动工具和材料摆放整齐,劳动实训教室及时清理	
总体评价		
学习存在哪些问题?哪些技能需要进一步夯实: 考核评价人: 年　月　日		

五、任务延伸

结合本学习情境内容,与同学进行创意手工编织,可进行双吉祥结的制作,也可自定编织内容,将过程拍摄成图片或视频上传到平台,并填写任务书。

表 6-1-4　"编织"生活化任务书

活动名称	创意编织		
活动时间	______年______月______日		
活动人员		重点工作内容	
活动过程			
活动感悟	收获		
	不足		
	改进措施		
自我评价	A. 优秀　B. 良好　C. 合格　D. 不合格		

学习情境 6-2　剪纸

剪纸是使用剪子或刻刀在纸张上进行镂刻的一种古老的镂空艺术，是中国民间瑰宝和世界艺术珍藏，最常见的是新年贴的窗花、婚礼用的喜字等。当今，剪纸已经成为一种重要的手工业生产劳动形态，给手工艺人带来了经济效益。本学习情境以张家口蔚县剪纸为例。张家口蔚县剪纸2006年经国务院批准列入第一批国家级非物质文化遗产名录。蔚县剪纸不是“剪”而是“刻”，以普通的生宣纸为原料，用各式各样的刻刀雕刻，最后点染上鲜艳的色彩而成，是我国唯一的以阴刻为主，重彩点染为制作工艺的民间剪纸。

一、学习情境设计

根据剪纸的基本方法和制作流程，学生需要经历作品设计、剪刻成型的完整过程，培养认真专注、精益求精的优秀品质，达到培育劳动精神、涵养优秀劳动品质的教育目标。

表 6-2-1　“剪纸”学习情境设计

学习情境	剪纸	学时建议:2 学时
学习情境描述	学生根据教师下发的学习任务书，进行蔚县剪纸作品设计，正确使用工具，熟悉剪纸步骤和方法，独立完成剪纸作品	
学习环境要求	总体环境:劳动实训教室。 工具和材料准备:刻刀、蜡板、宣纸、剪刀、纸笔	
学习目标	知识目标	1. 了解剪纸的种类和用途。 2. 了解剪纸的常用工具和材料的使用方法
	能力目标	1. 能够合理选择创作的内容，正确使用剪纸工具。 2. 能够完成一幅剪纸作品，解决出现的各类问题
	素质目标	1. 树立勤于动手的意识，增强生活创造的兴趣，增加对艺术的体验。 2. 养成积极参与劳动的习惯。 3. 培养精工细作、踏实耐心、坚持不懈的精神。 4. 提高善于运用劳动创造美好生活的能力
学习内容	1. 剪纸的基本常识。 2. 剪纸的常用工具和材料的使用方法。 3. 蔚县剪纸的步骤与方法	
学习方式方法与组织形式	1. 学习方式方法:演示教学法、任务驱动法、小组教学法。 2. 学习组织形式:与他人研讨剪纸步骤图示方法，熟悉操作流程，第一次操作需要在老师协助下完成，掌握之后可以独立操作	
学习要求	1. 注意操作安全。 2. 耐心按照图示步骤进行操作。 3. 养成细心踏实、坚持不懈的劳动习惯，保持室内干净整洁，注意个人卫生	

续上表

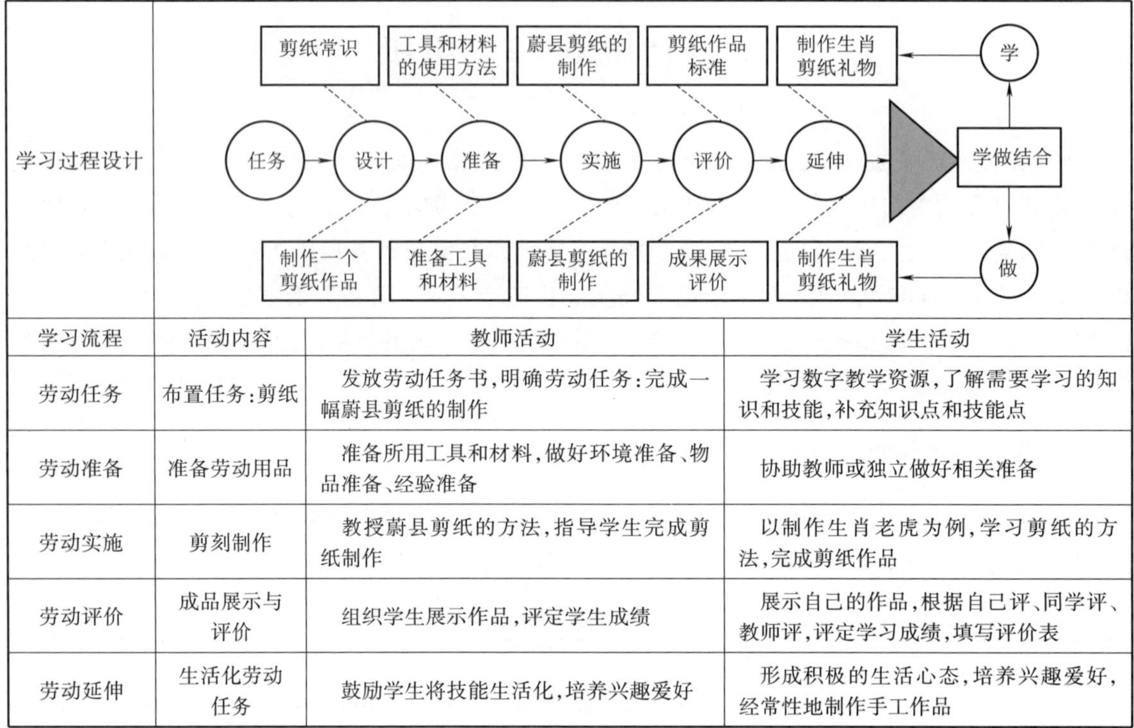

学习过程设计

学习流程	活动内容	教师活动	学生活动
劳动任务	布置任务:剪纸	发放劳动任务书,明确劳动任务:完成一幅蔚县剪纸的制作	学习数字教学资源,了解需要学习的知识和技能,补充知识点和技能点
劳动准备	准备劳动用品	准备所用工具和材料,做好环境准备、物品准备、经验准备	协助教师或独立做好相关准备
劳动实施	剪刻制作	教授蔚县剪纸的方法,指导学生完成剪纸制作	以制作生肖老虎为例,学习剪纸的方法,完成剪纸作品
劳动评价	成品展示与评价	组织学生展示作品,评定学生成绩	展示自己的作品,根据自己评、同学评、教师评,评定学习成绩,填写评价表
劳动延伸	生活化劳动任务	鼓励学生将技能生活化,培养兴趣爱好	形成积极的生活心态,培养兴趣爱好,经常性地制作手工作品

二、任务布置

表 6-2-2 “剪纸”劳动任务书

学习情境	剪纸		
具体任务	知识点	技能点	教学案例
剪纸	1. 剪纸的基本常识。 2. 剪纸的步骤与方法	剪纸的制作技巧	蔚县剪纸——生肖老虎制作
任务要求	1. 劳动要求:学生能正确选择和使用工具材料,完成剪纸作品 ,积极拓宽劳动思路,进行创新思考。提高手工劳动能力,培养生产劳动习惯。 2. 安全要求:学生所用工具需由老师指导,保证安全。 3. 操作要求:学生需掌握剪纸制作的方法,养成认真细致、踏实耐心、不怕繁琐的劳动习惯,同时保持教室和个人的整洁		

三、任务实施

任务:剪纸

引导问题 1:你见过的剪纸有哪些?

剪纸

引导问题 2:观看微课“剪纸”,自己动手为亲友制作一个生肖剪纸作品。

【操作提示】

操作步骤1:制作纸样

美术功底好的同学可以动手画出草图(见图6-2-1),初学者可以直接打印出黑白纸样。劳动是不断创新的过程,我们可以创作出各种美的纸样(见图6-2-2),在不断创新的劳动中创造美好生活。

图6-2-1　画草图

图6-2-2　纸样

操作步骤2:制作纸坯

将宣纸切割成需要的大小,初学者以3~7张为单位装订在一起,每张纸都要保证平整。然后将纸样置于纸坯最上层,装订后置于蜡板上,就可以进行刻制了(见图6-2-3)。

图6-2-3　制作纸坯

操作步骤3:刻制

在使用刻刀时,刻刀与纸面垂直,下刀时刚劲有力,将图中白色部分刻除(见图6-2-4),由内向外、由小到大、由细到粗进行,最后刻出外轮廓,初学者可使用剪刀(见图6-2-5),但不能用手撕。

图6-2-4　用刻刀刻出外轮廓

图6-2-5　用剪刀剪出外轮廓

操作步骤4:装裱

装裱前可以先制作一个剪纸的背景衬纸(见图6-2-6),使作品看起来更加美观,同时也可写下制作者的美好祝愿,装入相框,再放入作品完成装裱(见图6-2-7),一幅剪纸作品就制作完成了。

图6-2-6　制作背景衬纸

图6-2-7　完成装裱

【知识链接】

蔚县剪纸完整的制作工艺与流程

蔚县剪纸十分复杂,有着严谨的工艺流程,从设计到完成总共有二十多个工序,每个艺人根据各自经验有着自成一体的精细的方法与步骤。总结起来主要有以下步骤:

1. 画样

画样又称起稿,是指动手画出纸样草图(见图6-2-8)。在设计过程中,先在白纸上用铅笔手绘图案轮廓,进一步绘制并整理出清晰的墨线版本(见图6-2-9)。在绘制时要考虑构图和画面中线条的关系,初步确认哪些画面在刻制时要去除、镂空,哪些形状和部位予以保留,并考虑色彩在图案中的渲染效果。画样是剪纸创作的基础,蔚县剪纸的老艺术家们不仅有着专业美术知识和绘画技术的积累,而且依靠对于当地民俗的理解和生活的体验,绘制出了大量的具有乡土气息的"底样"。蔚县剪纸艺人设计的图稿主要来自三个方面:一是沿用老样子;二是借鉴其他花样;三是自己创作。

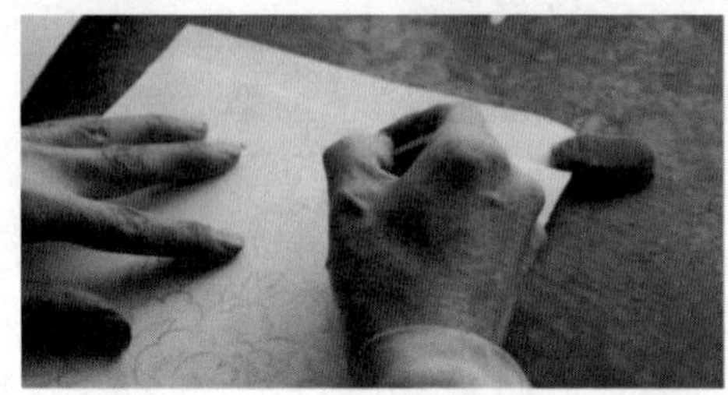

图6-2-8　画样

图6-2-9　手绘图案轮廓

2. 熏样

熏样是利用蜡烛或者油灯点燃产生的烟把剪纸图案熏印在白麻纸上(在蔚县,早年用于糊窗户,现在一些老房子仍能见到,因为纸质厚、白,常被剪纸艺人们用于熏样),如图6-2-10、图6-2-11所示。熏样开始前,为了防止火焰烧坏纸张,要先将纸面用水打湿,放于小木板上拓实。

熏印过程要求蜡烛的烟要浓,温度要尽量低一些(尽量使用火焰的内焰温度)。需要指出的是,如今人们还可采用晒图纸的方式达到熏样效果。这种方式由于提高了剪纸的生产效率,且"复制"的精度相对更高,因而被一些作坊式生产者们所广泛使用。用蜡烛的烟熏制窗花花样,从而得到清晰的画样轮廓，这是古人们发明的复印技术。随着科技的发展，现在大多数的剪纸艺人都已经用晒图纸替代了熏样的过程，晒图纸的精准度远远超过熏样，而且也比较方便快捷，但老一辈剪纸艺人们认为晒图的纸样表面光亮更容易反光，刻制起来眼睛容易疲劳，同时纸样应力更大，刻制费力，传统的熏样工艺效果更佳。

图6-2-10　熏样(一)

图6-2-11　熏样(二)

3. 制作纸胚

将待刻的宣纸切割成需要的大小，以30到50张为单位装订在一起，每张纸都要保证平整。然后将纸箱与纸胚装订在一起，沾水浸湿后压实，挤出所有的水分，悬挂在阴凉通风处，待九成干燥时取下再做压实处理，这样纸胚就完全做好，可以进行雕刻了(见图6-2-12)。

图6-2-12　制作纸胚

4. 刻制

将装订好的纸胚置于蜡板上，根据画样的要求进行雕刻。刻制主要以阴刻为主，兼有阳刻或阴阳结合的方法，以使作品造型立体，形象鲜明。雕刻时，由内自外、由小到大、由细到粗进行，最后刻出外轮廓，不能用手撕，如图6-2-13、图6-2-14所示。

图6-2-13　刻制(一)

图6-2-14　刻制(二)

5. 着色

又称染色，就是剪纸艺人们所说的点染。点染是蔚县剪纸制作工艺中最具特色的一道工序，是艺人们的绝活。当地艺人中对窗花的评价有“三分刻、七分染”的说法，足见染色对于蔚县剪纸的重要性。染色一般是同时染4～8张剪纸，因此染色前还得将刻制好的纸胚分开。染色需要的原料有品色、酒精；工具有毛笔、净报纸。在开始染色前，剪纸艺人会将所用的颜色事先和酒调和，这样获得的颜色效果会更好。着色要求手工艺人们心细认真、稳静灵巧，对色彩有很高的敏感度，劳动不仅是体力的劳作，更需要脑力的配合，才能出精品，如图 6－2－15、图 6－2－16 所示。

图6－2－15　着色(一)

图6－2－16　着色(二)

6. 揭活儿

揭活儿是指将染好颜色的一沓剪纸分张地揭开。这个看似简单的劳动过程，却需要极高的技巧。因为剪纸用的是生宣纸，本身材质就很薄，在经过浸水和上色之后，通常都会粘连在一起，所以在揭开剪纸的时候必须十分小心，使用蛮力必定会造成剪纸的损坏，前功尽弃。揭活儿前要先将粘连在一起的剪纸轻轻的揉动，剪纸艺人们的妙招是用擀面杖先将作品背面朝上来回擀几下，使纸张相互脱离开来，然后再轻轻地抖一抖，这样才能把粘连在一起的剪纸作品一张张的揭开，如图 6－2－17 所示。如果方法不对，精美的剪纸作品，就会在分离的过程中断裂。

图6－2－17　揭活儿

7. 装裱

将揭开的剪纸作品夹在一张稍大些的透明宣纸中，再装入事先准备好的封皮内。分拣完成后，就进入最后一道工序装裱。艺人们常用像框、纸版和卷轴等材料装裱，这样可使剪纸作品易于保存、携带方便，成为具有艺术收藏价值的精美工艺品和旅游纪念品。装裱一般有以下几种方法：

(1) 镜框式装裱(见图 6－2－18)。一般市场上出售的用来装照片和画片的镜框即可。

(2) 纸版装裱(见图 6－2－19)。纸版装裱分为平面装裱和立面装裱。平面装裱是将剪纸用透明乳胶全部粘连在事先设计好的纸版上；立体装裱是将纸版分成两层，中间夹着用透明片固定好的剪纸，外表再用透明片或玻璃纸贴好(见图 6－2－19)。

图6－2－18　镜框式装裱

图6－2－19　纸版装裱

(3)卷轴装裱(见图6-2-20)。卷轴是装裱中国画的一种形式。

(4)压胶装裱(见图6-2-21)。这种装裱效果近似照片过胶效果。

图6-2-20　卷轴装裱

图6-2-21　压胶装裱

四、任务评价

学生将作品拍照,上传到指定位置,并对作品进行简要介绍,通过自评、互评、教师与家长评价相结合的方式完成评价,将评价结果填入表6-2-3。

表6-2-3　"剪纸"考核评价表

学生姓名：　　　　　　　小组名称：　　　　　　　班级：

类别	标准	等级(优、良、中、差)
劳动素养	1. 劳动态度积极,认真完成劳动任务。 2. 具有自觉、诚信的劳动意识,爱护劳动工具。 3. 具备创造性劳动能力,用劳动创造美好生活。 4. 与他人分工协作,具备较好的团队合作能力。 5. 有质量意识,培养精益求精、追求卓越的工匠精神。 6. 增强热爱劳动的情感,体味劳动带来的幸福	
劳动成果	1. 剪纸成品无断裂、无毛边、符合要求。 2. 装裱认真细致,造型完整美观,有设计感。 3. 各种工具材料用完及时收纳,刻刀、剪刀等安全摆放,整体视觉舒适。 4. 劳动教室桌面及时清理,室内干净整洁,垃圾合理处置	
总体评价		
学习存在哪些问题？哪些技能需要进一步夯实： 考核评价人： 年　　月　　日		

五、任务延伸

结合本学习情境内容,增强对剪纸的兴趣,制作一份剪纸作品,并作为礼物送给亲人或朋友,将过程拍摄成图片或视频上传到平台,并填写任务书。

表 6-2-4 “剪纸”生活化任务书

<table>
<tr><td>活动名称</td><td colspan="3">制作生肖剪纸</td></tr>
<tr><td>活动时间</td><td colspan="3">______年______月______日</td></tr>
<tr><td>活动人员</td><td></td><td>重点工作内容</td><td></td></tr>
<tr><td>活动过程</td><td colspan="3"></td></tr>
<tr><td rowspan="3">活动感悟</td><td>收获</td><td colspan="2"></td></tr>
<tr><td>不足</td><td colspan="2"></td></tr>
<tr><td>改进措施</td><td colspan="2"></td></tr>
<tr><td>自我评价</td><td colspan="3">A. 优秀　B. 良好　C. 合格　D. 不合格</td></tr>
</table>

学习情境 6-3 木工

木工是以木材为基本材料,以锯、刨、凿、插接、粘合等工序进行造型的一种工艺。木工的应用渗透到了生活的方方面面,主要有家具的制作、工艺品的制作、生产工具的制作等。木工流传千年,是中国古代劳动人民智慧的象征,至今仍是手工业生产的重要部分。传统木工工艺中没有钉子和黏合剂,完全靠榫卯和各种楔形嵌套而成。本学习情境以制作筷子为例进行学习。筷子古称箸,表面看只是非常简单的两根小细棒,但它有挑、拨、夹、拌、扒等功能,使用方便,价廉物美,是当今世界上一种独特的餐具。

一、学习情境设计

根据木工制作方法和筷子制作流程,学生需要经历作品设计、制作成型的完整过程,能够使用基本用具,体验木工的精细和专注,达到培育劳动精神,涵养优秀劳动品质的教育目标。

表 6-3-1　“木工”学习情境设计

<table>
<tr><td>学习情境</td><td colspan="2">木工</td><td>学时建议:2 学时</td></tr>
<tr><td>学习情境描述</td><td colspan="3">学生根据教师下发的学习任务书,正确使用木工用具,按照木工操作步骤和方法,独立完成一双筷子的制作</td></tr>
<tr><td>学习环境要求</td><td colspan="3">总体环境:木工教室。
工具和材料准备:筷子制作模具、锯子、尺子、铅笔、木材、刨子、砂块</td></tr>
<tr><td rowspan="3">学习目标</td><td>知识目标</td><td colspan="2">1. 认识筷子制作模具、锯子、尺子、铅笔、木材、刨子、砂块的种类和用途。
2. 了解木工的常用工具和材料的使用方法</td></tr>
<tr><td>能力目标</td><td colspan="2">1. 能够正确使用工具,能说出常见木工工具的使用方法。
2. 能够完成筷子的制作,解决出现的各类问题</td></tr>
<tr><td>素质目标</td><td colspan="2">1. 养成勤动手、勤动脑的习惯,提高创造的兴趣,增加手工操作的体验。
2. 养成积极参与劳动的习惯。
3. 培养精工细作、踏实耐心、坚持不懈的精神。
4. 提高善于运用劳动创造美好生活的能力</td></tr>
<tr><td>学习内容</td><td colspan="3">1. 木工的基本常识。
2. 木工的常用工具和材料的使用方法。
3. 筷子的制作步骤与方法</td></tr>
<tr><td>学习方式方法与组织形式</td><td colspan="3">1. 学习方式方法:演示教学法、任务驱动法、小组教学法。
2. 学习组织形式:与他人研讨木工的操作步骤与方法,熟悉操作流程,第一次操作需要在老师协助下完成,掌握之后可以独立操作</td></tr>
<tr><td>学习要求</td><td colspan="3">1. 注意操作安全。
2. 按照图示步骤耐心地进行操作。
3. 养成细心踏实、精工细作的劳动习惯,保持室内和工作环境干净整洁,注意个人卫生</td></tr>
<tr><td>学习过程设计</td><td colspan="3">木工常识　工具和材料的使用方法　筷子的制作　筷子作品的标准　制作木工礼物 ← 学
任务 → 设计 → 准备 → 实施 → 评价 → 延伸 → 学做结合
制作一双筷子　准备工具和材料　筷子的制作　成果展示评价　制作木工礼物 ← 做</td></tr>
<tr><td>学习流程</td><td>活动内容</td><td>教师活动</td><td>学生活动</td></tr>
<tr><td>劳动任务</td><td>布置任务:制作筷子</td><td>发放劳动任务书,明确劳动任务:完成一双筷子的制作</td><td>学习数字教学资源,了解需要学习的知识和技能,补充知识点和技能点</td></tr>
<tr><td>劳动准备</td><td>准备劳动用品</td><td>准备所用工具和材料,做好环境准备、物品准备、经验准备</td><td>协助教师或独立做好相关准备</td></tr>
<tr><td>劳动实施</td><td>制作</td><td>教授筷子的制作方法,指导学生完成一双筷子的制作</td><td>以制作筷子为例,学习木工制作的方法,完成作品</td></tr>
<tr><td>劳动评价</td><td>成品展示与评价</td><td>组织学生展示作品,评定学生成绩</td><td>展示自己的作品,根据自己评、同学评、教师评,评定学习成绩,填写评价表</td></tr>
<tr><td>劳动延伸</td><td>生活化劳动任务</td><td>鼓励学生将技能生活化,培养兴趣爱好</td><td>培养积极的生活心态,培养兴趣爱好,尝试制作其他木工作品</td></tr>
</table>

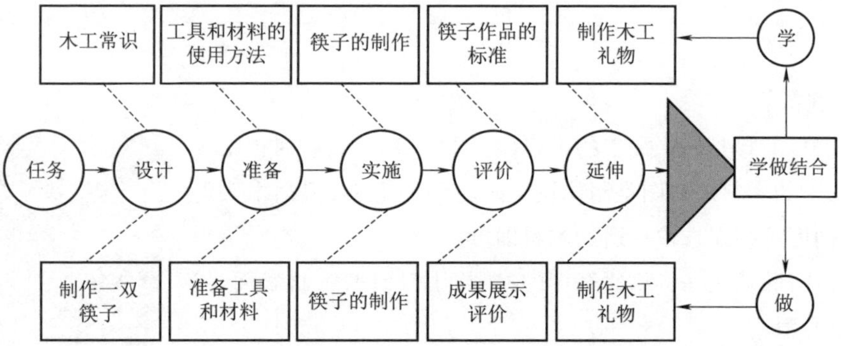

二、任务布置

表 6-3-2 “木工”劳动任务书

学习情境	木工		
具体任务	知识点	技能点	教学案例
木工	1. 木工的基本常识。 2. 筷子的制作步骤与方法	筷子的制作技巧	筷子的制作
任务要求	1. 劳动要求：学生能正确选择和使用工具材料，完成筷子的制作，积极拓宽劳动思路，进行创新思考，提高手工劳动能力，培养生产劳动习惯。 2. 安全要求：学生所用工具需由老师协助指导，保证安全。 3. 操作要求：学生需掌握筷子的制作方法，养成认真细致、踏实耐心、不怕繁琐的劳动习惯，同时保持教室和个人的整洁		

三、任务实施

任务：木工

引导问题 1：你见过的木工作品有哪些？

____

木工

引导问题 2：观看微课“木工”，自己动手为亲友制作一个木工作品。

____

【材料准备】

毛料：毛料是指未加工的木料（见图 6-3-1），有时也指尚未精加工的木料。右图是制作筷子时备用的毛料，根据木头的颜色、硬度等特点选取合适的木料即可。

图 6-3-1 毛料

砂块：砂块是一种供研磨用的材料，用以研磨木材表面，使其光洁平滑。

锯子：锯子是用来把木料锯断或锯割开的工具。由不规则排列的锯齿构成的锯条和锯身组成。锯子有多种，按其主要用途可分为横锯（用于锯断木料）、竖锯（主要用于顺着木纹锯开木料）和挖锯（又称线锯，主要用于锯割曲线形状）；按锯齿的大小可分为粗锯齿（适于锯割较大较厚的木料）、中锯齿（适于锯割一般大小及厚度的木料）和细锯齿（适于比较细致的锯割）；按其形状分则有框锯和板锯。

刨子：刨子是用来刨平、刨光、刨直、削薄木材的一种木工工具。

木工工作台：木工工作台是进行手工制作的操作台面（见图 6-3-2），能够固定和夹紧木料，方便放置工具，打磨雕刻，是木工劳动的基本工具。

筷子模具：筷子模具能使木料更易成型（见图 6-3-3）。

木工工作台和筷子模具能够快速方便地进行手工操作。

图6－3－2　木工工作台

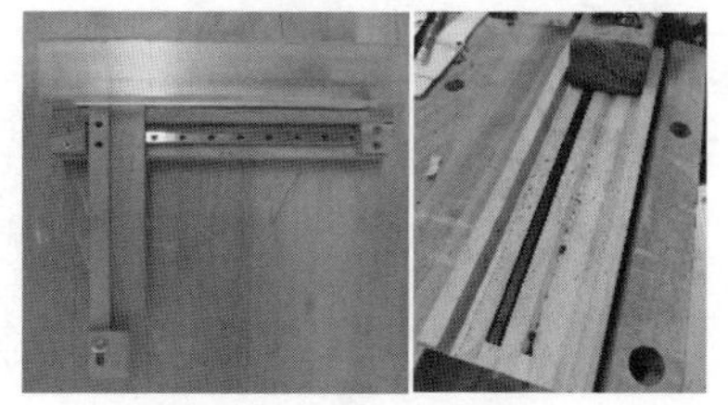

图6－3－3　筷子模具

【知识链接】

鲁班发明锯子的故事

春秋战国时期,有一位发明家叫鲁班,后代木匠都尊称他为祖师。相传鲁班有一次进深山砍树木时,手被一种野草的叶子划破了,他摘下叶片一看,发现叶子两边长着锋利的齿,他用这些密密的小齿在手背上轻轻一划,居然割开了一道口子(见图6－3－4)。鲁班因此受到启发,发明了锋利的锯子(见图6－3－5)。这个故事启示我们,劳动源于生活,并且能够创造生活,我们要在劳动中创造美好生活,推动社会的文明进步。

图6－3－4　锯齿草

图6－3－5　锯子

【操作提示】

制作筷子的操作步骤和方法见表6－3－3。

表6－3－3　制作筷子的操作步骤和方法

操作步骤	操作方法	图示
操作步骤1:选料	选择一块密度高、打磨后表面光滑的紫光檀毛料,加工成长26 cm,截面为0.8 cm×0.8 cm的毛料	
操作步骤2:制作毛料	用铅笔在木料上画出轮廓。用锯子进行切割,切割时注意沿轮廓线的外侧切割,不要锯到轮廓线	

续上表

操作步骤	操作方法	图示
操作步骤3:刨平毛料	把毛料放入筷子模具的右侧凹槽,用铅笔进行标号	
	使用刨子将筷子四个侧面刨平,直到不出刨花为止,打磨出侧棱	
	把刨平的毛料放入筷子模具的左侧凹槽,使用刨子将筷子四个侧面的棱角刨平,每个棱刨4下	
操作步骤4:制作宝塔顶	宝塔顶即筷子方形的一头。将做好的筷子毛料放入制作宝塔顶的模具中,四个面每个面切割一次,切割的过程中使用巧劲一推到底	
操作步骤5:打磨抛光	用砂纸或砂块打磨筷子的棱角,使棱角表面光滑,以免划伤使用者。具体方法是:用砂纸或砂块打磨,打磨过程随时观察打磨情况,打磨至光滑即可。在手工制作过程中要兼顾实用和美观,不仅仅是动手费力,还需要缜密的思考和精心的设计	

【知识链接】

1. 了解木工

木工是一门手工技艺,也是建筑常用的技术,是中国传统三行(木工、木头、木匠)之一。从原始社会至今,木工的应用渗透到了生活的方方面面,职业应用领域广泛,主要有家具制作、工艺制作、生产工具的制作,还有现在最常见的装饰装潢领域。

木工工艺包括传统的手工工艺和现代机械化和自动化的木工工艺,这里重点介绍传统的手工工艺。

1)木工加工制作的一般流程

木工加工制作的一般流程如图6-3-6所示。

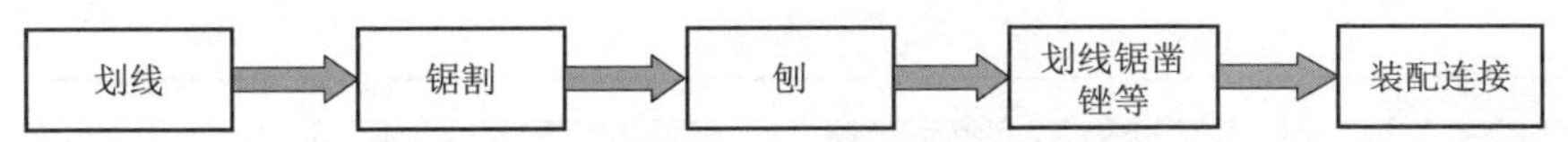

图 6-3-6　木工加工制作的一般流程

2)木工工具使用注意事项

(1)木工工具一般都有较锋利的刃口,使用时一定要注意安全。最主要的是掌握好各种木工工具的正确使用姿势和方法。例如,锯割、刨削、斧劈时,都要注意身体的位置和手、脚的姿势正确。

(2)木工刀具需要经常修磨,尤其是刨刀、凿刀,要随时磨得锋利,才能在使用时既省力,又保证质量。

(3)使用完毕应将工具整理、收拾好。长期不使用时,应在工具的刃口上油,以防锈蚀。

2. 了解木材

在人们的生活中随处可见木材,建房子、做家具、搞装修等都离不开木材。

木材的分类见表 6-3-4。

表 6-3-4　木材分类表

木材	说明及用途
针叶木	多为深绿叶,软材。例如,松、衫、柏,多用于建筑工程、建设桥梁、制作家具、造船、做电杆、做枕木等
阔叶木	多为落叶树,硬材。例如,樟木、柚木,多用于建筑工程、建设桥梁、制作家具、造船、制造车辆、做抗木、做枕木等
原条	未按尺寸加工成规定的木材。用作建筑工程脚手架和家具装潢
原木	已按尺寸加工成规定的木材。用于建筑工程、做电杆、做抗木、做胶合板、造船、制造车辆等
板方	锯解成材,宽度≥原木板三倍数,为板材,不足为方材。用于建筑工程、建设桥梁、制作家具,装饰材料等
枕木	承载物体的木质轨枕,主要用于铁道工程

常见家具的木料种类介绍见表 6-3-5。

表 6-3-5　常见家具的木材种类介绍

松木特点:松香味,色淡黄,疖疤多,纹理清楚美观,造型朴实大方。木质软,易开裂变形,脱脂后材质较软,承受力较低,禁不起碰撞。 用途:用于制作松木家具、松木墙板	橡木特点:树心呈黄褐至红褐,生长轮明显,略成波状,质地坚实。档次较高。橡木在马来半岛盛产,以北美红橡最著名。 用途:用于制作高档家具板材、葡萄酒酒桶(白橡板)	水曲柳特点:黄白色或褐色略黄,年轮明显但不均匀,有弹性韧性,耐磨耐湿。缺点是干燥困难,易翘曲。 用途:用于制作家具、乐器、体育器具,以及用于制造车船和作为机械及特种建筑材料	胡桃木特点:胡桃木有黑胡桃木和黄金胡桃木两种。表面光泽饱满,色彩丰富且饱满。胡桃木家具比较昂贵且值得收藏。 用途:用于制作高端家具、建筑内装饰、高级细木产品、门、地板

续上表

			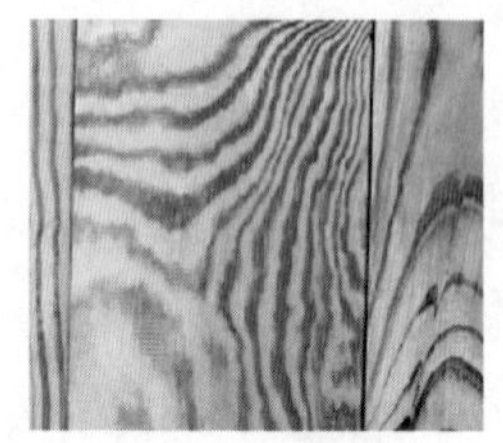
榆木特点：木材纹理通直清晰，弹性好，耐湿，耐腐。缺点是干燥困难，易开裂和翘曲。明朝的榆木家具具有较高收藏和玩赏价值。紫榆也是名贵木材。 用途：用于制作家具、地板、雕漆工艺品	紫光檀木特点：心材深紫褐色至近黑色，带黑条纹。材质重，硬度高；强度、抗震性能高，抗腐蚀性高；不易翘曲变形。 用途：用于制作珍贵工艺商务礼品、佛像、办公摆件、高级家具等	榉木特点：重，坚固，抗冲击。我国江南特有，纹理清晰，质地均匀，色调柔和流畅。 用途：用于造船、建设桥梁，用作建筑材料，用于制作家具、木门、地板	香樟木特点：具有浓厚的特殊香气，木质细腻，花纹精美，质地坚韧轻柔，不易折断，也不易产生裂纹，是稀有的上等木材，成材率较低，成品价格较高。 用途：用于制作香水、衣柜、箱子等

四、任务评价

表 6-3-6 "木工"考核评价表

学生姓名：　　　　　　　　小组名称：　　　　　　　班级：

类别	标准	等级(优、良、中、差)
劳动素养	1. 劳动态度积极，认真完成劳动任务。 2. 具有自觉、诚信的劳动意识，爱护劳动工具。 3. 具备创造性劳动能力，用劳动创造美好生活。 4. 与他人分工协作，具备较好的团队合作能力。 5. 有质量意识，培养精益求精、追求卓越的工匠精神。 6. 增强热爱劳动的情感，体验劳动的幸福	
劳动成果	1. 认真对待劳动任务，完成成品制作。 2. 筷子成品光滑无毛边，粗细适中，长短一致，符合要求。 3. 打磨认真细致，造型完整美观。 4. 各种工具材料用完及时收纳，安全摆放，整体视觉舒适。 5. 劳动教室桌面及时清理，室内干净整洁，垃圾合理处置	
总体评价		
学习存在哪些问题？哪些技能需要进一步夯实： 考核评价人： 年　　月　　日		

五、任务延伸

结合本学习情境内容,设计制作一份木工礼物,将设计制作过程拍摄成图片或视频上传到平台,并填写任务书。

表 6-3-7　“木工”生活化任务书

<table>
<tr><td>活动名称</td><td colspan="4">制作木工礼物</td></tr>
<tr><td>活动时间</td><td colspan="4">________年________月________日</td></tr>
<tr><td>活动人员</td><td colspan="2"></td><td>重点工作内容</td><td></td></tr>
<tr><td>活动过程</td><td colspan="4"></td></tr>
<tr><td rowspan="3">活动感悟</td><td>收获</td><td colspan="3"></td></tr>
<tr><td>不足</td><td colspan="3"></td></tr>
<tr><td>改进措施</td><td colspan="3"></td></tr>
<tr><td>自我评价</td><td colspan="4">A. 优秀　　B. 良好　　C. 合格　　D. 不合格</td></tr>
</table>

学习情境 6-4　布艺

布艺是以布为原料,通过剪、缝、绣、贴、扎等技法制作的一种布饰手工艺品。布艺的种类很多,应用也很广泛,主要用于服装、鞋帽、床帐、背包和其他小件的装饰、玩具等。布艺手工业生产是我国重要的传统手工生产劳动形式,传统手工布艺的物质价值不仅能满足人们日常生活所需的使用功能与装饰功能,还能用于表情达意,一件小小的布艺礼物可以传递浓浓的亲情和友谊。

一、学习情境设计

本学习情境以布艺杯垫的制作为例,根据布艺制作方法,学生需要完成作品设计、制作成型的完整过程,体验劳动的精细和专注,达到培养劳动精神,涵养优秀劳动品质的教育目标。

表 6-4-1　“布艺”学习情境设计

<table>
<tr><td>学习情境</td><td>布艺</td><td>学时建议:2 学时</td></tr>
<tr><td>学习情境描述</td><td colspan="2">学生根据教师下发的学习任务书,进行作品设计,正确使用布艺制作工具,按照布艺制作的一般步骤与方法,独立完成布艺杯垫的制作</td></tr>
</table>

续上表

学习环境要求	总体环境:民俗教室。 工具和材料准备:花布、带胶辅棉、针线盒、剪刀、签字笔、造型模具、长尾夹、电熨斗、流苏类装饰品		
学习目标	知识目标	1. 分清常见布料,知道带胶辅棉的作用。 2. 了解电熨斗的使用方法。 3. 认识布艺的种类和用途	
	能力目标	1. 能够正确使用工具,保证安全。 2. 能够独立进行测量、裁剪、粘合等劳动过程,完成布艺杯垫的制作,解决出现的各类问题。 3. 能够选择适合的图案进行创作	
	素质目标	1. 养成勤动手、勤动脑的习惯,提高善于运用劳动创造美好生活的能力。 2. 养成积极参与劳动的习惯。 3. 培养精工细作、踏实耐心、坚持不懈的劳动精神。 4. 培养孝亲敬老、服务他人的良好品质	
学习内容	1. 布艺的基本常识。 2. 所需工具和材料的使用方法。 3. 布艺杯垫制作的步骤与方法		
学习方式方法与组织形式	1. 学习方式方法:演示教学法、任务驱动法、小组教学法。 2. 学习组织形式:与他人研讨布艺制作的步骤与方法,熟悉操作流程,第一次操作需要在老师协助下完成,掌握之后可以独立操作		
学习要求	1. 注意操作安全。 2. 按照图示步骤或演示视频进行操作,不得轻易放弃。 3. 养成细心踏实、精益求精的劳动习惯,保持室内和工作环境干净整洁,注意个人卫生		
学习过程设计	布艺常识 / 工具和材料的使用方法 / 布艺杯垫的制作 / 布艺杯垫作品标准 / 制作布艺礼物 ← 学 任务 → 设计 → 准备 → 实施 → 评价 → 延伸 → 学做结合 制作一个布艺杯垫 / 准备工具和材料 / 布艺杯垫的制作 / 成果展示评价 / 制作布艺礼物 ← 做		
学习流程	活动内容	教师活动	学生活动
劳动任务	布置任务:布艺——杯垫制作	发放劳动任务书,明确劳动任务:完成一个布艺杯垫的制作	学习数字教学资源,了解需要学习的知识和技能,补充知识点和技能点
劳动准备	准备劳动用品	准备所用工具和材料,做好环境准备、物品准备、经验准备	协助教师或独立做好相关准备
劳动实施	制作	教授布艺杯垫的制作方法,指导学生完成制作	以制作布艺杯垫为例,学习布艺制作的方法,完成至少一个杯垫的制作
劳动评价	成品展示与评价	组织学生展示作品,评定学生成绩	展示自己的作品,根据自己评、同学评、教师评,评定学习成绩,填写评价表
劳动延伸	生活化劳动任务	鼓励学生将技能生活化,培养兴趣爱好	培养积极的生活心态和兴趣爱好,用双手创造美好事物

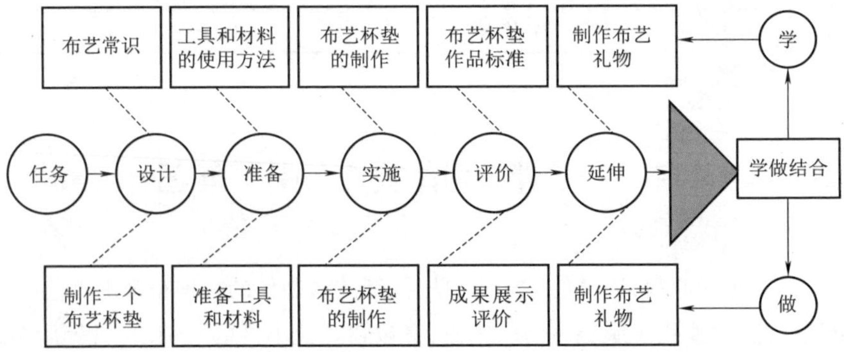

二、任务布置

表 6-4-2 "布艺"劳动任务书

学习情境	布艺		
具体任务	知识点	技能点	教学案例
布艺	1. 布艺的基本常识。 2. 布艺杯垫的步骤与方法	布艺杯垫的制作技巧	制作杯垫
任务要求	1. 劳动要求：学生能自主选择和使用工具材料，用心完成布艺杯垫的制作，积极拓宽劳动思路，提高手工劳动能力。 2. 安全要求：学生所用工具需由老师进行指导，保证安全。 3. 操作要求：学生需掌握布艺杯垫制作的步骤与方法，养成认真细致、踏实耐心、不怕繁琐、精益求精的劳动习惯，同时保持教室和个人的整洁		

三、任务实施

任务：布艺

引导问题 1：你身边的布艺有哪些？

____

____

布艺

引导问题 2：观看微课"布艺"，自己动手为亲友制作一个布艺杯垫。

____

【操作提示】

操作步骤 1：画

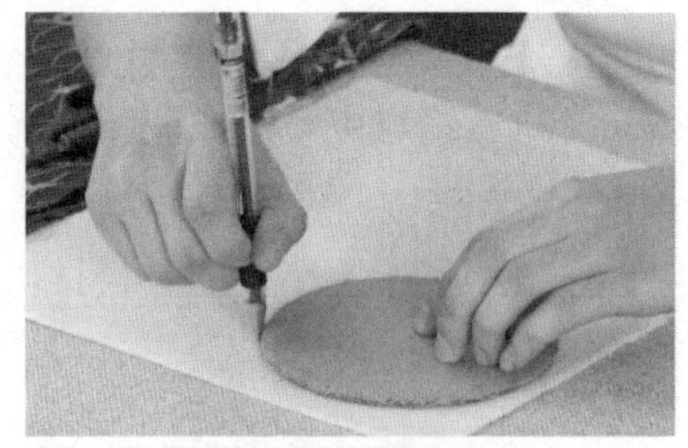

图 6-4-1　画轮廓

准备一个圆形纸板作为造型模具，将造型模具放在辅棉上，用签字笔在辅棉上画出形状(见图 6-4-1)，用剪刀沿线剪下。

辅棉和粘合衬(见图 6-4-3)一样，在布艺作品中充当着衬里作用。粘合衬赋予作品挺括、平直、有棱有角的外形，而辅棉的效果则是比较丰满圆润和凹凸有致。辅棉有多种材质，最常见的是化学纤维成分，俗称腈纶棉。有的辅棉是带胶的，分单面胶和双面胶，使用这种辅棉可以方便地将它和表布或里布粘合在一起，省却了疏缝这道工序。本任务选择单面带胶的辅棉(见图 6-4-2)。

图6-4-2　单面带胶的辅棉

图 6-4-3　粘合衬

操作步骤 2:熨

辅棉带胶的一面贴住布料的反面,翻面,用熨斗将布料和辅棉熨烫粘合。

【知识链接】

熨斗是平整衣服和布料的工具,现今多指电熨斗。随着生活水平的提高和科技的进步,还出现了功能更丰富、更安全的蒸汽挂烫机,以及便携可折叠的手持式蒸汽挂烫机,虽然它们在工作原理上有所不同,但习惯上都简称为熨斗。图 6-4-4 所示为古今各种类型的熨斗应特别注意的是:使用熨斗时要遵守操作规范,防止烫伤。

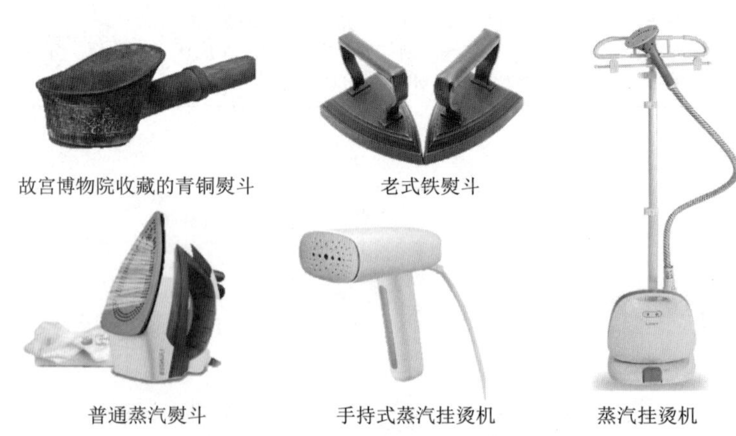

图 6-4-4　古今各种类型的熨斗

熨斗使用的一般步骤与方法:

(1)在通电之前,检查一下电线有无破损,以防漏电。

(2)老式电熨斗无加水口,熨烫时需在接触的布料上沾水,以防烫坏。

(3)蒸汽电熨斗需在熨斗加水口加入纯净水(见图 6-4-5),长期使用自来水可能会堵塞出气孔,影响效果。

(4)根据所要熨烫的衣料材质,选择相应的温度挡数(见图 6-4-6),然后再开始加热,避免高温将衣物烫皱、烫坏。

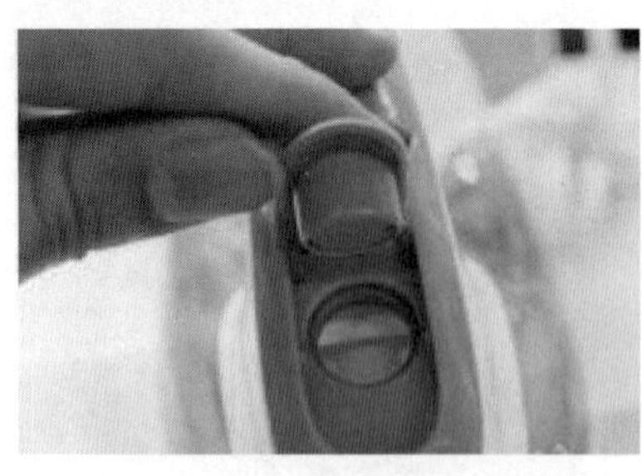

图 6-4-5　熨斗加水口

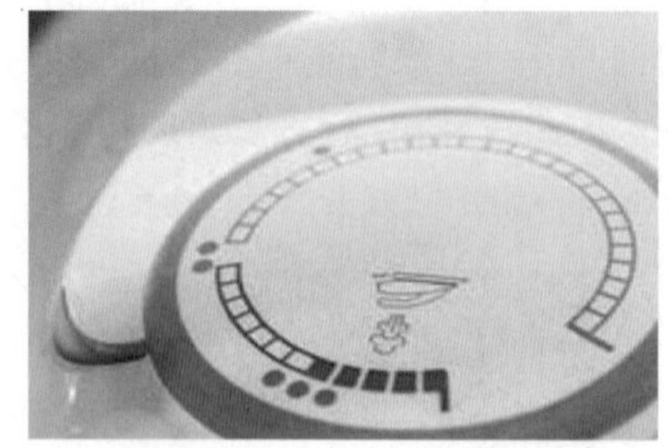

图 6-4-6　温度挡

(5)熨斗加热的过程以及熨烫间歇时,应妥善摆放,不能随手搁在一边,以免烧坏所接触的物品。

(6)蒸汽电熨斗用完之后,要倒掉残余的水,以免对机器的保养不利。

操作步骤3:剪

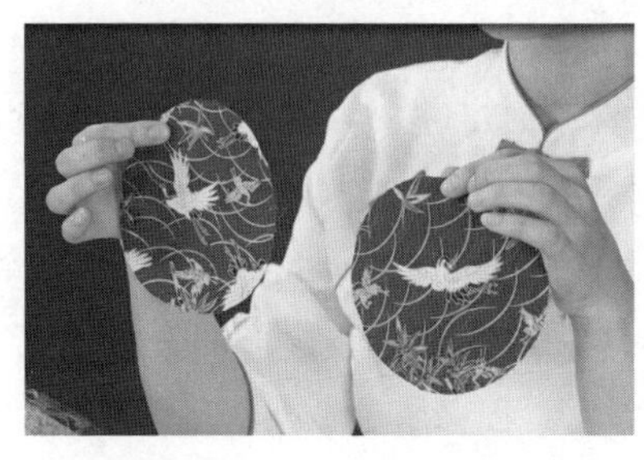

图6-4-7　剪裁效果

在距离辅棉1 cm处用剪刀剪去多余布料,按照已有轮廓在布料上再剪出一个同样的形状。剪裁布料时,应尽量确保布料的图案完整美观。比如,图6-4-7所示布料上的图案是飞翔的鹤,是长寿、吉祥、高雅的象征,手工裁剪面料时不要将灵动的仙鹤从中间裁开,影响美观。

操作步骤4:缝

在距离辅棉2 mm左右的位置画一条线,为了效果更好,可以用圆规辅助,将两块布的正面贴合,然后用长尾夹夹住,用平针缝合。

平针缝:由布片表面入针,往前约0.3~0.5 cm处出针,以此类推进行,如图6-4-8所示。

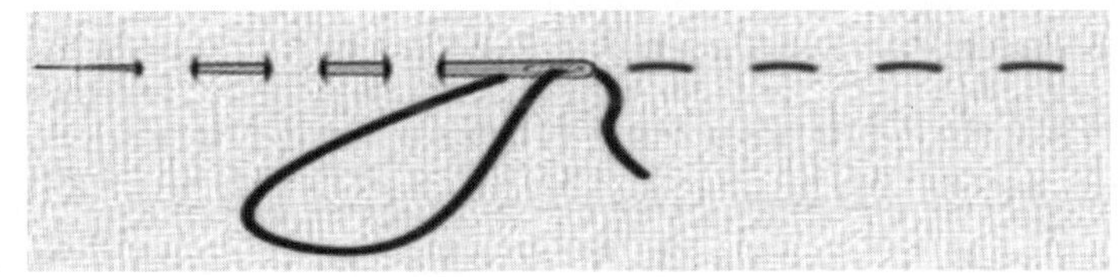

图6-4-8　平针缝

藏针缝:用于将一块布缝在另一块布上,能够隐匿线迹。从第一片布料中间穿针,把线头藏起来,从第一针的穿针处扎入第二针,扎在第二片布上,以此类推往后进行,入针和出针的距离是0.1~0.3 cm,如图6-4-9所示。

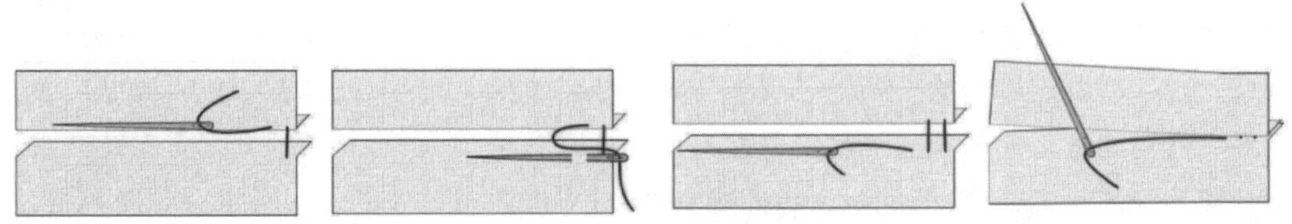

图6-4-9　藏针缝

随着时代和科技的发展,机械化大批量生产多了起来,但一针一线中所传递的爱心和真情,却是机械化大批量所不能替代的。唐代诗人孟郊的《游子吟》:“慈母手中,游子身上衣。临行密密缝,意恐迟迟归。谁言寸草心,报得三春晖。”就充分体现了手工劳动的价值——传递了浓浓的母爱和牵挂。

【知识链接】

1.布艺的基本常识

布艺常见的制作工艺有布贴、推花、堆花、印染、编结、刺绣、拼布、绗缝等,主要用途是进行艺术品创作或日常生活用品的设计。

1)传统手工布艺及其象征意义

中国传统手工布艺多用一些象征性的图形,集中展现了中华民族的想象力与创造力,作品以棉、丝绸、鹃缎等布料为主要材料。布料是软性的材料,柔软的触觉是其天然的属性,能够带给人们温暖、舒适放松、温馨惬意等心理感受。布饰艺术与人类的生存和生活有着悠久的历史渊源。纺织生产始于新石器时代,原始先民就地取材,通过纺织制作出各具民族特色的布艺饰品,以满足日常生活需求。精湛的制作工艺是中国传统手工艺的重要组成部分,集中体现了中华民族运用针、线、布料造物的智慧。

"图必有意,意必吉祥"。中国民间布艺多用一些象征性的图形:花卉、虫鸟、植物等表达作者祈盼吉祥、趋吉避凶的美好愿望;老年人用品多用"福、禄、寿"题材,祝愿老人健康长寿;儿童用品常用老虎,虎是吉祥的瑞兽,象征着人们对力量的崇拜,有保佑小孩像小老虎一样健康茁壮成长的寓意;蛙、鱼等动物象征着人们对生殖的崇拜,祈祷子孙生生不息,人丁兴旺;"五毒"(蝎子、蛇、蜈蚣、壁虎、蟾蜍)等图案,取避邪镇恶之意;新婚夫妇用品喜欢用鸳鸯戏水、莲(连)生贵子、鲤鱼闹莲(象征婚姻和谐)等图案,用以期盼家庭美满,多子多福;姑娘送给情郎定情香包、手帕等,以蝴蝶翩翩起舞之形或并蒂莲花图案含蓄地表达隐藏在姑娘心底的秘密,针针线线都浸染着爱慕之情。

亲手为亲朋好友缝制布艺饰品,寄托着人们对他人的爱与希望,蕴含着祈福辟邪的吉祥寓意。

2)现代家装布艺及搭配方法

现代家装布艺装饰包括窗帘、枕套、床罩、椅垫、靠垫、沙发套、台布、壁布等,它们是居室的有机组成部分。布艺装饰要遵循协调统一的原则,饰物的色泽、质地和形状与居室整体风格要相互照应。比如居室层高较低的,不宜采用大花或具有扩展效果的窗帘,应选取竖纹或浅色小花型的窗帘以调节视觉,延展空间;藤器家具质地较硬略陈旧,但带有浓厚的自然气息,如果配合花色明快的布艺坐垫和抱枕等,就正好弥补了这个缺点;床上布艺一定要选择纯棉质地的布料,吸汗且柔软,有利于汗腺"呼吸"和人体健康,而且触感柔软,十分容易营造出睡眠气氛;不大的卧室空间宜选用色调自然且极富想象力的条纹布作装饰,会起到延伸卧室空间的效果;浅色调的家具宜选用淡粉、粉绿等雅致的碎花布料;对于深色调的家具,墨绿、深蓝等色彩则是上乘之选。劳动的过程充满了智慧,在材质、色彩、款式、花型上搭配得当,其整体的表现形式会给人以视觉上的温馨感、触觉上的舒适感、趣味上的个性感。

随着人们生活水平的不断改善,以及人类审美的提升和对艺术的不断追求,"轻装修,重装饰"的理念开始深入人心,小小的布艺作品可以承载人们对美好生活的追求,可以传递人与人之间的美好情感。

2. 布艺的品类简介

传统布艺手工和现代布艺家具之间没有严格的界限,传统布艺也可自然地融入现代装饰中。

家庭使用功能的装修为"硬饰",而布艺作为"软饰",在家居中更是独具魅力,它柔化了室内空间生硬的线条,赋予居室一种温馨的格调:或清新自然、或典雅华丽、或情调浪漫。在布艺风格上,可以很明显地感觉到各个品牌的特色,但是却无法简单地用欧式、中式抑或是其他风格来概括,各种风格互相借鉴、融合,赋予了布艺不羁的性格。

1）布艺品的分类

分类的方法有很多，如按使用功能、空间、设计特色、加工工艺等分类，但对布艺品来讲，最重要的是用在什么地方和做什么用，因此通常把布艺品按照使用功能和空间进行分类。

餐厅类：用于餐厅的系列产品，包括桌布、餐垫、餐巾、餐巾杯、杯垫、餐椅套、餐椅坐垫、桌椅脚套、餐巾纸盒套、咖啡帘、酒衣等。

厨房类：用于厨房的系列产品，包括围裙、袖套、厨帽、隔热手套、隔热垫、隔热手柄套、微波炉套、饭煲套、冰箱套、厨用窗帘、便当袋、保鲜纸袋、擦手巾、茶巾等。

卫生间类：用于卫生间的系列产品，包括卫生（马桶）坐垫、卫生（马桶）盖套、卫生（马桶）地垫、卫生卷纸套、毛巾挂、毛巾、小方巾、浴巾、地巾、浴袍、浴帘、浴用挂袋。

装饰与陈设类：壁挂式有信插、鞋插、门帘和装饰类壁挂等；平面陈列式有各种工艺篮、布艺相框、灯罩、杂志架、各种筒套等。

垫子类：用于客厅和起居室以及其他休闲区域的各类坐垫，其配套的形式和设计手法不胜枚举。

包装类：可用于制作各种花式箱包、手提包、购物包等，以突显这个个性的时代，也可用于装饰家居，对整个室内空间起到画龙点睛的功效，设计手法多种多样。

家具类：用于装饰布艺沙发等，在现代家居装饰中比较流行。

2）常见的布艺品

常见的布艺品如图6-4-10所示。

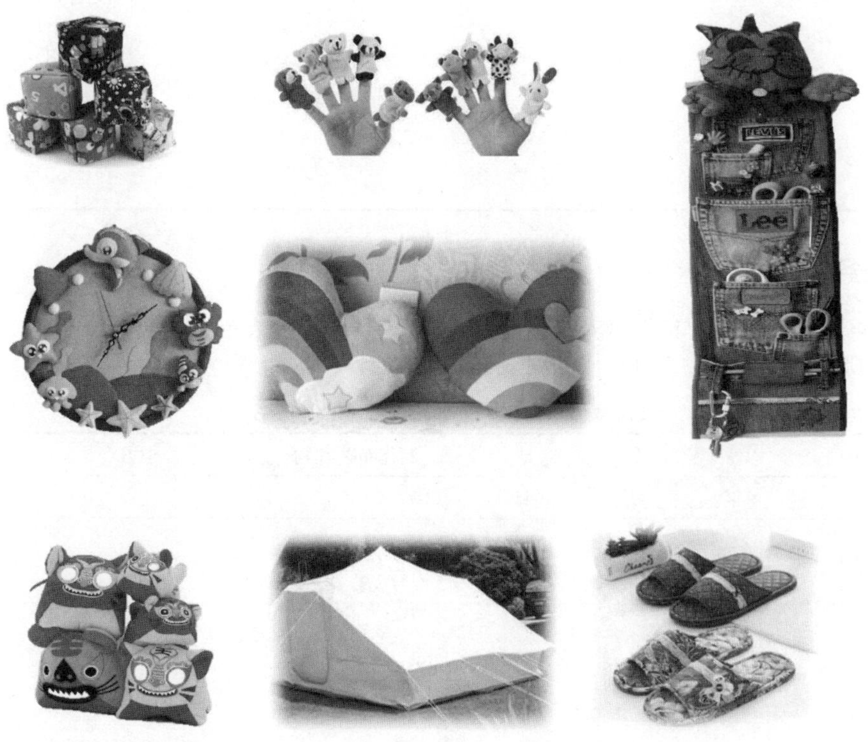

图6-4-10　常见的布艺品

四、任务评价

表6-4-3 “布艺”考核评价表

学生姓名： 小组名称： 班级：

类别	标准	等级(优、良、中、差)
劳动素养	1. 劳动态度积极,认真完成劳动任务。 2. 具有自觉、诚信的劳动意识,爱护劳动工具。 3. 具备创造性劳动能力,用劳动创造美好生活。 4. 与他人分工协作,具备较好的团队合作能力。 5. 有质量意识,培养精益求精、追求卓越的工匠精神。 6. 增强热爱劳动的情感,体验劳动的幸福	
劳动成果	1. 认真对待劳动任务,完成成品制作。 2. 成品外表贴合完美,无凸起,边缘齐整,符合要求。 3. 造型完整美观,有设计感,缝制均匀,无多余线头。 4. 各种工具材料用完及时收纳,安全摆放,整体视觉舒适。 5. 劳动教室桌面及时清理,室内干净整洁,垃圾合理处置	
总体评价		
学习存在哪些问题？哪些技能需要进一步夯实： 考核评价人： 年 月 日		

五、任务延伸

结合本学习情境内容,日常培养兴趣爱好,尝试为亲人或朋友制作一件布艺礼物,将过程拍摄成图片或视频上传到平台,并填写任务书。

表6-4-4 “布艺”生活化任务书

活动名称	制作布艺礼物		
活动时间	_______年_______月_______日		
活动人员		重点工作内容	
活动过程			

续上表

活动感悟	收获	
	不足	
	改进措施	
自我评价	A. 优秀　　B. 良好　　C. 合格　　D. 不合格	

学习情境6－5　泥塑

泥塑是用黏土制成的一种立体造型艺术，造型以人物、动物为主，是一种传统的中国民间艺术。泥塑不仅具有观赏性，还有很强的实用性，是一种重要的生产劳动形式，可以给劳动人民带来经济效益。

一、学习情境设计

本学习情境以人物头像为例。根据泥塑制作方法，学生需要经历作品设计、制作成型的完整过程，体验匠人的精细和专注，能够发现美、欣赏美、用劳动创造美，达到培养劳动精神，涵养优秀劳动品质的教育目标。

表6－5－1　“泥塑”学习情境设计

学习情境	泥塑	学时建议:2 学时
学习情境描述	学生根据教师下发的学习任务书，设计作品造型，正确使用工具，按照操作步骤与方法，边制作边创作，独立完成泥塑作品的制作	
学习环境要求	总体环境:泥塑教室。 工具和材料准备:木棒、木槌、钢丝刀、舌形刀等	
学习目标	知识目标	1. 初步了解泥塑。 2. 了解常用工具的使用方法。 3. 能举例说出泥塑的种类和用途
	能力目标	1. 能够正确使用工具，保证安全。 2. 能够完成泥塑人像的制作，解决出现的各类问题
	素质目标	1. 养成勤动手、勤动脑的习惯，提高善于运用劳动创造美好生活的能力，体验细致专注、精益求精的手工制作技艺。 2. 养成积极参与劳动的习惯。 3. 培养精工细作、踏实耐心、不怕脏累的劳动精神。 4. 培养精工细作、踏实耐心、不怕脏累的精神
学习内容	1. 泥塑的基本常识。 2. 所需工具和材料的使用方法。 3. 泥塑头像制作的步骤与方法	

续上表

学习方式方法与组织形式	1. 学习方式方法：演示教学法、任务驱动法、小组教学法。 2. 学习组织形式：与他人研讨制作泥塑的步骤与方法，熟悉操作流程，第一次操作需要在老师协助下完成，掌握之后可以独立操作		
学习要求	1. 注意操作安全。 2. 按照图示步骤进行操作。 3. 养成细心踏实、精益求精的劳动习惯，保持室内和工作环境干净整洁，注意个人卫生		
学习过程设计	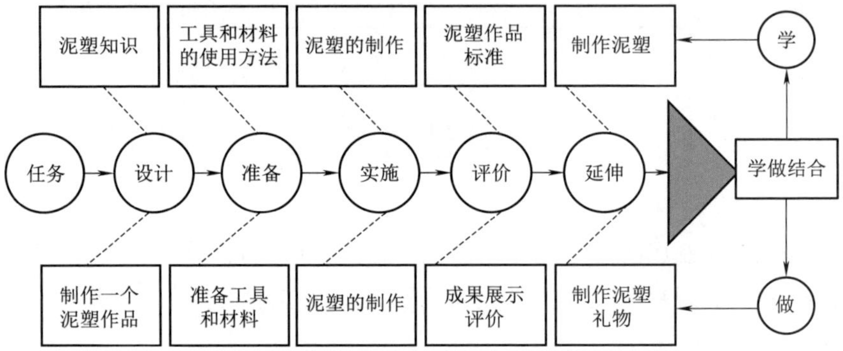 泥塑知识 / 工具和材料的使用方法 / 泥塑的制作 / 泥塑作品标准 / 制作泥塑 ← 学 任务 → 设计 → 准备 → 实施 → 评价 → 延伸 → 学做结合 制作一个泥塑作品 / 准备工具和材料 / 泥塑的制作 / 成果展示评价 / 制作泥塑礼物 ← 做		
学习流程	活动内容	教师活动	学生活动
劳动任务	布置任务：泥塑	发放劳动任务书，明确劳动任务：完成泥塑头像的制作	学习数字教学资源，了解需要学习的知识和技能
劳动准备	准备劳动用品	准备所用工具和材料，做好环境准备、物品准备、经验准备	协助教师或独立做好相关准备
劳动实施	制作	教授泥塑头像的制作方法，指导学生完成制作	以制作泥塑头像为例，学习泥塑制作的方法，完成泥塑头像的制作
劳动评价	成品展示与评价	组织学生展示作品，评定学生成绩	展示自己的作品，根据自己评、同学评、教师评，评定学习成绩，填写评价表
劳动延伸	生活化劳动任务	鼓励学生将技能生活化，培养兴趣爱好	培养积极的生活心态，培养兴趣爱好

二、任务布置

表 6－5－2 “泥塑”劳动任务书

学习情境	泥塑		
具体任务	知识点	技能点	教学案例
泥塑	1. 泥塑的基本常识。 2. 制作泥塑头像的步骤与方法	制作泥塑的技巧	头像制作
任务要求	1. 劳动要求：学生能正确选择和使用工具材料，认真思考制作的步骤与方法，耐心地进行泥塑头像的制作，提高手工劳动能力。 2. 安全要求：学生使用工具需由老师指导，保证安全。 3. 操作要求：学生需掌握泥塑头像制作的方法，养成认真细致、踏实耐心、不怕脏累、精益求精的劳动习惯，并能进行创新思考，同时保持教室和个人的整洁		

三、任务实施

任务：泥塑

引导问题1：你见过的泥塑有哪些？

____

____

引导问题2：观看微课“泥塑”，自己动手制作一个泥塑头像。

泥塑

____

____

【操作提示】

泥塑基础手工制作最常用的材料是一种黏土制成的泥巴。软硬要适中，太硬塑造起来不仅费力，而且泥块儿之间也不易黏结，太软泥巴不仅黏手，也没有可塑性。一头像泥塑在制作过程中要保持泥巴的最佳状态，需经常喷洒一些水。间歇时，要用薄的塑料布或湿布把进行中的塑像包裹起来，剩下的泥巴要包好或储藏于不透气、不渗水的器物中，以便随时使用。

操作步骤1：上大泥

先用较大的一块泥把人物头、颈部体块表现出来，有时会借助铁丝网制作头部骨架，本任务使用购买的泥塑支架（见图6－5－1）。

图6－5－1　泥塑支架

制作前要把泥摔成头部大小的长方体（见图6－5－2）。然后根据基本头型上下左右围绕着架子上泥，这时一定要参照模特（本任务的模特为一名老人）的正面、侧面、后面、顶面的形，用木板拍实（见图6－5－3）。

图6－5－2　将泥摔成头部大小的长方体

图6－5－3　围绕架子上泥

操作步骤2：整理形体

1. 整理制作头部体块

选择一块大小适宜、黏性好的泥土，根据头像的形状捏制成胚胎。在捏制的过程中要仔细调整头像的轮廓，为后面的操作打好基础（见图6－5－4）。

2. 标出五官位置

通过五官的比例关系和一定的解剖知识，用水平线标出老人五官的大概位置（见图 6－5－5）。

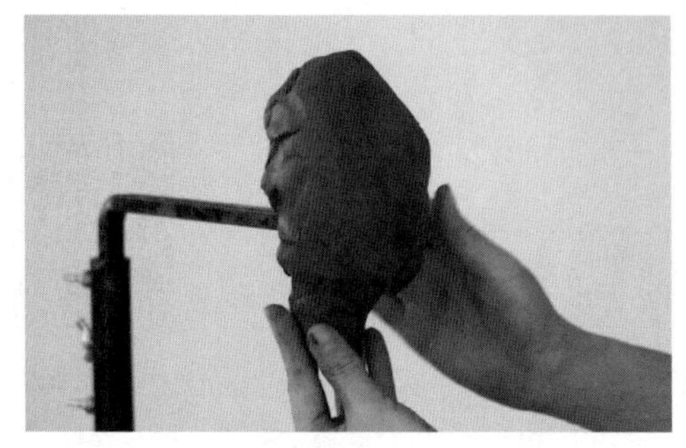

图 6－5－4　整理制作头部体块

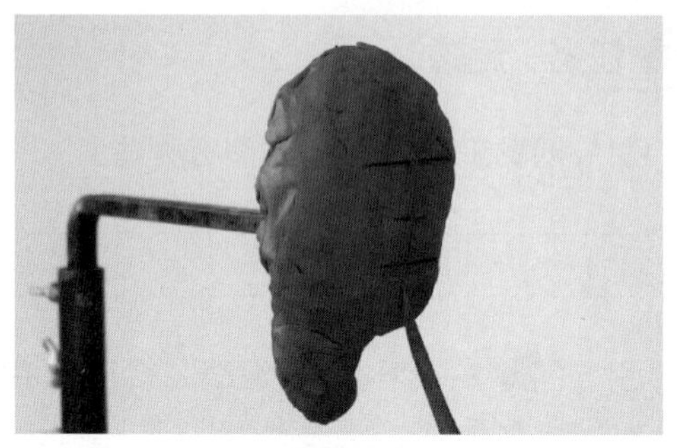

图 6－5－5　用水平线标出老人五官的大概位置

3. 眼部

用手按压出眼球的位置，用少许泥制作两个圆球放置在刚才按压的凹陷位置，然后搓出四个两头尖中间粗的泥条分别作为上、下眼睑，按压在眼球的上下方，要注意老年人眼部点，应类似于三角形，眼睑下垂些（见图 6－5－6）。

4. 鼻部

用手轻轻捏出鼻梁、鼻头和鼻翼，用小块泥堆出轮廓（见图 6－5－7）。

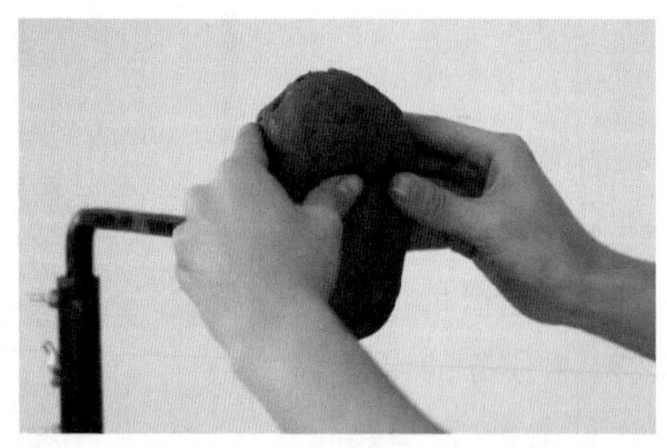

图 6－5－6　制作眼睛

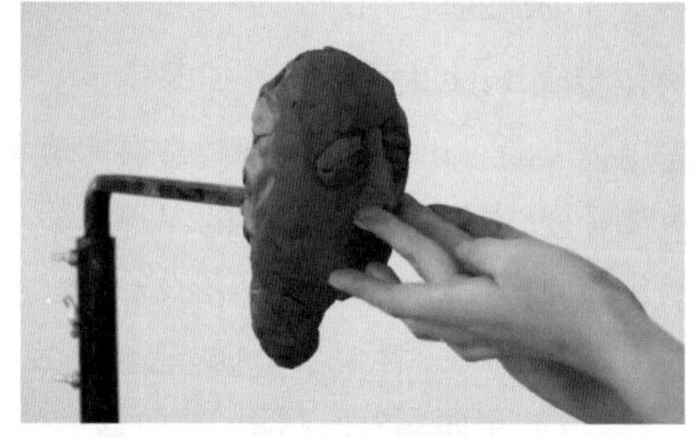

图 6－5－7　制作鼻子

5. 嘴唇和耳朵

用两个泥条做出上下嘴唇，调整到眼球上下合适的位置，并做出耳朵（见图 6－5－8）。这样人物头部的基本形状就制作完成了，这一步要时刻注意老年人五官的形象和特点。

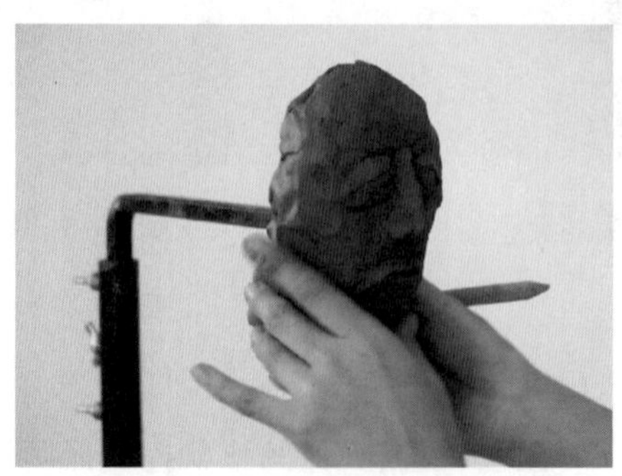

图 6－5－8　制作嘴唇和耳朵

操作步骤3:细节刻画

加深老人的法令纹,突出下颌骨的位置,口轮匝肌应较为干瘪(即口唇周围要干瘪些),以突出人物的年龄特征。适当位置应进行填补(见图6-5-9)。

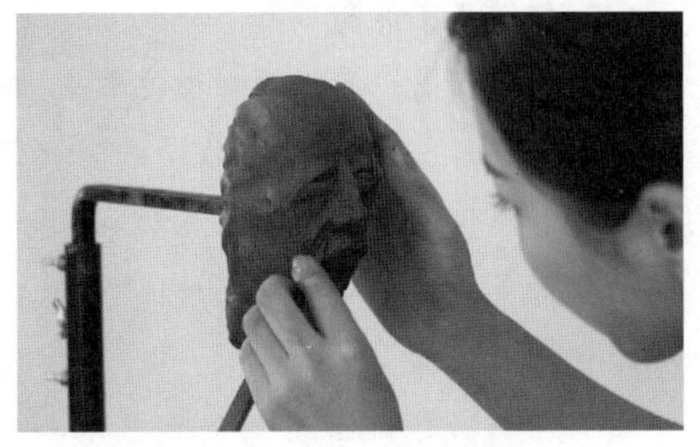

图6-5-9　细节刻画

操作步骤4:加深塑造

上泥堆形一定要有大局观,局部和细部的深入调整处理需要加深塑造(见图6-5-10、图6-5-11)。做局部需要不断的与整体比较,使局部服从整体。在深入塑造阶段,难免会出现某些局部的细节表现得过分突出,形体的大转折被削弱,形体间缺乏连贯或处理僵硬等问题,这时就要将其调整到较为柔和。

一块烂泥巴,在一双灵巧的手中被塑造成活灵活现的人物头像,这需要极大的耐心,这双勤劳的手是创造世界的源动力。

图6-5-10　加深塑造(一)

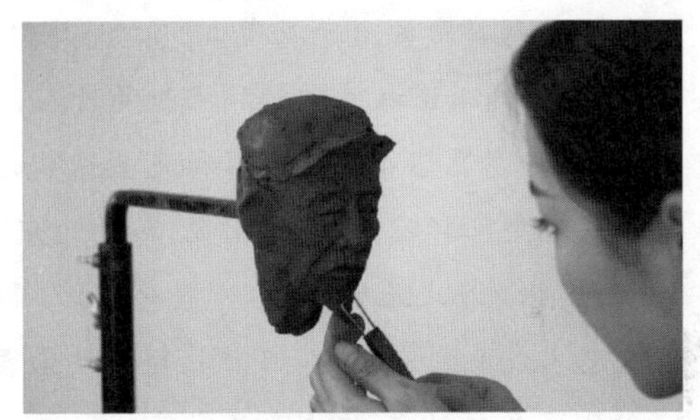

图6-5-11　加深塑造(二)

【操作技巧】

上泥堆形时要注意雕塑是三维的实体,每添一块泥都要照顾到各个视角之间的关系,要经常转动雕塑台,不断进行观察比较,泥不要一次堆足,只要堆出大致形体即可;上大泥要从大处着眼,从整体入手,切忌缩手缩脚,陷入到局部细节的塑造中。

【知识链接】

1. 了解泥塑

泥塑是我国一种古老且常见的民间艺术。它以泥土为原料,以手工捏制成形。或素或彩,以人物、动物为主。泥塑造型多而繁杂,最常见的就是泥人、泥罐等生活用品。

我国泥塑起源于1万年前的新石器时期,发展到汉代已成为重要的艺术品。考古工作者从两汉墓葬中发掘了大量的陶俑、陶兽、陶马车、陶船,有手捏的,也有模制的。发展到宋代,不但大型泥塑繁荣,小型泥塑玩具也发展起来,有许多人专门从事泥人制作,作为商品出售。泥塑产业的兴盛,不仅丰富了人们的文化生活,也为劳动者带来了经济收入,现在这种独特的民俗艺术已经吸引了全世界的目光。

泥塑的基本用料是泥土,一般选用带些黏性又细腻的土,经过捶打、摔、揉后使用,有时还要在泥土里加些棉絮、纸、蜂蜜等。

2. 传统手工泥塑

泥土孕育着世间万物却相貌平平，它为人类提供着最基本的衣食住行和生活保障，就像普通的劳动者一样，无声无息地推动着时代的发展。泥塑这种传统的手工技艺，体现了劳动人民对泥土的深厚感情。古代劳动人民就地取材，用泥土装点自己的生活，体现了人类伟大的创造智慧。比较典型的泥塑主要有以下几种：

1）汉代泥塑

自新石器时代后，中国泥塑艺术一直没有间断，发展到汉代已成为重要的艺术品种。考古工作者从两汉墓葬中发掘了大量的文物，其中有为数众多的陶俑、陶兽、陶马车、陶船等，其中有手捏的，也有模制的。汉代泥塑的制作题材十分广泛，一般直接以生活中的事物作为表达对象，以简洁夸张的手法，突出表现事物的内在精神（见图6-5-12）。

图6-5-12　汉代泥塑

2）敦煌莫高窟中的唐代泥塑

两汉以后，随着道教的兴起和佛教的传入，以及多神化的奉祀活动，社会上的道观、佛寺、庙堂兴起，直接促进了泥塑雕像的需求和泥塑艺术的发展。到了唐代，泥塑艺术达到了顶峰。敦煌莫高窟中的唐代泥塑色彩艳丽、富丽堂皇，被称为东方灿烂的明珠（见图6-5-13）。

3）天津“泥人张”泥塑

泥塑艺术发展到宋代，不但宗教题材的大型佛像继续繁荣，小型泥塑玩具也发展起来。有许多人专门从事泥人制作，作为商品出售。元代之后，历经明、清、民国，泥塑艺术品在社会上仍然流传不衰，尤其是小型泥塑，既可观赏陈设，又可让儿童玩耍，几乎全国各地都有生产，天津“泥人张”就是其中著名的产品。天津“泥人张”是深受百姓喜爱的民间艺术作品，其泥人个个形神毕肖、栩栩如生，“泥人张”的彩塑更是通过色彩、道具等装饰，形成了独特的风格，创造了我国泥塑艺术的一个高峰（见图6-5-14）。

图6-5-13　敦煌莫高窟中的唐代泥塑

图6-5-14　天津“泥人张”泥塑

四、任务评价

表 6-5-3　“泥塑”考核评价表

学生姓名：　　　　　　　　小组名称：　　　　　　　　班级：

类别	标准	等级(优、良、中、差)
劳动素养	1. 劳动态度积极,认真完成劳动任务。 2. 具有自觉、诚信的劳动意识,爱护劳动工具。 3. 具备创造性劳动能力,用劳动创造美好生活。 4. 与他人分工协作,具备较好的团队合作能力。 5. 有质量意识,培养精益求精、追求卓越的工匠精神。 6. 增强热爱劳动的情感,体验劳动的幸福	
劳动成果	1. 认真对待劳动任务,完成成品制作。 2. 成品表面光滑细腻,构图比例恰当,符合要求。 3. 成品整体造型完整美观,有设计感。 4. 各种工具材料用完及时收纳,安全摆放,整体视觉舒适。 5. 劳动教室桌面及时清理,室内干净整洁,垃圾合理处置	
总体评价		
学习存在哪些问题?哪些技能需要进一步夯实: 考核评价人: 年　月　日		

五、任务延伸

结合本学习情境内容,制作一件泥塑礼物 ,确定礼物的用途,将过程拍摄成图片或视频上传到平台,并填写任务书。

表 6-5-4　“泥塑”生活化任务书

活动名称	制作泥塑礼物		
活动时间	______年______月______日		
活动人员		重点工作内容	
活动过程			

续上表

<table>
<tr><td rowspan="3">活动感悟</td><td>收获</td><td></td></tr>
<tr><td>不足</td><td></td></tr>
<tr><td>改进措施</td><td></td></tr>
<tr><td>自我评价</td><td colspan="2">A. 优秀　　B. 良好　　C. 合格　　D. 不合格</td></tr>
</table>

模块七

志愿服务劳动

劳动任务描述

志愿服务是让学生利用知识、技能为他人和社会提供服务的一种劳动,具有非盈利、无偿、非职业化援助的特点。志愿服务劳动的教育目的,是促进学生深入接触社会,在各种社会实践中感受社会组织和人际关系,培养学生为人民服务、奉献社会的良好思想品德,帮助学生树立服务意识,培育社会公德,提高社会服务实践技能,在公益劳动和志愿服务中实现自身价值,强化社会责任感、使命感和担当精神,培养青年一代为国为民的情怀。

学习情境 7-1 志愿引导服务

志愿引导服务是通过文明交通引导、场馆引导、赛会引导等实践服务,让学生了解志愿服务的内容,提升沟通交流的能力,增强学生参与劳动实践和志愿服务实践的积极主动性。本学习情境以组织学生参与"创建文明城市、志愿交通引导"志愿引导服务为例。

一、学习情境设计

根据志愿引导服务的工作方法和流程,学生需要学习站姿规范、仪容仪表规范、行为举止规范等引导工作的行为规范,掌握引导的方法,按照规范的方式对行人、非机动车的交通违规行为做好处理,达到树立服务意识、增强社会责任感和担当精神的教育目标。

表 7-1-1 "志愿引导服务"学习情境设计

学习情境	志愿引导服务	学时建议:2 学时
学习情境描述	以城市志愿者、校园引导、红色实践教育基地引导为基础,组织学生开展志愿引导服务,以"创建文明城市,志愿交通引导"志愿引导服务为例,完成引导过程	
学习环境要求	总体环境:校园环境和城市街道。 工具准备:小红帽、红马甲、小红旗、哨子等	

续上表

<table>
<tr><td rowspan="3">学习目标</td><td>知识目标</td><td colspan="2">1. 了解志愿引导服务的基本行为规范。
2. 了解志愿引导服务的工作职责</td></tr>
<tr><td>能力目标</td><td colspan="2">1. 能够掌握基本的志愿引导方法，规范完成交通引导服务。
2. 能够提升个人的社会沟通交流能力</td></tr>
<tr><td>素质目标</td><td colspan="2">1. 提升学生对志愿服务的认识，增强学生的学习能力和应变能力。
2. 培养规则意识、规范操作能力和社会服务意识。
3. 培养“奉献、友爱、互助、进步”的志愿服务精神。
4. 培养学生良好的文明礼仪和行为习惯，增强与行人沟通交流的能力</td></tr>
<tr><td>学习内容</td><td colspan="3">1. 志愿引导服务的基本行为规范。
2. 志愿引导服务的工作职责。
3. 交通引导措施</td></tr>
<tr><td>学习方式方法与组织形式</td><td colspan="3">1. 学习方式方法：案例教学法、小组教学法、实践教学法。
2. 学习组织形式：首先进行前期的志愿者引导规范学习，其次学习并掌握引导的方法，最后让学生参与一次“创建文明城市，志愿交通引导”的服务活动</td></tr>
<tr><td>学习要求</td><td colspan="3">1. 对站姿规范、仪容仪表规范、行为举止规范进行充分了解，能够按照规范操作进行服务。
2. 统一志愿者服装，衣帽整洁。
3. 养成良好的文明礼仪和行为习惯，与被引导者建立良好关系，文明礼貌引导</td></tr>
<tr><td>学习过程设计</td><td colspan="3"> 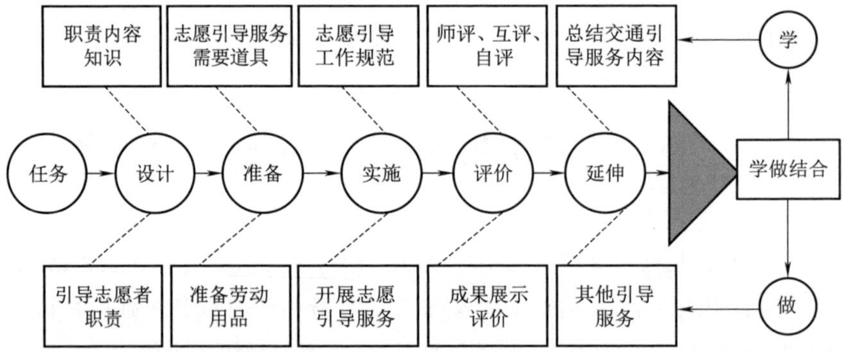职责内容知识 / 志愿引导服务需要道具 / 志愿引导工作规范 / 师评、互评、自评 / 总结交通引导服务内容 ← 学
任务 → 设计 → 准备 → 实施 → 评价 → 延伸 → 学做结合
引导志愿者职责 / 准备劳动用品 / 开展志愿引导服务 / 成果展示评价 / 其他引导服务 ← 做</td></tr>
<tr><td>学习流程</td><td>活动内容</td><td>教师活动</td><td>学生活动</td></tr>
<tr><td>劳动任务</td><td>布置劳动任务</td><td>发放劳动任务书，明确劳动任务：完成一次志愿引导服务，做一名引导员</td><td>了解需要学习的知识和技能</td></tr>
<tr><td>劳动设计</td><td>制定志愿引导服务计划</td><td>讲授交通协管员和引导员志愿者的职责，引导学生进行方案设计</td><td>学习引导服务志愿者的职责内容，进行引导方案设计</td></tr>
<tr><td>劳动准备</td><td>准备劳动用品</td><td>事前准备好小红帽、红马甲、小红旗、哨子，做好环境准备、物品准备、经验准备</td><td>协助教师或独立做好相关准备，做好经验准备和物品准备</td></tr>
<tr><td rowspan="3">劳动实施</td><td>引导志愿者规范</td><td>教授站姿规范、仪容仪表规范、行为举止规范等</td><td>学习引导服务志愿者规范，掌握规范的操作方法</td></tr>
<tr><td>交通引导措施</td><td>教授不同情况下的交通引导措施，指导学生小组进行模拟操作</td><td>学习各种情况下的交通引导措施，以小组的形式进行模拟操作</td></tr>
<tr><td>志愿引导服务实践</td><td>组织学生到真实场景完成一次志愿引导服务，做一名引导员</td><td>参与一次志愿引导服务，做一名引导员</td></tr>
</table>

续上表

学习流程	活动内容	教师活动	学生活动
劳动评价	考核评价	根据学生实践服务中的情况，评定学生成绩	根据自己评、同学评、教师评，评定学习成绩，填写评价表
劳动延伸	生活化劳动任务	鼓励学生将劳动技能生活化，经常性参加志愿服务	劳动能力和劳动品质生活化，经常性参加志愿引导服务

二、任务布置

表7-1-2　“志愿引导服务”劳动任务书

学习情境	志愿引导服务		
具体任务	知识点	技能点	教学案例
任务1：制订志愿引导服务计划	1. 掌握交通引导志愿者的工作职责。 2. 掌握在交通引导服务中，志愿者应注意哪些上岗要求	1. 梳理引导服务志愿者的工作职责。 2. 根据需求制定活动计划	
任务2：引导志愿者规范训练	1. 掌握站姿规范。 2. 掌握仪容仪表规范。 3. 掌握行为举止规范。 4. 掌握不同情况下的交通引导措施。 5. 掌握旗子的使用规范。 6. 掌握哨子的使用规范	1. 规范个人行为，能够以良好的形象开展服务工作。 2. 各种路面情况下进行规范引导的技能	志愿者引导服务的示范案例
任务3：志愿引导服务实践	总结志愿引导服务的相关规范要求	1. 能够运用基本的志愿引导方法，规范地完成交通引导志愿服务。 2. 能够与被引导者建立有效沟通	
任务要求	1. 劳动要求：学生需学习引导工作的职责、行为规范以及交通引导的完整流程，达到能够独立完成志愿引导服务的水平，提高个人社会服务能力，培养个人文明礼貌习惯。 2. 安全要求：学生第一次参与志愿引导服务，需由老师指导完成，保证交通安全。 3. 操作要求：学生需掌握正确的志愿引导服务操作规范，培养规范操作的职业意识		

三、任务实施

任务1：制订志愿引导服务计划

引导问题1：观看微课“志愿引导服务”，了解交通引导服务志愿者的工作职责？

____

____

____

____

志愿引导服务

【操作提示】

遵守交通规则是保障城市通勤的必要手段，城市引导也是对外地来访人员提供的人性化服务，参加交通协理和城市引导服务，是在校学生为城市建设做贡献的具体表现方式。通过交通引导服务志愿者宣传交通安全意识，协助交警进行安全出行引导、解答群众咨询，为外地来访人员提供切实的帮助等，可以让城市交通更有序，让城市更温馨、更文明，促进文明城市创建，为大家营造良好的城市环境。

操作步骤1:认识交通引导志愿者的工作职责

交通引导志愿者的岗位一般分布在重要路口,主要负责宣传交通法律、法规,协助交通警察管理行人不走斑马线、闯红灯、钻跨护栏,非机动车闯红灯、逆行等违法行为。

交通路口出行引导员岗位主要职责:

(1)引导市民文明出行,劝阻、制止行人违反交通法规的行为。

(2)在交通民警的指导下,协助疏导交通,引导机动车规范停车,及时通知执勤民警处理违法停放的机动车。

(3)积极为老、幼、残疾等需要帮助的行人提供服务。

路口文明出行引导员岗位服务规范:

(1)行人及自动车违规鸣哨时,用旗语与手势配合的方式进行及时制止。

(2)车辆拥堵时,配合交通警察指挥、疏导车辆。

(3)车辆违章停放时,及时通知执勤民警处理。

(4) 特殊人群指引:关注老年人、儿童、残障人士等特殊人群,给予此类人群搀扶、护送、指引等服务,使该类人群在志愿者服务岗位周边安全出行。

操作步骤2:认识交通引导志愿者的岗位要求

1. 统一标识

所有在岗服务的志愿者须统一佩戴"交通文明引导志愿者"工作证、志愿者服和帽子。

2. 统一行动听指挥

在岗服务的志愿者须听从上级统一指挥,不开展指定内容之外的工作;服务时各组要在组长协调下统一行动,不可擅自远离小组自行行动,不得迟到、早退。

操作步骤3:制订志愿引导服务计划

事前进行社会需求调查,掌握交通引导服务的岗位需求,与交通管理部门进行沟通接洽,本着帮忙不添乱的原则,明确岗位地点、人员设置、工作职责,给学生做好分组,指定小组长,形成劳动实践团队,指定实践指导教师,使志愿活动组织管理有序,保证学生安全。

任务2: 引导志愿者规范训练

引导问题2:引导服务志愿者有哪些行为规范上的要求?

____

____

____

【操作提示】

交通引导员代表着城市的形象,自身要加强形象管理,掌握引导服务必备的礼仪,在引导过程中坚持"以服务对象为中心"的原则,为被引导者提供引导服务。

操作步骤1:引导服务志愿者的礼仪训练

1. 站姿规范

引导服务志愿者双腿并拢自然站立,面向来车方向,双臂自然下垂;右手持旗,旗杆与手臂成45°角,右手食指和中指在旗杆下,无名指和小指在旗杆上,拇指按住旗杆;哨子挂于胸前,右手使用哨子,如图7-1-1所示。

2. 仪容仪表规范

引导服务志愿者上岗时需保持面部干净整洁，女生可以画淡妆，男生不可以留胡须；女生头发应留短发或将长发扎起（见图7－1－2），男生需留短发，不可染发或留奇异发型；上岗前不吃异味食物，不喷浓烈香水。

图7－1－1　站姿规范

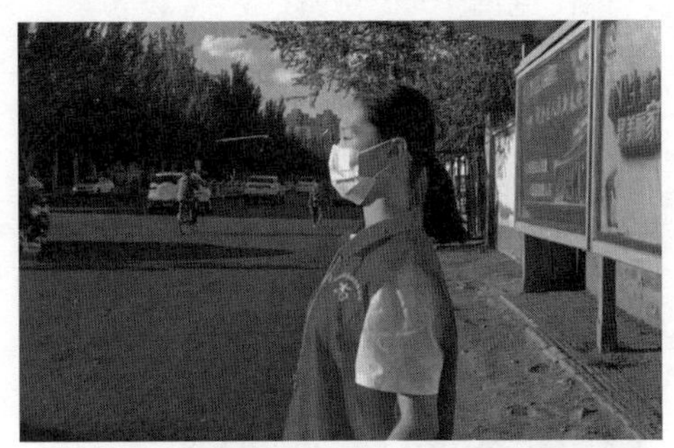

图7－1－2　女生仪容仪表规范

3. 行为举止规范

给行人引领指路时，要五指并拢，手伸直、臂伸平，不得用手指指人（见图7－1－3）；开展引导工作时，要做到表情热忱舒朗、行为得体规范、态度和蔼耐心；引导行人等候时，要做到语言亲切文明，多用“您好、请稍后、谢谢”等词语。

操作步骤2：掌握不同情况下的交通引导措施

（1）行人、非机动车横过马路不走人行横道的，引导服务志愿者应吹哨子提醒其注意，并劝导其在人行横道内通过，非机动车骑车人在横过马路时要下车推行（见图7－1－4）。

图7－1－3　给行人引领指路

图7－1－4　对不走人行横道的行人、非机动车进行引导

（2）行人、非机动车通过有信号灯控制的路口，不遵守信号规定（红灯停、绿灯行）时，引导服务志愿者应吹哨子提醒其注意，并打手势要求其等绿灯亮时方可通行（见图7－1－5）。

（3）行人翻越中间护栏或中间绿化带横过马路的，若行人还没有翻越，引导服务志愿者要立即吹哨子，打手势制止其行为（见图7－1－6）；若行人已经翻越，引导服务志愿者要立即吹哨子，提醒过往车辆注意避让行人，并要求行人在确认安全后通过。

（4）行人、非机动车在机动车道内通行的，引导服务志展者要立即吹哨子，并挥动旗帜指示其要在人行道、非机动车道内通行（见图7－1－7）。

（5）自行车在市区内通行，不准骑车载人，如有发现，引导服务志愿者要立即吹哨子提醒其注意，并要求乘车者立即下车。

(6)非机动车不准逆向行驶，如发现，引导服务志愿者要立即吹哨子提醒其注意，并指出其交通违法情况，要求其在最近的人行横道通过马路，在对向非机动车道内通行。

(7)遇有老人、残疾人、儿童以及学生横过马路时，可吹哨提示，并挥动旗帜拦停机动车，引导行人横过马路(见图7-1-8)。

图7-1-5　对不遵守信号灯规定的行人进行引导

图7-1-6　对翻越中间护栏的行人进行引导

图7-1-7　对在机动车道内通行的行人进行引导

图7-1-8　引导行人横过马路

任务3：志愿引导服务实践

引导问题3：怎样提升志愿引导服务的质量和效果

____

____

____

【操作提示】

进入岗位，完成一次志愿引导服务实践，在实践服务活动中学以致用，培养“奉献、友爱、互助、进步”的志愿服务精神。

四、任务评价

学生将志愿服务拍照，上传到指定位置，并对服务情况进行简要介绍，通过自评、互评、教师评价相结合的方式完成评价，将评价结果填入表7-1-3。

表 7-1-3　“志愿引导服务”考核评价表

<table>
<tr><th colspan="2">考核内容</th><th>评分要求</th><th>分值</th><th>扣分</th><th>备注</th></tr>
<tr><td rowspan="3">准备
质量
（25 分）</td><td>行为规范</td><td>站姿规范、仪容仪表规范、行为举止规范，能够按照规范进行服务，服务中无缺项情况</td><td>10</td><td></td><td></td></tr>
<tr><td>基本用语
规范</td><td>能够结合各种工作情况进行合理的志愿服务，服务用语规范，有较好的应变和沟通能力</td><td>10</td><td></td><td></td></tr>
<tr><td>志愿者</td><td>统一志愿者服装，衣帽整洁</td><td>5</td><td></td><td></td></tr>
<tr><td rowspan="2">实施
质量
（55 分）</td><td>实施服务</td><td>1. 可以在志愿引导、讲解服务中保持良好的行为规范。
2. 可以用规范的服务用语进行服务，并可以与被服务者进行良好的交流沟通。
3. 服务中弘扬“奉献、友爱、互助、进步”的志愿服务精神。
4. 养成良好的文明礼仪和行为习惯</td><td>50</td><td></td><td></td></tr>
<tr><td>记录</td><td>记录服务时间</td><td>5</td><td></td><td></td></tr>
<tr><td colspan="2" rowspan="4">评价
（20 分）</td><td>团队协作</td><td>5</td><td></td><td></td></tr>
<tr><td>志愿服务精神</td><td>5</td><td></td><td></td></tr>
<tr><td>行为得体礼貌</td><td>5</td><td></td><td></td></tr>
<tr><td>规范意识</td><td>5</td><td></td><td></td></tr>
<tr><td colspan="2">总分</td><td></td><td></td><td></td><td></td></tr>
</table>

五、任务延伸

结合本学习情境内容，迁移到其他志愿引导服务形式，经常性参加志愿引导服务，将志愿引导服务过程拍摄成图片或视频上传到平台，并填写任务书。

表 7-1-4　“志愿引导服务”生活化任务书

<table>
<tr><td>活动名称</td><td colspan="2"></td></tr>
<tr><td>活动时间</td><td colspan="2">________年________月________日</td></tr>
<tr><td>活动过程</td><td colspan="2"></td></tr>
<tr><td rowspan="3">活动感悟</td><td>收获</td><td></td></tr>
<tr><td>不足</td><td></td></tr>
<tr><td>改进措施</td><td></td></tr>
<tr><td>自我评价</td><td colspan="2">A. 优秀　　B. 良好　　C. 合格　　D. 不合格</td></tr>
</table>

学习情境 7－2　志愿敬老服务

尊老爱幼是中华民族的优秀传统美德，尊老敬老是社会文明进步的表现，爱老助老是全社会的共同责任。志愿敬老服务的教育目的，是让学生继承中华民族尊老爱老敬老的优秀传统文化，去了解、关爱、帮助老年人，让老年人得到应有的尊重和关爱。帮助学生涵养品德，增强社会责任感，培养为社会奉献的大爱精神。

一、学习情境设计

根据志愿敬老服务工作要求，学生需要进行老年人需求调查，针对需求提供健康咨询、专题宣传、文化帮扶、义诊、陪伴等服务，达到培养尊老、敬老、孝老、爱老的传统美德，增强社会责任感和担当、奉献精神的教育目标。

表 7－2－1　“志愿敬老服务”学习情境设计

<table>
<tr><td>学习情境</td><td colspan="2">志愿敬老服务</td><td>学时建议:2 学时</td></tr>
<tr><td>学习情境描述</td><td colspan="3">进行老年人需求调查，针对需求制定帮扶计划，实施帮扶计划，完成一次志愿敬老服务</td></tr>
<tr><td>学习环境要求</td><td colspan="3">总体环境:社区、乡村。
工具准备:小红帽、红马甲、电子血压仪等</td></tr>
<tr><td rowspan="3">学习目标</td><td>知识目标</td><td colspan="2">1. 了解被服务人群的需求，并结合需求开展服务设计。
2. 了解志愿敬老服务中的一般服务形式。
3. 了解志愿敬老服务的宣传方法与内容</td></tr>
<tr><td>能力目标</td><td colspan="2">1. 能根据被服务老年人及家庭的需求撰写志愿敬老服务策划方案。
2. 能对老年人提供血压测量等基础身体检查服务。
3. 能够宣传志愿敬老服务，使老年人愿意参与其中</td></tr>
<tr><td>素质目标</td><td colspan="2">1. 提升学生对志愿服务的认识，增强学生的思考能力和良好的沟通能力。
2. 培养学生服务人民、奉献社会的人生观。
3. 弘扬尊老、敬老、孝老、爱老的传统美德。
4. 培养爱国情怀、服务意识和团队协作精神</td></tr>
<tr><td>学习内容</td><td colspan="3">1. 根据被服务老年人及家庭的需求撰写志愿敬老服务策划方案。
2. 志愿敬老服务宣传。
3. 老年人义诊帮扶活动</td></tr>
<tr><td>学习方式方法与组织形式</td><td colspan="3">1. 学习方式方法:案例教学法、小组教学法、实践教学法。
2. 学习组织形式:采用小组教学形式，教师、学生、实践指导教师结成劳动实践共同体，共同完成志愿服务任务</td></tr>
<tr><td>学习要求</td><td colspan="3">1. 结合被服务人群的需求开展服务。
2. 掌握血压仪等仪器的使用。
3. 统一志愿者服装，衣帽整洁。
4. 具有爱老敬老的美德</td></tr>
</table>

续上表

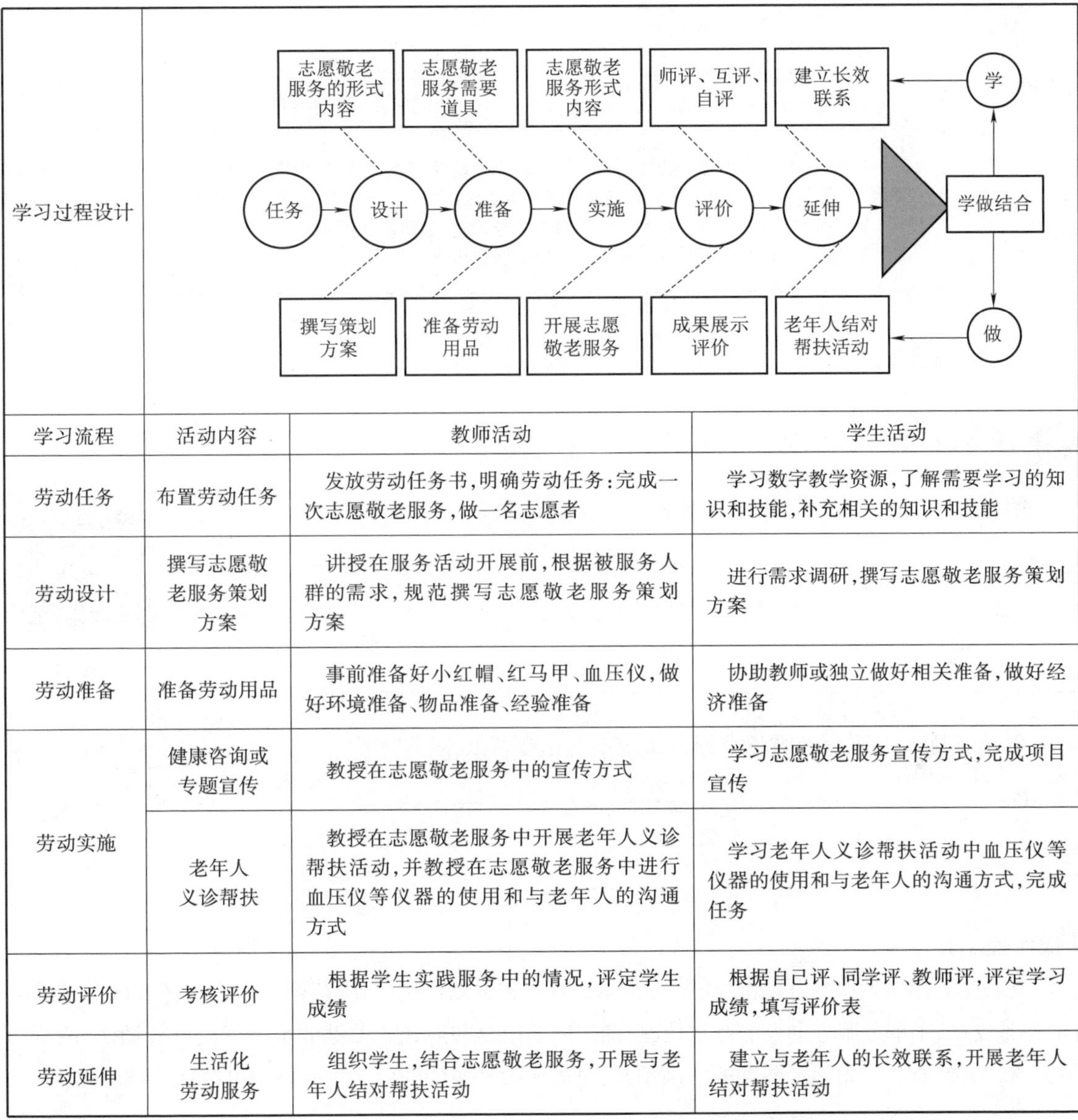

学习流程	活动内容	教师活动	学生活动
劳动任务	布置劳动任务	发放劳动任务书，明确劳动任务：完成一次志愿敬老服务，做一名志愿者	学习数字教学资源，了解需要学习的知识和技能，补充相关的知识和技能
劳动设计	撰写志愿敬老服务策划方案	讲授在服务活动开展前，根据被服务人群的需求，规范撰写志愿敬老服务策划方案	进行需求调研，撰写志愿敬老服务策划方案
劳动准备	准备劳动用品	事前准备好小红帽、红马甲、血压仪，做好环境准备、物品准备、经验准备	协助教师或独立做好相关准备，做好经济准备
劳动实施	健康咨询或专题宣传	教授在志愿敬老服务中的宣传方式	学习志愿敬老服务宣传方式，完成项目宣传
	老年人义诊帮扶	教授在志愿敬老服务中开展老年人义诊帮扶活动，并教授在志愿敬老服务中进行血压仪等仪器的使用和与老年人的沟通方式	学习老年人义诊帮扶活动中血压仪等仪器的使用和与老年人的沟通方式，完成任务
劳动评价	考核评价	根据学生实践服务中的情况，评定学生成绩	根据自己评、同学评、教师评，评定学习成绩，填写评价表
劳动延伸	生活化劳动服务	组织学生，结合志愿敬老服务，开展与老年人结对帮扶活动	建立与老年人的长效联系，开展老年人结对帮扶活动

二、任务布置

表 7-2-2　“志愿敬老服务”劳动任务书

学习情境	志愿敬老服务		
具体任务	知识点	技能点	教学案例
老年人服务需求调研	1. 掌握被服务老年人的需求 2. 掌握志愿敬老服务策划方案的撰写内容与形式	能够根据被服务老年人的需求，规范撰写项目策划书	
健康咨询和专题宣传	1. 掌握志愿敬老服务宣传包含的时间、地点、项目内容、活动目的等信息要素。 2. 掌握志愿敬老服务宣传的形式	能够根据志愿敬老服务策划方案开展本次活动的有效宣传	

续上表

具体任务	知识点	技能点	教学案例
老年人义诊帮扶	1. 掌握老年人的健康知识。 2. 掌握血压仪的使用方法	规范操作仪器,并对老年人的健康问题提出合理建议	血压仪的使用案例
任务要求	1. 劳动要求:学生需经历志愿敬老服务的完整设计实施过程,达到能够独立完成志愿敬老服务的水平,提高个人社会服务能力,培养敬老爱老美德。 2. 安全要求:学生第一次参与志愿敬老服务,需由老师指导完成。 3. 操作要求:学生需掌握正确的志愿敬老服务操作规范		

三、任务实施

任务1: 老年人服务需求调研

引导问题1:观看微课“志愿敬老服务”,了解社区老年人有哪些服务需求?

____

____

____

____

志愿敬老服务

引导问题2:志愿敬老服务策划方案应该包括哪些要素?

____

____

____

【操作提示】

在整个志愿敬老服务开始前,需要有整体的方案和策划。例如,协调志愿者去社区和敬老院的时间、场地安排,了解被服务老人的基本情况,确定服务内容和形式。关键的步骤就是进行调研,调研结果的真实有效有助于志愿者前期的准确预判,对志愿敬老服务的成功进行有不可替代的推动作用。

操作步骤1:老年服务需求调研

志愿敬老服务要针对老年人的需求进行调研,首先要制定调研问卷,走进社区、养老院,了解老年人的需求。对收集的数据进行分析,为制定志愿敬老服务方案提供数据参考。

操作步骤2:撰写志愿敬老服务策划方案

针对调研结果,制定服务方案:

(1)确定志愿敬老服务名称,通过与社区、敬老院工作人员的接洽和实地访问社区部分老年人,了解社区老年人的精神需求、现实需求,了解当下的工作安排需求,以此找到志愿敬老服务的切入点,明确本次志愿敬老服务的重点内容和形式。

(2)撰写志愿敬老服务策划方案,明确志愿敬老服务的开展时间、宣传形式、志愿者招募人数及人员分工等内容。通过人、财、物的全面掌握和协调安排,确保志愿敬老服务的顺利进行。

(3)志愿敬老服务策划书撰写完毕后,提交教师审核,在审核通过后,进行下一步工作。

任务2:健康咨询和专题宣传

引导问题3:志愿敬老服务主要有哪些宣传要素?

引导问题4:对于行动不便的老年人如何开展宣传活动?

【操作提示】

受生活空间和获取信息渠道限制,老年人信息获取不及时,对现代生活技术掌握不熟练,因此专题宣传是帮助老年人获取信息,提高生活能力的有效途径。

操作步骤1:明确宣传主题

依据需求调研,明确宣传主题,收集整理宣传内容,制定宣传资料,将活动的时间、地点、项目内容、活动目的、主办单位等信息,设计制作成宣传海报,培训志愿者,与场地管理人员事前做好协调沟通。

操作步骤2:进行专题宣传

进入活动场地,通过摆放宣传资料、张贴海报、发放宣传购物袋等活动,将活动广泛通知所到服务辖区的老年人中,吸引老年人参加。在活动过程中,志愿者要做到耐心地为老人们讲解,并一一解答老年人的问题,有回答不清的问题可以请指导教师回答,或记录下老年人的联系方式,进行后期回答,务必保证事事有回应。

对于腿脚不便、文字阅读能力较差的老年人,可以安排专门的宣传小分队进行入户宣传,并及时做好老年人的需求登记,如老年人需要,可安排志愿者上门进行服务。

任务3:老年人义诊帮扶

引导问题5:在志愿敬老服务中,如何针对老年人关注的健康问题开展服务?

【操作提示】

身体健康是老年人最关心的问题。测量血压、血糖,宣讲健康知识等义诊帮扶活动可以为老年人提供日常健康指导,可以提高老年人参与活动的积极性,方便与老年人进行良好的沟通,从而建立长效的帮扶联系,丰富老年人的精神生活需求。

操作步骤1:老年人健康检测

为老年人进行血压和血糖等基础身体状况的体检,宣讲老年人夏季防中暑和夏季养生等知识，提醒老年人合理安排生活作息，经常锻炼身体，保持良好的精神状态。

操作步骤2：老年人健康指导

老年人对养生和健康指导有着强烈的兴趣和需求，由于缺乏正规的指导，老年人上当受骗的事件时有发生，志愿活动中要组织专业人员，对老年人的健康咨询进行专业指导，帮助老年人建立科学的健康观念。

操作步骤3：老年人个性化指导

孤独是老年人最难克服的问题，在志愿敬老服务过程中要关心老年人的心理需求，加强对老年人的陪伴和关爱。对独居老人，应建立志愿者与老人的帮扶对接机制，在了解老人的生活所需情况下，定期通过电话问询老人近况、与老人聊天、定期上门帮助老人做一些简单的家务劳动、开展一些力所能及的（例如，生活照料等）活动，以实际行动来陪伴老人，愉悦老人的心情。

四、任务评价

学生将实践照片上传到指定位置，并对服务情况进行简要介绍，通过自评、互评、教师评价相结合的方式完成评价，将评价结果填入表7－2－3。

表7－2－3 "志愿敬老服务"考核评价表

考核内容		评分要求	分值	扣分	备注
准备质量（25分）	志愿敬老服务策划方案撰写	志愿敬老服务策划方案撰写规范，具有充分的前期调查情况，计划内容充分，无缺项情况	10		
	宣传海报制作	海报制作精美，对敬老服务宣传有针对性	10		
	志愿者	统一志愿者服装，衣帽整洁	5		
实施质量（55分）	志愿敬老服务实施效果	1. 可以根据志愿敬老服务策划方案内容参与志愿敬老服务。 2. 可以与老年人进行良好的交流沟通，与被服务老年人建立长效服务联系。 3. 可以规范的使用血压仪等工具进行服务。 4. 可以开展良好的敬老宣传。 5. 服务中弘扬了尊老、敬老、孝老、爱老美德	50		
	记录	记录服务时间	5		
评价（20分）		团队协作	5		
		志愿服务精神	5		
		尊老、敬老、孝老、爱老	5		
		规范意识	5		
总分					

五、任务延伸

结合本学习情境内容，建立与社区老年人的长期联系，开展与老年人结对帮扶活动，将过程拍摄成图片或视频上传到平台，并填写任务书。

表7-2-4　“志愿敬老服务”生活化任务书

活动名称		
活动时间	______年______月______日	
活动过程		
活动感悟	收获	
	不足	
	改进措施	
自我评价	A. 优秀　B. 良好　C. 合格　D. 不合格	

学习情境7-3　志愿文艺服务

随着生活水平的提高,人们对美好生活的向往日益迫切,对精神文明建设提出了更高要求,特别是社区、乡村,群众对文化生活需求日益强烈,群众性文体活动如火如荼,急需专业人士进行指导。志愿文艺服务的教育目的,是让学生利用文艺特长开展社会实践、文化下乡、文艺帮扶工作,为新农村建设和乡村振兴贡献自己的力量。

一、学习情境设计

根据志愿文艺服务的工作要求,学生需求调研社区、乡村群众的文化需求,根据需求进行前期的策划筹备,真正走入社区、乡村,进行文化宣传和文艺帮扶活动。达到了解和体验基层群众的生活,增强与群众的情感,强化社会责任感和爱国家、爱社会、爱他人的劳动教育目标。

表7-3-1　志愿文艺服务学习情境设计

学习情境	志愿文艺服务	学时建议:2学时
学习情境描述	学生进行社区、乡村文艺需求调研,针对需求制定文艺帮扶方案,深入社区、乡村开展帮扶实践	
学习环境要求	总体环境:社区、乡村。 工具准备:小红帽、红马甲、音响设备等	
学习目标	知识目标	1. 了解志愿文艺服务中各年龄阶段被服务人群的需求,并结合需求开展服务设计。 2. 了解志愿文艺服务中的服务形式。 3. 了解志愿文艺服务的宣传方法与内容
	能力目标	1. 能根据不同年龄段被服务人群的需求撰写志愿文艺服务策划方案。 2. 能够参与志愿文艺服务演出活动。 3. 能够宣传志愿文艺服务演出活动

续上表

学习目标	素质目标	1. 提升学生对志愿服务的认识，增强学生的思考能力和良好沟通能力。 2. 培养学生服务人民、奉献社会的人生观。 3. 培养“奉献、友爱、互助、进步”的志愿服务精神。 4. 提高学生发现美、欣赏美、创造美、传播美的能力	
学习内容	1. 根据各年龄阶段被服务人群的需求撰写志愿文艺服务策划方案。 2. 志愿文艺服务宣传的方式方法。 3. 志愿文艺服务的组织实施方法		
学习方式方法与组织形式	1. 学习方式方法：案例教学法、小组教学法、实践教学法。 2. 学习组织形式：根据志愿文艺服务活动开展的流程，逐步讲解开展志愿文艺服务的一般形式与活动内容。最后组织学生参与一次志愿文艺服务演出活动		
学习要求	1. 结合各年龄阶段被服务人群的需求开展服务。 2. 具有良好的个人表现能力和沟通交流能力。 3. 具有良好的审美情趣		
学习过程设计	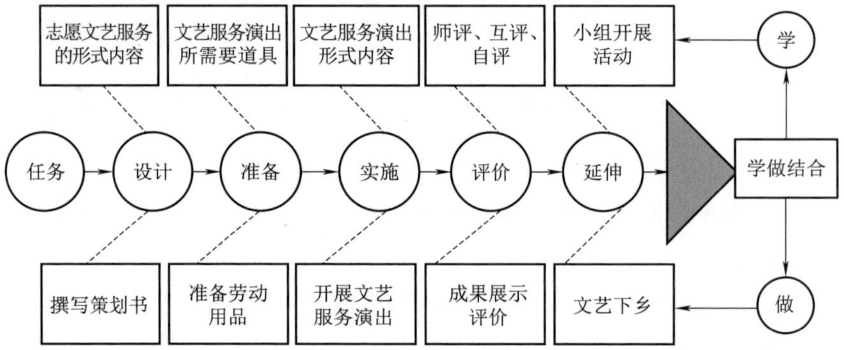 志愿文艺服务的形式内容 / 文艺服务演出所需要道具 / 文艺服务演出形式内容 / 师评、互评、自评 / 小组开展活动 ← 学 任务 → 设计 → 准备 → 实施 → 评价 → 延伸 → 学做结合 撰写策划书 / 准备劳动用品 / 开展文艺服务演出 / 成果展示评价 / 文艺下乡 ← 做		
学习流程	活动内容	教师活动	学生活动
劳动任务	布置劳动任务	发放劳动任务书，明确劳动任务：参与一次志愿文艺服务，做一名志愿者	学习数字教学资源，了解需要学习的知识和技能，补充知识和技能
劳动设计	任务1：撰写志愿文艺服务策划方案	在志愿文艺服务开展前，根据各年龄阶段被服务人群的需求，规范撰写志愿文艺服务策划方案	进行社会需求调研，撰写志愿文艺服务策划方案
劳动准备	任务2：准备劳动用品	根据节目单准备道具、服装音响设备，做好环境准备、物品准备、经验准备	协助教师或独立做好相关准备，排练好节目
劳动实施	文化推广服务	教授开展志愿文艺服务的宣传方式	学习志愿文艺服务的宣传方式，完成任务
	任务3：文艺演出和文艺服务	教授在志愿文艺服务中进行活动组织、节目演出以及与观众的沟通方式	学习志愿文艺服务演出活动中的活动组织、节目演出以及与观众的沟通方式，完成任务
劳动评价	考核评价	根据学生服务实践中的情况，评定学生成绩	根据自己评、同学评、教师评，评定学习成绩，填写评价表
劳动延伸	生活化劳动任务	组织学生结合志愿文艺服务，开展文艺下乡活动	以服务小组或大学生艺术团的形式，经常开展文艺下乡活动

二、任务布置

表7-3-2　“志愿文艺服务”劳动任务书

学习情境	志愿文艺服务		
具体任务	知识点	技能点	教学案例
任务1:撰写志愿文艺服务策划方案	1. 掌握被服务人群的需求。 2. 掌握志愿文艺服务策划方案的撰写内容与形式	能够根据各年龄阶段被服务人群对文艺需求的不同,规范撰写志愿文艺服务策划方案	
任务2:文化推广服务	1. 掌握志愿文艺服务宣传包含的时间、地点、内容、目的等信息要素。 2. 掌握志愿文艺服务宣传的形式	能够根据志愿文艺服务策划方案开展本次活动的有效宣传	
任务3:文艺服务演出	1. 掌握志愿文艺服务演出的组织内容。 2. 掌握一首歌曲的演唱	能够根据志愿文艺服务演出的内容需要,完成活动组织和节目演出	歌曲《明天会更好》演唱案例
任务要求	1. 劳动要求:学生需经历志愿文艺服务的完整策划实施过程,达到能够配合小组完成志愿文艺服务的水平,提高个人社会服务能力,培养服务人民、奉献社会的人生观。 2. 安全要求:学生第一次参与志愿文艺服务,需由老师指导完成,保证活动安全。 3. 操作要求:学生需正确掌握志愿文艺服务流程规范		

三、任务实施

任务1:撰写志愿文艺服务策划方案

引导问题1:“60后”“70后”“80后”“90后”的人群对于志愿文艺服务的需求有什么不同?

____

____

____

____

引导问题2:志愿文艺服务演出的项目策划书应该包括哪些要素?

____

____

____

【操作提示】

在整个志愿文艺服务开始前,需要有整体的方案和策划。例如,本场志愿文艺服务演出的环境有什么特点,是否能够保障志愿文艺服务演出的开展,演出的时间、场地安排等。了解各年龄阶段被服务人群的基本情况,根据不同年龄阶段被服务人群对文艺服务需求的不同,确定演出内容和形式。

操作步骤1:志愿文艺服务需求调研

志愿文艺服务要针对社会需求进行调研,首先要制定调研问卷,走进社区、乡村,了解群众的文化需求。对收集的数据进行分析,为制定志愿文艺服务方案提供数据参考。

操作步骤2:撰写项目策划方案

(1)确定志愿文艺服务名称,通过与社区、乡村等地的工作人员接洽和对场地的实地查看,确定演出环境。通过走访当地被服务群体,了解当地的文艺需求,明确本次志愿文艺服务的重点内容和形式。

(2)明确项目的开展时间、宣传形式、志愿者招募人数、演出节目及人员分工等。通过人、财、物的全面掌握和协调安排,确保志愿文艺服务的顺利进行。

(3)志愿文艺服务策划方案撰写完毕后,提交教师审核,在审核通过后,进行下一步工作。

任务2:文化推广服务

引导问题3:志愿文艺服务主要有哪些宣传要素?

____

____

引导问题4:志愿文艺服务可以采用哪些宣传形式?

____

____

____

【操作提示】

群众文化运动的热潮对文艺帮扶提出了迫切要求,需要专业人士进行提升性指导。文化宣传和文艺推广是文艺下乡的一项主要内容,目的是让群众提高审美情趣,陶冶情境,提高文明程度,丰富广大群众的精神生活。

操作步骤1:文化宣传准备

根据需求调研,确定文化宣传主题,将本次活动的时间、地点、节目预告、活动目的等信息制作成纸质宣传资料和海报,准备一些小礼品以提高群众参加的积极性,培训好志愿者。

操作步骤2:文化宣传实施

进入乡村、社区宣传,可以进行集中宣传,利用居民生活区内的宣传栏等资源,设置固定宣传点,将活动覆盖到所服务辖区的所有居民。志愿者要做到耐心讲解,并一一解答问题。

对于行动不便的老年人还可以采取入户宣传的方式,与老人建立长期联系,关爱老年人的心理需求,定期上门陪伴。

任务3:文艺服务演出

引导问题5:在文艺服务演出中,自己可以演出什么节目?

____

____

【操作提示】

在文艺服务演出中,志愿者既是演出组织者,又是本次演出的演员,面对演出的组织需要,一方面是要了解演出中都需要哪些服务岗位,掌握各岗位的服务操作内容;另一方面是要有一定的文艺演出能力,能够有一首歌、一支舞等的文艺节目储备。

操作步骤1:节目准备

事前要策划好演出的时间,作好节目的选择编排,组织演出团队,进行任务分工。在文艺服务演出中,可以设立接待组,负责礼仪、引导、签到、茶水等工作;设立舞台监督服务组,负责节目催场、演员后排监督、舞台演出现场协调等;设立舞台布置组,负责舞台幕布的悬挂、舞台的标记、演出道具的管理、场地卫生的管理、宣传海报的制作等工作;设立现场组织小组,负责座位安排、座位标签、现场秩序维持等;设立设备组,负责音响设备的使用、音乐播放、话筒调配等任务。

操作步骤2:现场演出

现场演出并不要求演出的专业水准有多高,但要特别关注观众的兴趣和热情,可适当设立互动环节,以充分调动群众的积极性,为群众带来良好的观看体验,丰富群众文化生活,引导群众建立积极的生活心态和健康的精神追求。

四、任务评价

学生将实践照片上传到指定位置,并对志愿文艺服务情况进行简要介绍,通过自评、互评、教师评价相结合的方式完成评价,将评价结果填入表7-3-3。

表7-3-3 "志愿文艺服务"考核评价表

考核内容		评分要求	分值	扣分	备注
准备质量(25分)	志愿文艺服务策划方案撰写	志愿文艺服务策划方案撰写规范,内容丰富,无缺项情况	10		
	宣传海报制作	海报制作精美,对文艺服务宣传有针对性	10		
	志愿者	统一志愿者服装,衣帽整洁	5		
实施质量(55分)	志愿文艺服务实施效果	1. 可以根据志愿文艺服务策划方案参与志愿文艺服务。 2. 可以开展良好的文艺宣传。 3. 与小组成员分工合作,承担岗位任务。 4. 可以在文艺演出中表演一个节目。 5. 秉承服务人民、奉献社会的精神	50		
	记录	记录服务时间	5		
评价(20分)		团队协作	5		
		志愿服务精神	5		
		沟通交流	5		
		规范意识	5		
总分					

五、任务延伸

结合本学习情境内容，以大学生艺术团、文艺志愿服务队等形式，开展文艺下乡和文化帮扶活动，将过程拍摄成图片或视频上传到平台，并填写任务书。

表7-3-4 “志愿文艺服务”生活化任务书

<table>
<tr><td>活动名称</td><td colspan="2"></td></tr>
<tr><td>活动时间</td><td colspan="2">________年________月________日</td></tr>
<tr><td>活动过程</td><td colspan="2"></td></tr>
<tr><td rowspan="3">活动感悟</td><td>收获</td><td></td></tr>
<tr><td>不足</td><td></td></tr>
<tr><td>改进措施</td><td></td></tr>
<tr><td>自我评价</td><td colspan="2">A. 优秀　B. 良好　C. 合格　D. 不合格</td></tr>
</table>

参考文献

[1] 曾天山,顾建军. 劳动教育论[M]. 北京:教育科学出版社,2020.

[2] 教育部职业技术教育中心研究所. 劳动教育读本(高职版)[M]. 北京:高等教育出版社,2021.

[3] 徐国庆. 劳动教育[M]. 北京:高等教育出版社,2021.

[4] 方艳丹,韦杰梅,卢民积. 劳动教育实践活动设计[M]. 北京:电子工业出版社,2020.

[5] 陈锋,褚玉峰. 新时代劳动教育理论与实践教程[M]. 上海:同济大学出版社,2010.

[6] 李强. 顶岗实习指导[M]. 北京:人民日报出版社,2014.

[7] 蔡跃. 职业教育活页式教材开发指导手册[M]. 上海:华东师范大学出版社,2020.

[8] 姜大源. 工作过程系统化课程的结构逻辑[J]. 教育与职业,2017(13).